대동영선
大東詠選

▤ 동국대학교 불교기록문화유산아카이브사업단(ABC)
▤ 본서는 문화체육관광부 지원으로 동국대학교 불교학술원에서 간행하였습니다.

한글본 한국불교전서 조선 62
대동영선

2020년 12월 1일 초판 1쇄 인쇄
2020년 12월 10일 초판 1쇄 발행

엮은이 금명 보정
옮긴이 이상하
펴낸이 윤성이
펴낸곳 동국대학교출판부

주소 04620 서울시 중구 필동로 1길 30
전화 02-2260-3483~4
팩스 02-2268-7851
Homepage http://dgpress.dongguk.edu
E-mail book@dongguk.edu
출판등록 제2-163(1973. 6. 28)
편집디자인 동국대학교출판부
인쇄처 네오프린텍(주)

ⓒ 2020, 동국대학교(불교학술원)

ISBN 978-89-7801-992-7 93220

값 28,000원

이 책의 무단 전재나 복제 행위는 저작권법 제98조에 따라 처벌받게 됩니다.

한글본 한국불교전서 조선 62

대동영선
大東詠選

금명 보정錦溟寶鼎 엮음
이상하 옮김

동국대학교출판부

대동영선大東詠選 해제

이 상 하
한국고전번역교육원 교수

1. 개요

이 책은 금명 보정錦溟寶鼎(1861~1930)의 편저이다. 보정은 전라남도 순천 송광사 승려로서 조선 후기 불교의 양대 산맥인 부휴계浮休系의 법맥을 이었다. 이 책의 제목인 대동영선大東詠選을 풀이해 보면, 대동大東은 대개 동방, 또는 동국東國으로 일컬어지는 우리나라를 뜻하는 말이다. 따라서 대동영선이라 하면, 우리나라 역대의 뛰어난 작품들을 선집選集한 것이라는 말이 된다. 그러나 이 책에는 우리나라뿐 아니라 중국의 한시와 게송도 많이 수록되어 있다. 그렇다면 여기서 대동이란 말은, 서역西域으로 일컬어지는 인도와 구별하여 중국과 우리나라를 통틀어 일컬은 말이 아닐까 생각된다. 즉 인도를 서건西乾이라 하고 중국을 동진東震, 우리나라를 해동海東이라 하니, 동진과 해동을 아울러 대동이라 할 수도 있는 것이다. 이 책의 제목을 어떻게 해석하느냐 하는 것은 매우 중요한 문제이므로 이 글 4장 '내용과 성격'에서 다시 상론詳論하기로 한다. 이 책에 수록되어 있는 우리나라 작품 중에는 불교와 무관하거나 오히려 불교를 비판한 시들도 포함되어 있다. 따라서 좋은 작품들을 가려 뽑았다기보다 편자가 열람한 자료들에 들어 있는 시편들을 망라했다고 보는 편이 타당할 것이다. 시대적으로 『삼국유사』에 실린 신라 시대 작품들부터 일제 강점기 작품들까지 포괄한다.

2. 편자

보정은 전라남도 곡성谷城에서 출생했다. 그의 가계를 살펴보면, 본관이 김해金海이고 인조仁祖 때의 공신인 학성군鶴城君 김완金完의 후손이다. 1875년에 그는 15세의 나이로 송광사 금련 경원金蓮敬圓의 문하에서 출가하였고 2년 후 경파景坡에게 구족계를 받았다. 그 후로 제방의 강백들을 찾아다니며 교학을 배웠고 송광사 출신인 허주 덕진虛舟德眞에게서 선지禪旨를 얻었다. 그리고 30세에 개당開堂한 이래 송광사를 중심으로 화엄사 등 부휴계 사찰에서 강석을 열었다. 38세 때인 1898년에는 선교양종 자헌禪敎兩宗資憲의 품계를 받고 당시 송광사 주지의 별칭이었던 도총섭都摠攝을 맡았다. 이 무렵인 1899년에 대한제국 고종高宗은 칙명으로 해인사 팔만대장경을 인쇄하여서 삼보사찰인 통도사, 해인사, 송광사에 각각 비치하게 하였다. 보정은 송광사 승려 50명을 해인사에 파견하였고 송광사 장경전에 대장경 인출본을 안치했다.

당시에 황실의 번영을 기원하는 불사와 법회를 열었고, 황제와 황실, 조정이 재정을 지원하였다. 1902년 4월에는 궁내부宮內府 칙령으로 사찰을 관리하는 기관인 사사관리서寺社管理署가 원흥사에 설치되고 '대한사찰령'과 '사사관리세칙寺社管理細則'이 반포되었다. 이때 송광사는 16개 중법산中法山의 하나로 지정되었고, 도총섭을 맡고 있었던 보정은 송광사의 공무를 위해 서울에 왕래하였다. 보정은 1902년 10월 고종의 회갑일에 맞추어 원당願堂 설립을 추진하고 원흥사에서 열린 화엄회에서 강설하였다. 1903년 5월에는 고종이 탁지부를 통해 원당 축조 비용으로 금 1만 관을 내렸고, 정3품관 정명원鄭明源이 내려와 송광사에 성수전聖壽殿을 건립하여 고종황제의 만수무강을 기원하였다. 그리고 1919년 고종이 붕어하자 송광사에서는 백일재百日齋가 열렸고 보정은 고종을 위해 「천도문」을 썼다.

보정은 1904년 송광사 총섭을 그만두었고, 1908년 의병이 조계산에 숨어들면서 일본군의 방화로 보조암 등이 불에 타고 송광사 전체가 화마에 휩쓸릴 위기에 처하게 되자 절을 지키고 순교할 것을 서약하였다. 당시 그는 인의仁義·대동大同 등의 덕목과 도덕을 중시하는 전통주의자로서, 기울어 가는 국운을 우려하였다. 1911년에 총독부에 의해 사찰령이 반포되고 30본산제가 시행되자 송광사는 30본산의 하나가 되었고 1913년 2월에 사법이 인가되었다. 사찰령은 총독과 지방장관이 30본사와 말사 주지의 임면권과 재산 처분권을 행사하는 것을 골자로 하였는데, 이는 불교의 종교적 자율성을 크게 침해하는 법령이었다.

한편 시세의 변화에 맞추어 1910년 송광사에 신학문을 가르치는 학교가 세워지자 보정은 한문과 불교를 가르쳤고, 1914년 2월에는 송광사 보제당普濟堂에 강원을 설치하여 강석에 부임하였다. 보정은 진정한 개화를 위해서는 세계 동서양의 철학을 함께 배워야 한다고 생각하였다. 그리하여 당시 송광사에서 승려 교육은 안으로는 전통적인 선·교·염불을 가르치고, 밖으로는 소학교·중학교 등을 두어 전통을 지키는 한편 근대적 교육을 아울러 지향하였다. 1915년 이후에는 지리산 천은사를 시작으로 대흥사·태안사 등으로 옮겨 다니며 저술에 전념하였고, 1922년 송광사 보제당으로 돌아왔다. 1923년에는 전라도 벌교에 송광사 학당인 송명교당松明校堂이 세워졌다. 보정은 이 교당이 불교의 포교당으로 시작하여 민족 교육의 전당이 되어야 한다고 역설하였다. 보정은 말년에 후학 양성에 진력하다가 1930년 2월에 입적하였다.

　금명 보정은 송광사 부휴계의 정통 법맥을 이었지만 계파를 뛰어넘어 함명 태선函溟太先, 원화 덕주圓華德柱 등 유명한 화엄 강사의 강학에 참여하여 교학을 연찬하였고 비문에서도 '화엄종주'로 칭해졌다. 또한 그는 청허계淸虛系를 대표하는 편양파鞭羊派의 법맥을 이은 대둔사 범해 각안梵海覺岸에게 배우고 그로부터 큰 영향을 받았다. 보정은 자신을 문생門生으로 지칭하며 각안을 선·교·염불 3교 학인의 교부敎父이자 대둔사 12종사의 적손이라고 평가하고, 그의 행장과 시집의 발문을 직접 썼다. 각안은 삼국시대부터 19세기까지 고승들의 전기를 망라한 『동사열전東師列傳』의 편자이고, 역사서뿐 아니라 불교의 역사전통을 집성하는 데 힘을 기울인 인물이었다. 보정이 『조계고승전』 등을 편술한 것도 이와 같은 각안의 성향과 무관하지 않다.

　보정은 많은 편저를 남겼는데 무엇보다도 사적을 모으고 불교사를 정리하는 데 많은 노력을 기울였다. 그의 행록과 비문에 의하면 저술로는 시고詩稿 3권·문고文稿 2권·『불조찬영佛祖讚詠』 1권·『정토백영淨土百詠』 1권의 4종이 있고, 편록으로는 『조계고승전』 1권과 『석보약록釋譜畧錄』 1권·『저역총보著譯叢譜』 1권·『삼장법수三藏法數』 1권·『속명수집續名數集』 1권·『염불요해念佛要解』 1권, 그리고 『대동영선大東詠選』·『질의록質疑錄』·『향사열전鄕史列傳』의 9종이 있는 것으로 나온다. 과문으로는 『십지경과十地經科』, 『능엄경과도楞嚴經科圖』 2종을 남겼다. 서명은 약간 차이가 있지만 이 가운데 시문집인 『다송시고茶松詩稿』 3권과 『다송문고茶松文藁』 2권, 『불조록찬송佛祖錄贊頌』 1권, 『정토찬백영淨土讚百詠』 1권, 『염불요문과해念佛要門科解』 1권, 『조계고승전』 1권, 『저역총보』 4권, 『대동영선』 1권, 『질의록』 1권이 『한국불교전서韓國佛敎全書』 제12책에 수록되었다. 여기에 비문 등에 기재되지 않은 『보살강생시천주호법록菩薩降生時天主護法錄』 1권, 『백열록栢悅錄』 1권도 추가되어 『한국불교전서』 제12책에는 총 11종의 편저서가 실려 있다.

이들 저술을 다시 분류해 보면, 역사서에 해당하는 것으로 『조계고승전』·『석보약록』·『불조록찬송』·『향사열전』을 들 수 있고, 『저역총보』는 불서를 중심으로 한 도서 목록이고, 『삼장법수』·『속명수집』·『질의록』·『보살강생시천주호법록』은 불교 용어사전 및 교리서에 해당한다. 『대동영선』은 게송과 불교 시를 엄선하여 수록한 책이고 『백열록』은 조선 후기 불교 관련 기문과 시문을 추린 것이다. 이들 책은 한마디로 '전통의 집성' 차원에서 이루어진 성과물로서 역사서, 사전류, 족보, 문집 등이 다량으로 저술·편찬되던 시대 조류와도 일맥상통한다. 불교계에서도 19세기에 『동사열전』, 『산사약초山史略抄』 등 불교 사서와 함께 각종 사지寺誌가 만들어졌고 연담 유일蓮潭有一의 『석전유해釋典類解』와 같은 사전류도 18세기 말에 나온 바 있다.

　금명 보정의 저작은 선, 교, 염불을 함께 연마하는 조선 후기 '삼문수업' 체계와도 부합한다. 그의 선승으로서의 면모는 『다송시고』 등에 나오는 시와 게송을 통해 엿볼 수 있고, 교학은 『십지경과』·『능엄과도』 등의 과문과 불교 개념어사전, 염불의 기풍은 『정토찬백영』·『염불요해과해』에 녹아들어 있다. 보정은 평생 여덟 곳의 사찰에서 10회에 걸쳐 개당, 강설하였고 화엄 강주로 칭해진 교학자이면서 선과 염불에도 정통하여 이처럼 다량의 저술을 남겼다. 이뿐 아니라 19세기 말에서 20세기 초 송광사의 운영과 대외 교섭을 담당하면서 활발한 활동을 펼치는 한편 송광사 부휴계의 정통성 계승을 표방하여 조계종과 보조普照의 유풍을 선양하는 데 앞장섰다.

　보정의 제자로는 용은 완섭龍隱完燮, 만암 종헌曼庵宗憲(송만암), 기산 석진綺山錫珍(임석진)을 손꼽을 수 있다. 용은 완섭은 송광사 감무를 지냈고 스승의 비 건립을 주도하여 보정과 절친했던 송태회宋泰會에게 비문을 의뢰하였다. 백양사 출신인 만암 종헌은 근대기의 학장인 영호 정호映湖鼎鎬(박한영)에게 교학을 배우고 불교전수학교 교장을 지냈으며, 해방 후에 고

불총림을 만들어 전통불교의 계승을 표명하였고 조계종 종정까지 역임하였다. 기산 석진은 송광사 주지 출신으로 불교중앙학림을 졸업하고 송광사 지방학림 교사와 전문강원 강사를 지냈는데, 그가 편찬한 『송광사지松廣寺誌』의 교열을 보정이 맡아 보았다.

3. 서지 사항

이 책은 보정이 직접 쓴 필사본만 남아 있다. 전라남도 순천 송광사 발행년 미상 1책 26.1×18.9cm.

4. 내용과 성격

이 책은 제목 아래 작자의 이름을 기재하여 누구의 작품인지 알 수 있게 하였고, 작품들을 대개 시대 순서로 배열하였으나 엄밀히 시대를 고증하지는 못하였다. 모두 226명의 시인이 지은 시 443수가 수록되어 있다. 시대는 우리나라로 따지면 삼국시대부터 시작하여 구한말에 이른다.

이 책은 대동영선大東詠選이란 제목과는 달리 첫머리부터 대뜸 〈반야다라가 달마에게 보여 준 게송般若多羅示達摩偈〉, 〈임제 임종게臨濟終偈〉, 〈달마가 양현지에게 답하다達摩答楊衒之〉〉 등 중국의 작품들을 많이 수록하고 있다. 그중에서 〈연꽃을 읊다詠蓮花〉는 중국 당나라 때 문호 한유韓愈의 작품으로 원제목은 〈고의古意〉이고 『고문진보전집古文眞寶前集』에 실려 있다. 이 시의 내용은 불교와 무관하다. 마왕魔王이 작자로 되어 있는 〈부처님께 귀의하다歸依佛〉〉는 『대방등대집경大方等大集經』의 긴 게송 중에서 앞의 4구만 발췌한 것이다.

〈금나라 세종제께 올리다(上金世宗帝)〉는 대혜 종고大慧宗杲가 금나라 5대 군주 세종世宗(1123~1189)에게 올린 시로, 그 내용은 세종을 찬양하는 것이다. 정치적으로 주전파主戰派에 속하여 금나라에 대해 항전抗戰을 주장한 대혜 종고의 작품으로는 의외이다. 그런데 이 작품은 『불조역대통재佛祖歷代通載』에는 송나라 고종高宗에게 올린 게송으로 되어 있다. 편자가 무엇을 근거로 금나라 세종에게 올린 작품이라 했는지 알 수 없다.

〈석가상을 예찬하다(贊釋迦像)〉는 『삼국유사』에 실려 있는 게송이다. 이 게송부터 우리나라의 작품을 수록하고 있는데, 『삼국유사』의 작품들이 압도적으로 많고, 개별 작자로는 진각국사眞覺國師 혜심慧諶, 원감국사圓鑑國師 충지冲止의 작품이 비교적 많다. 이 밖에도 송광사 계열 승려들의 작품, 그중에서도 임종게가 특히 많이 수록되어 있다. 이는 보정이 송광사 출신이라는 사실과 무관하지 않을 것이다. 고려 후기 김극기金克己의 〈대광사에 노닐며(遊大光寺)〉에 이어 중국 송나라 문호文豪 황정견黃庭堅의 〈회당심에 대한 만사(挽晦堂心)〉를 싣고 있다. 회당심은 황룡 혜남黃龍慧南의 법사法嗣인 회당 조심晦堂祖心(1025~1100)이다. 이 게송에서 "한 움큼 버들가지를 거두지 못해, 바람과 함께 옥난간에 걸쳐 두노라.(一把柳條收不得。和風搭在玉闌干。)"는 후대의 법어法語에 매우 많이 인용된 명구名句이다. 이 뒤를 이은 〈귀종사에 부치다(付歸宗寺)〉와 〈황룡 대사께 올리다(上黃龍大師)〉는 당나라 말기의 도사道士로 이름난 여동빈呂洞賓이 읊었다는 작품들이다.

〈북암의 달달박박怛怛朴朴에게 올리다(上北庵朴朴)〉부터 뒤쪽으로 5수는, 신라 경덕왕 때 경상남도 창원 백월산白月山 무등곡無等谷에서 노힐부득은 미륵불을 염불하고 달달박박은 아미타불을 염불하며 두 사람이 각각 따로 암자를 지어 수행하는데, 관음보살의 화신인 묘령의 낭자가 찾아와 성불하게 된다는 전설을 읊은 것이다. 『삼국유사』3권 〈탑상塔像〉 '남백월이성南白月二聖'에 보인다. 그리고 〈금강산 유점사 53불〉은 고려 말엽의 문호 목은牧隱 이색李穡의 작품이다. 〈보요 선사께 올리다(上普曜禪師)〉, 〈불교에 대한 예찬(佛敎贊曰)〉은 원나라 때 학사學士로 고려로 이주한 팽조적彭祖逖의 작품으로 『삼국유사』에 실려 있다. 〈설암께 드리다(呈雪巖)〉, 〈불사약을 캐다(採不死藥)〉는 원나라 승려로 임제종 양기파楊岐派의 고승인 소경紹瓊의 작품이다. 그는 몽산 덕이蒙山德異의 제자로 법호는 철산鐵山이며, 고려 충렬왕 때 국빈으로 대우를 받고 고려로 와서 3년 동안 머물며 회암사檜巖寺에 주석하였다.

또한 안중근安重根 의사가 하얼빈역에서 이토 히로부미(伊藤博文, 1841~1909)를 사살한 의거義擧를 칭송한 창강滄江 김택영金澤榮의 시를 〈안중근(次安重根)〉이란 제목으로 수록한 것에서 보정의 민족의식을 읽을 수도 있다. 그렇지만 이러한 단편적인 사실만 가지고 이 책 제목의 '대동大東'을 우리나라로 한정하기는 어렵다. 위에서 살펴본 바와 같이 이 책에서 보정은 중국과 우리나라의 작품을 구별하지 않고 섞어서 수록하고 있으니, 중국인 동진東震과 우리나라인 해동海東의 합칭으로 '대동'이라 했다고 보는 것이 이 책의 내용에 부합한다.

이 책에 수록된 작품들을 보면 시대적으로는 신라 시대 최치원崔致遠으로부터 구한말에 『조선불교통사』를 쓴 이능화李能和(1869~1943)에 이른다. 수적으로 가장 많은 비중을 차지하는 작품은 역대 고승들의 문집에서 뽑은 것들이다.

불가의 시 외에도 유학자와 선비의 시도 많다. 신라 시대에는 최치원, 고려 시대에는 이규보李奎報·김극기金克己·정지상鄭知常·익재益齋 이제현李齊賢·포은圃隱 정몽주鄭夢周·목은牧隱 이색李穡, 조선 시대에는 점필재佔畢齋 김종직金宗直·춘정春亭 변계량卞季良·삼탄三灘 이승소李承召·퇴계退溪 이황李滉·율곡栗谷 이이李珥·택당澤堂 이식李植·손곡蓀谷 이달李達·어우於于 유몽인柳夢寅·추사秋史 김정희金正喜·다산茶山 정약용丁若鏞·추담秋潭 강위姜瑋·노사蘆沙 기정진奇正鎭 등이다. 이 밖에도 중국 당송唐宋 시대 선승禪僧들의 시와 게송도 많이 실려 있다. 임종게, 영찬影贊이 특히 많은 분량을 차지한다. 그러나 필사 과정에서 오자가 많고 불교와 무관하거나 불교를 비판한 작품들을 실어 놓았다. 고려 말엽 안향安珦이 지은 〈학궁의 벽에 제하다題學宮壁〉와 같은 작품은 오히려 불교가 융성하고 유교가 쇠퇴한 현실을 개탄한 것이다.

제목을 잘못 기재한 것도 눈에 띈다. 예컨대 〈선비화를 예찬하다贊仙扉花〉는 신좌모申佐模(1799~1877)의 『담인집澹人集』〈부석사선비화浮石寺仙飛花〉라는 시의 제하주題下注에 실려 있다. 그러나 그 제목은 적혀 있지 않고 퇴계 이황의 시라고만 밝혀 놓았다. 이 밖에 『백담집栢潭集』·『서암집恕菴集』에는 퇴계의 시라고만 하고 제목은 밝히지 않았으며, 이유원李裕元(1814~1888)의 『임하필기林下筆記』에는 율곡 이이의 작품으로 기재되어 있다. 보정이 이 책을 편찬할 때 이 시에 '찬贊' 자를 더 보태어 넣은 것이 분명하다.

그리고 작자 고증이 잘못된 것들도 있다. 〈실을 보시한 사람을 예찬하다贊施縷者〉는 부용 영관芙蓉靈觀의 작품으로 되어 있지만, 실은 『대보적경大寶積經』에 실려 있다. 직방선織紡綫이라는 길쌈하는 사람이 매일 한 올씩 실을 부처님에게 바친 공덕으로 전륜왕이 제석천왕이 되었다는 얘기를 읊은 게송이다. 〈경성이 자성을 깨닫다敬聖悟性〉는 송나라 오조 법연五祖法演이 조주무자趙州無字에 대해 읊은 게송이다. 〈부용 스님 임종게芙蓉師終偈〉는 부용 영관의 임종게가 아니라 경선 일선敬禪一禪(1488~1568)의 임종게이다. 〈심지의 불간을 찬탄하다贊心地佛簡〉는 추파 홍유秋波泓宥(1718~1774)의 작품으로 기재했지만, 실은 추파의 작품이 아니라 『삼국유사』 4권 '심지계조心地繼祖' 조에 있는 시이다. 심지는 신라 41대 헌덕왕憲德王(재위 809~826)의 아들이다. 심지가 진표 율사眞表律師의 불골간자佛骨簡子를 영심왕사永深王師로부터 받아서 산꼭대기에서 던지고 팔공산 동화사 우물에서 찾아 다시 모셨다는 고사를 읊은 것이다. 여기서 불골간자는 불골佛骨에 계문戒文을 새긴 것을 말한다.

〈초승달을 읊다(咏新月)〉라는 제하題下의 2수는 중국 명나라 의문태자懿文太子 주표朱標(1355~1392)와 그의 아들 윤문允炆의 작품으로 불교와는 아무런 상관이 없는 작품이다. 마지막으로 〈송광사를 방문하여(訪松廣)〉는 송광사를 방문한 어느 기생이 지은 시이다.

5. 가치

이 책은 열람할 수 있는 자료가 부족한 당시에 불교와 관련한 시와 게송을 망라했다는 문헌으로서의 가치가 있다. 그러나 필사 과정에서 오자가 많고 불교와 무관하거나 불교를 비판한 작품들을 실어 놓았다. 그리고 작자 고증이 잘못된 곳들이 많다는 점은 지적하지 않을 수 없다. 그러나 이 책에서 지금은 일실逸失한 중요한 작품을 찾을 수 있다.

이 책에는 경허 성우鏡虛惺牛(1847~1912)의 시가 7수 수록되어 있다. 그 중 〈자술自述〉이란 제목의 2수 중 첫째 수는 소위 경허의 오도송悟道頌이다. 그 첫째 구는 "忽聞人語牛無孔"으로 되어 있는데, 현재 『경허집』에는 "忽聞人語無鼻孔"으로 되어 있다. 뜻은 달라질 것이 없지만, 평측平仄을 따져 보면, 여섯째 글자는 평성자平聲字가 와야 한다. '無'는 평성이고 '鼻'는 측성이니, '無' 자가 맞는 것이다. 『경허집』에 수록된 한시들을 보면 평측에 잘 맞다. 따라서 이러한 쉬운 평측을 경허가 잘못 썼을 리는 없을 것이다. 그리고 둘째 수는 아예 『경허집』에 실려 있지 않다.

도인의 은거를 늘 보호하여	長護至人隱
푸른 산은 깊고도 깊어라	碧山深復深
복사꽃 살구꽃은 괜스레 일이 많아	桃杏還多事
붉은 꽃 토하니 고불의 마음일세	吐紅古佛心

이 시는 『경허집』에 실려 있지 않지만 풍격風格과 의사意思로 보아 경허의 작품이 분명한 것으로 판단된다. 『경허집』에 수록된 아래의 〈우연히 읊다(偶吟)〉를 보면 위와 비슷한 의사를 읽을 수 있다.

일 없는 게 도리어 일이 되기에	無事猶成事
방 안에 들어앉아 대낮에 조노라	掩關白日眠
산새들이 나 홀로 있는 줄 알고서	幽禽知我獨
그림자를 비추면서 창 앞을 지나가네	影影過窓前

6. 참고 자료

김용태, 「근현대불교인물탐구 ⑪ 금명 보정」, 『불교평론』 56, 2013.

차례

대동영선大東詠選 해제 / 5
일러두기 / 30

반야다라가 달마에게 보여 준 게송 般若多羅示達磨偈 33
또 又 34
임제 임종게 臨濟終偈 35
달마가 양현지에게 답하다 達磨答楊衒之 36
달마 대사 영찬【호구 소융】達摩贊【虎丘】......... 37
명교 스님 영찬【호구 소융】明教贊【虎丘】......... 38
원오가 안민에게 보이다 圓悟示安民 39
파암이 능엄 좌주에게 보이다 破庵示楞嚴座主 40
백장 선사 영찬【호구 소융】百丈贊【虎丘】......... 41
응암에게 보이다【대혜 종고】示應庵【大惠】......... 42
대수에게 드리다【석두 자회】呈大隨【石頭回】......... 43
대혜에게 드리다【회암 이광】呈大惠【晦庵光】......... 44
운암에게 드리다【동산 양개】呈雲庵【良介】......... 45
양개가 물에 비친 그림자를 보고 良介見水影 46
측천무후가 혜안을 찬탄하다 則天贊惠安 47
당 태종의 분경대 시 唐太宗焚經坮 48
육정이 계란 71개를 삼키다 陸靜吞鷄卵七十一介 49
의정이 불경을 가지고 오다 義淨經來 50
법안의 전법 法眼傳法 51
숭혜의 종문송 崇惠宗門頌 52
소 치는 목동의 노래 牧牛童歌 53
또 又 54
투자의 영찬【양걸】投子影贊【楊傑作】......... 55
요원이 동파에게 답하다 了元答東坡 56
요원이 이백시가 그린 자기 화상에 찬하다 了元贊李伯時 57
법운 만회가 대중에게 보이다 法雲萬回示衆 58

황룡이 대중에게 보이고 진경에게 주다 黃蘗示衆及與晋卿 ········ 59
법연의 투기송 法演投機頌 ········ 60
원조의 걸식에 대해 찬하다【양무위】 贊元照乞食【楊無爲】 ········ 61
운암사에서 읊은 게송【장천각】 張天覺【雲岩】 ········ 62
도솔 종열에게 보이다【장천각】 示兜率悅【張天覺】 ········ 63
또 又 ········ 64
무진등기【청료】 無盡燈記【淸了】 ········ 65
고목 속에 유숙하다【목암 법충】 宿枯木中【牧庵忠】 ········ 66
법좌에 올라 임금을 축원하다【대혜 보각】 陞座祝君【大慧普覺】 ········ 67
『화엄경』을 읽다가【보암 인숙】 讀華嚴經【普庵印肅】 ········ 68
또 又 ········ 69
위 상국에게 보여 주는 게송【가관 대사】 示魏相國偈【可觀大士】 ········ 70
금제 장종을 찬양하여 만송이 상당하여 읊은 게송 金帝章宗贊萬松上堂偈 ········ 71
연꽃을 읊다【퇴지】 詠蓮花【退之】 ········ 72
부처님께 귀의하다【마왕】 歸依佛【魔王】 ········ 73
용수가 부처님을 예찬하다 龍樹贊佛 ········ 74
수명 동자가 부처님을 예찬한 게송 壽命童子贊佛偈 ········ 75
금나라 세종제께 올리다【대혜 종고】 上金世宗帝【大惠杲】 ········ 76
약산 대사께 올리다【이고】 上藥山大師【李翶】 ········ 77
이괄이 석가를 찾아갔다가 만나지 못해 탄식하며 읊다 李聒訪釋迦不遇嘆述 ········ 78
글자와 종이가 천대 받음을 경계하다【규산】 誡字紙賤【圭山】 ········ 79
불감께 올리다【불등 수순】 上佛鑑佛燈【守珣】 ········ 80
학자에게 보이다【우구 거정】 示居靜【南堂】 ········ 81
도를 배움에 대해 스스로 술회하다【간당 행기】 學道自述【行機簡堂】 ········ 82
온능에게 올리는 게송【숭진】 上蘊能偈【崇眞】 ········ 83
황벽 스님에 대한 찬【배휴】 贊黃蘗師【裵休】 ········ 84
문희 대사에게 보이다【균제 동자】 示文喜大師【均提童子】 ········ 85
보각의 전법게 普覺傳法偈 ········ 86
남강 태수에게 올리다【송나라 원우】 上南康太守【宋元佑】 ········ 87
수산 임종게 首山臨終偈 ········ 88
장무진 임종게 張無盡終偈 ········ 89
도안의 영찬【당나라 중종의 어제】 道岸影贊【唐中宗御製】 ········ 90

차례 • 17

혜충의 무봉탑【응진】惠忠無縫塔【應眞】 91

용계 임종게龍溪臨終偈 92

삼천불도송三千佛都頌 93

불조 임종게佛照臨終偈 94

정주 보조의 게송 鄭州普照偈 95

송원 임종게松源臨終偈 96

부처님이 수라 무리를 꾸짖다 佛責修羅衆 97

천진자연게天眞自然偈 98

환궁가【건문군 응능 호 노불】還宮歌【建文君應能。號老佛。】 99

만송께 드리다【명득 월정】呈萬松【明得月亭】 100

또 又 101

석가상을 예찬하다『삼국유사』贊釋迦像【遺史】 102

연좌석을 예찬하다『삼국유사』贊宴坐石【遺史】 103

황룡사탑을 예찬하다『삼국유사』贊皇龍寺塔【遺史】 104

천옥대를 예찬하다『삼국유사』贊天玉帶【遺史】 105

양지의 걸식을 예찬하다『삼국유사』贊良志乞食【遺史】 106

또 又 107

신라 시대 창해가『삼국유사』羅代唱海歌【遺史】 108

장님이 시력을 얻다『삼국유사』盲者得目【遺史】 109

최고운과 이별하며【당나라 고운】別崔孤雲【唐顧雲】 110

원효 스님을 예찬하다『삼국유사』贊元曉師【遺史】 111

의상 스님을 예찬하다『삼국유사』贊義湘師【遺史】 112

자장 스님을 예찬하다『삼국유사』贊慈藏師【遺史】 113

김유신을 예찬하다『삼국유사』贊金庾信【遺史】 114

청구를 예찬하다『삼국유사』贊靑邱【遺史】 115

허황후를 예찬하다 贊許皇后【遺史】 116

법해 스님을 예찬하다 贊法海師【遺史】 117

이찬 김삼광을 예찬하다【당나라 사람】贊金伊湌二元【唐人】 118

김화재의 은거【스스로 기술한 것이다.】金華齊隱居【自述】 119

만불산을 예찬하다【대종】贊萬佛山【代宗】 120

불국사를 창건하다『삼국유사』創佛國寺【代宗】 121

고려 왕이 불교를 숭상하다【안향】麗王拜佛【安珦之】 122

낙산사의 관음불에 기도하다【유자량】 祈洛山觀音佛【庾資諒】 123
화엄사에 노닐며【대각국사 의천】 遊華嚴寺【大覺】 124
원경 대사의 필적【금나라 사신】 圓鏡大師筆【金使】 125
낭지 대사께 올리다【원효】 上朗智大師【元曉】 126
호원 대사에게 부치다【고운 최치원】 寄顥原大士【孤雲】 127
쌍계사에 노닐며【고운 최치원】【4수】 遊雙溪寺【四首孤雲】 128
원효 스님을 예찬하다【대각국사 의천】 贊元曉師【大覺】 130
문수상에 예배하며【대각국사 의천】 禮文殊像【大覺】 131
식암을 방문하여【대각국사 의천】 訪息庵【大覺】 132
청학동에 들어가며【청학 선생】 入靑鶴洞【靑鶴先生】 133
모진당에 제하다【백림거사 한식】 題慕眞堂【栢林居士韓湜】 134
천마산에 올라【홍한인】 上天摩山【洪漢仁】 135
조매창에게 화답하다【능호】 和曹梅窓【能浩】 136
나옹에게 보이다【평산 처림】 示懶翁【平山】 137
태고 조사 임종게 太古祖臨終偈 138
율경을 강론하며【대각국사 의천】 講律經【大覺】 139
지광 상인에게 주다【고운 최치원】 贈智光上人【孤雲】 140
금천사에 노닐며【고운 최치원】 遊金川寺【孤雲】 141
이규보의 겨자씨【혜문】 李奎報芥子【惠文】 142
미륵상을 예찬하다【공공】 贊彌勒像【空空】 143
석불이 스스로 대답하다【유장원】 石佛自答【庾壯元】 144
사복이 어미를 장사 지낼 때의 법문 蛇福葬母訣 145
사복의 어머니를 장사 지내다【삼국유사】 葬蛇福母【遺史】 146
사복의 어머니를 장사 지낼 때의 법문【원효】 葬蛇福母法訣【元曉】 147
원묘국사에게 보이다【조계 목우자】 示圓妙國師【曹溪牧牛子】 148
보조국사 임종게 普照翁終偈 149
진각국사 임종게 眞覺終偈 150
보조 스님께 드리다【진각국사 혜심】 呈普照師翁【眞覺】 151
부채를 내려 준 데 답하다【진각국사】 謝賜扇子【眞覺】 152
전물암에 우거하며【진각국사】 寓轉物庵【眞覺】 153
물속의 그림자를 마주하고【진각국사】 對水中影子【眞覺】 154
꿈속에 관음보살을 보고【진각국사】 夢見觀音【眞覺】 155

담령에게 보인 육잠【진각국사】 示湛靈六箴【眞覺】 ……… 156
육할을 해양의 청신사들에게 보이다【진각국사】 六喝示海陽諸信士【眞覺】 ……… 159
좌우명座右銘 ……… 161
집을 떠나 득도하며【진각국사】 謝家得度【眞覺】 ……… 162
진일 상인에게 보이는 두 가지 약방문【진각국사】 示眞上人二病方【眞覺】 ……… 163
고분가【진각국사】 孤憤歌【眞覺】 ……… 164
하늘을 대신하여 대답하다【진각국사】 代天地答【眞覺】 ……… 166
식영암명【진각국사】息影庵銘【眞覺】 ……… 167
대인명【진각국사】 大人銘【眞覺】 ……… 168
석존의 금강계단에 예배하며【진각국사】 禮釋尊戒壇【眞覺】 ……… 169
석존의 가사에 예배하며【진각국사】 禮釋尊袈裟【眞覺】 ……… 170
떨어지는 꽃을 슬퍼하며【진각국사】 傷落花【眞覺】 ……… 171
물에 비친 그림자를 보고 읊다【진각국사】 臨水影吟【眞覺】 ……… 172
간신도를 읊다【진각국사】 咏諫臣圖【眞覺】 ……… 173
또 같은 제목【어떤 사람이 차운한 것이다.】 又【有人次】 ……… 174
또 같은 제목【어떤 사람이 차운한 것이다.】 又【有人次】 ……… 175
고려 의종에게 직간하다【문극겸】 諫麗毅宗【文克兼】 ……… 176
조계 원감 조사 임종게 曹溪圓鑑祖臨終偈 ……… 177
진락대에 올라【원감국사】 登眞樂臺【圓鑑】 ……… 178
동방장의 동백꽃【원감국사】 東方丈山茶花【圓鑑】 ……… 179
『원각경소』를 해설하며【원감국사】 演圓覺疏【圓鑑】 ……… 180
인과 묵 두 선객에게 보이다【원감국사】 示印默二禪人【圓鑑】 ……… 181
사성찬【원감국사】四聖賛【圓鑑】 ……… 182
조계산에서 출발하여 계봉에 이르러【원감국사】 自曹溪山發至鷄峯【圓鑑】 ……… 184
대장경을 운반하며【원감국사】 運大藏經【圓鑑】 ……… 185
조계산의 능허교를 보수하고【원감국사】 曹溪凌虛橋修葺【圓鑑】 ……… 186
한가로이 산에 사는 맛【원감국사】 閑居山味【圓鑑】 ……… 187
다음은 자윤을 찬미한 것이다【원감국사】 右美子胤【圓鑑】 ……… 188
들소를 길들이는 노래【원감국사】 馴野牛頌【圓鑑】 ……… 189
벗에게 보이다【원감국사】 示友人【圓鑑】 ……… 190
달을 읊은 노래【원감국사】 咏月賦【圓鑑】 ……… 191
남원 조 태수가 준 시에 차운하다【원감국사】 次南原趙太守有詩【圓鑑】 ……… 192
또 같은 제목【원감국사】 又【圓鑑】 ……… 193

다시 앞의 운으로 시를 읊다【원감국사】再拈前韻【圓鑑】 ········ 194
염 상국의 시에 차운하다【원감국사】次廉相國【圓鑑】 ········ 195
조계의 법석을 이은 자리에서 한 시랑에게~ 嗣曹溪法席答韓侍郞【圓鑑】 ········ 196
만연사의 묵 공을 보내며【원감국사】送萬淵默公【圓鑑】 ········ 197
『조백론』을 강연하며 대중 스님들에게 보이다【원감국사】演棗栢論示同梵【圓鑑】 ········ 198
벗들에게 장난삼아 보이다【원감국사】戲示諸益【圓鑑】 ········ 199
원소암에 걸린 시에 차운하다【원감국사】次圓照庵【圓鑑】 ········ 200
선 국사께서 연을 심어 두셨기에【원감국사】先國師種蓮【圓鑑】 ········ 201
행인에게 경계하다【원감국사】誡行人【圓鑑】 ········ 202
또 다른 운자를 써서 읊다【원감국사】又別字【圓鑑】 ········ 203
장난삼아 김훤에게 답하다【원감국사】戲答金晅【圓鑑】 ········ 204
또【원감국사】又【圓鑑】 ········ 205
만연사의 선로에게 화답하다【원감국사】酬萬淵禪老【圓鑑】 ········ 206
감로사의 선덕들에게 화답하다【원감국사】和甘露社諸禪德【圓鑑】 ········ 207
최이에게 답하다【원감국사】謝崔怡【圓鑑】 ········ 208
아우 문개가 과거에 급제한 것을 축하하다【원감국사】祝舍弟文凱登科【圓鑑】 ········ 209
금강을 건너며 읊다【원감국사】渡錦江吟【圓鑑】 ········ 210
불갑사에 들어가면서【각엄 국사】佛岬寺入院【覺嚴】 ········ 211
임종게【각엄 국사】臨終偈【覺嚴】 ········ 212
혜감 임종게 慧鑑終偈 ········ 213
시냇물【고려 현종 순】溪水【麗顯宗詢】 ········ 214
신혈사에서 작은 뱀을 보고【고려 현종 순】在穴寺小蛇【麗顯宗詢】 ········ 215
고려 선종이 병석에서 읊다 麗宣宗病吟 ········ 216
금강산을 찬양하다【도선 국사】贊金剛山【道詵】 ········ 217
소요산에 노닐며【이규보】遊逍遙山【李奎報】 ········ 218
보각국사께 올리다【고려 왕】上普覺【麗王】 ········ 219
영명사【고려 예종】永明寺【麗睿宗】 ········ 220
영명사 예종의 시에 차운하다【곽여】次永明寺睿宗韻【郭輿】 ········ 221
각엄의 진영에 대한 찬【이제현】覺嚴眞贊【李齊賢】 ········ 222
범일 국사의 진영에 대한 찬【박인범】梵日國師贊【朴仁凡】 ········ 223
송광사를 찬미하여 나옹에게 주다【현릉】贊松廣寺贈懶翁【玄陵】 ········ 224
조계산 회당께 부치다【이존비】寄曹溪晦堂【李尊庇】 ········ 225
송광사에 제하다【목은 이색】題松廣寺【牧隱李穡】 ········ 226

침계루에 노닐며【이색】遊枕溪樓【李穡】 ········ 227
또 같은 제목을 다른 운으로 읊다【이색】又拈別韵【李穡】 ········ 228
대광사에 노닐며【김극기】遊大光寺【金克己】 ········ 229
회당심에 대한 만사【황정견】挽晦堂心【黃庭堅】 ········ 230
귀종사에 부치다【여동빈】付歸宗寺【呂洞賓】 ········ 231
황룡 대사께 올리다【여동빈】上黃龍大師【呂洞賓】 ········ 232
북암의 달달박박에게 올리다【관음 낭자】上北庵朴朴【觀音娘子】 ········ 233
남암의 노힐부득에게 올리다【관음 낭자】上南庵夫得【觀音娘子】 ········ 234
북암의 달달박박을 예찬하다【삼국유사】贊北庵朴朴【遺史】 ········ 235
남암의 노힐부득을 예찬하다【삼국유사】贊南庵夫得【遺史】 ········ 236
관음 낭자를 예찬하다【삼국유사】贊觀音娘子【遺史】 ········ 237
여종 욱면을 예찬하다【삼국유사】贊郁面婢子【遺史】 ········ 238
관기와 도성을 예찬하다【삼국유사】贊觀機道成【遺史】 ········ 239
금강산 유점사 53불【목은 이색】金剛楡岾寺五十三佛【李牧隱】 ········ 240
예종께 올리다【무애지 계응】上睿宗【無礙知戒膺】 ········ 241
보요 선사께 올리다【팽조적】上普曜禪師【彭祖逖】 ········ 242
불교에 대한 예찬【팽조적】佛敎贊【彭祖逖】 ········ 243
설암께 드리다【소경】呈雲嵓【紹瓊】 ········ 244
불사약을 캐다【소경】採不死藥【紹瓊】 ········ 245
나옹 화상이 세상 사람들을 일깨운 시 懶翁和尙警世 ········ 246
무학 스님과 이별하며【나옹】別無學師【懶翁】 ········ 247
또 같은 제목【나옹】又【懶翁】 ········ 248
임제정종【나옹】臨濟正宗【懶翁】 ········ 249
일본 승려 석 옹에게 보이다【나옹】示日僧石翁【懶翁】 ········ 250
환암 장로를 보내며【나옹】送幻庵長老【懶翁】 ········ 251
벽에 회포를 쓰다【나옹】壁上書懷【懶翁】 ········ 252
숨은 스님을 찾아서【이태조】訪隱師【李太祖】 ········ 253
이태조의 꿈을 풀이하다【무학】李太祖解夢【無學】 ········ 254
또 같은 제목【무학】又【無學】 ········ 255
지공과 나옹에 대한 예찬【무학】指空懶翁贊【無學】 ········ 256
이태조의 잠저 시절 李太祖潛邸時 ········ 257
고향 친구에게 주다【이태조】贈鄕故【李太祖】 ········ 258
정명국사 임종게 靜明臨終偈 ········ 259

달마사를 보내며【태고】送達摩思【太古】 260
일본 승려 지성에게 보이다【태고】示日僧知性【太古】 261
일본 승려 석 옹에게 보이다【태고】示日僧石翁【太古】 262
웅선자를 보내며【태고】送雄禪子【太古】 263
신돈이 주살됨을 보고【이달충】見辛旽誅【李達衷】 264
쌍계루 시에 차운하다【포은 정몽주】次雙溪樓【鄭圃隱】 265
사세종대왕석서권【천봉 만우】謝世宗大王石書券【千峯卍雨】 266
조계산 천봉의 시에 차운하다【유방선】次曹溪千峯【柳方善】 269
일본 승려 문계에게 보이다【천봉 만우】示日僧文溪【千峯】 271
자규루에 제하다【단종대왕】題子規樓【端宗大王】 272
또 같은 제목【단종대왕】又【端宗大王】 273
학궁의 벽에 제하다【문성공 안향】題學宮壁【文成公文珦】 274
태종대왕께 답하다【조한룡】答太宗大王【曺漢龍】 275
조한룡에게 보이다【서견】示曺漢龍【徐甄】 276
서견에게 답하다【조한룡】答徐甄【曺漢龍】 277
회고의 심정을 스스로 기술하다【조한룡】自述懷古【曺漢龍】 278
인조대왕이 강화도로 옮겨 갈 때【허백 명조】仁祖大王移遷江華時【虛白明照】 279
안주에서 큰 전투를 벌일 때【허백 명조】安州大戰時【虛白明照】 280
대장의 인수를 받고【허백 명조】受大將印綬【虛白明照】 281
변방의 보고가 들어와 군사를 점고하는 것을 보고【허백 명조】見外報點軍【虛白明照】 282
선비화를 예찬하다【이퇴계】贊仙扉花【李退溪】 283
선비화 시에 차운하다【허백당 명조】次仙扉花韻【虛白堂明照】 284
또 같은 제목【허백 명조】又【虛白明照】 285
조계산 목우자의 마른 향나무 지팡이 시에~ 次曹溪牧牛子枯香杖【虛白明照】 286
혜공 스님을 예찬하다【허백 명조】贊惠空師【虛白明照】 287
보감국사의 게송 寶鑑國師偈 288
원응국사의 게송 圓應國師偈 289
허백당 임종게 虛白堂終偈 290
법준에게 보이는 게송【벽송 대사】示法俊偈【碧松大師】 291
경성 선화자에게 보이다【벽송 대사】示敬聖禪和子【碧松大師】 292
부용 스님 임종게 芙蓉師終偈 293
금강산을 노닐며【부용당】遊金剛山【芙蓉堂】 294
실을 보시한 사람을 예찬하다【부용당】贊施縷者【芙蓉堂】 295

차례 • 23

경성이 자성을 깨닫다 敬聖悟性 296
조계 동방장【경성】曹溪東方丈【敬聖】......... 297
경성 임종게 敬聖臨終偈 298
경성의 임종 때 참언 敬聖臨終讖曰 299
비로봉에 올라【청허 대사】登毘爐峰【淸虛大師】......... 300
선조의 묵죽【청허 대사】宣廟墨竹【淸虛大師】......... 301
삼몽자【청허 대사】三夢字【淸虛大師】......... 302
낮에 닭 울음소리를 듣고【청허 대사】聞午鷄聲【淸虛大師】......... 303
이 상국에게 답하다【부휴 대사】答李相國【浮休大師】......... 304
부휴 임종게 浮休臨終偈 305
영조가 묘적암에서 창화하다 靈照在妙庵唱和 306
영희가 창화하다 靈熙唱和 307
부설이 화답하다 浮雪答和 308
또 영조가 읊다 又靈照吟 309
또 영희가 읊다 又靈熙吟 310
또 부설이 답하다 又浮雪答 311
등운 임종게 登雲終偈 312
『원각경』을 예찬하다【함허】贊圓覺【涵虛】......... 313
또 같은 제목【함허】又【涵虛】......... 314
석종에 유골을 안치하며【함허】安骨石鐘【涵虛】......... 315
출가하여 스스로 깨닫다【함허】出家自悟【涵虛】......... 316
함허의 행장기【문인 야부】涵虛行狀記【門人埜夫】......... 317
홍준 대사를 청하다【함허집】請弘俊大師【涵虛集】......... 318
이 상국이 부채를 주신 데 화답하다【함허집】答李相國惠扇子【涵虛集】......... 319
박 상사의 초당에 올리다『청허당집』上朴上舍草【淸虛集】......... 320
산사의 즐거움【양녕대군】題山寺樂【讓寧大君】......... 321
자신의 삶을 술회하여 읊다【이율곡】述懷自吟【李栗谷】......... 322
이퇴계께 올리다【율곡】上李退溪【栗谷】......... 323
진묵 스님이 자신에 대해 술회하다 震默自述 324
낙천의 나한들에게 보이다【진묵】示樂川羅漢衆【震默】......... 325
호를 가지고 게송을 지어 달라고 청하기에 以號求頌 326
일본 승려 대유를 보내며【양촌 권근】送日僧大有【權近陽村】......... 327

덕천가강에게 보이다【사명당 송운】 示德川家康【松雲】 328
일본 승려 선소에게 보이다【송운】 示日本仙巢【松雲】 329
또 차운하다【송운】 又次【松雲】 330
또 차운하다【송운】 又次【松雲】 331
달마 기일에 시를 지어 달라고 청하기에【송운】 達摩忌求句【松雲】 332
이별하면서 선소에게 주다【송운】 贈別仙巢【松雲】 333
달마 탱화를 가지고서 시구를 지어 달라고 청하기에~ 持達摩幀求句口占【松雲】 334
왜승이 선을 물은 데 답하다【송운】 答倭僧問禪【松雲】 335
대마도 승려 만실이 게송을 지어 달라고 청하기에~ 贈馬島僧萬室求句【松雲】 336
늙은 왜승이 달마 탱화를 가지고 와서 찬을 써 주길~ 老倭以達摩幀求贊【松雲】 337
어떤 왜승이 선게를 지어 달라고 청하기에【송운】 有倭僧求禪偈【松雲】 338
또 같은 제목으로 읊다【송운】 又【松雲】 339
송원 노승에게 주는 선화【송운】 贈松源老僧禪話【松雲】 340
승태에게 주다【송운】 贈承兌【松雲】 341
또 차운하다【송운】 又次【松雲】 342
또 차운하다【송운】 又次【松雲】 343
승태의 시에 차운하다【송운】 次承兌【松雲】 344
원길의 시에 차운하다【송운】 次元佶【松雲】 345
또 원길의 시에 차운하다【송운】 又次【松雲】 346
또 원길의 시에 차운하다【송운】 又次【松雲】 347
송원이 꺾은 꽃 한 가지를 보여 주기에【송운】 松源示折花一枝【松雲】 348
원이 교원의 시에 차운하다【송운】 次圓耳教員【松雲】 349
또 원이 교원의 시에 차운하다【송운】 又次【松雲】 350
일본 승려 겸용 여정에게 주다【송운】 旅亭贈日僧【松雲】 351
또 차운하다【송운】 又次【松雲】 352
또 차운하다【송운】 又次【松雲】 353
숙노의 시에 차운하다【송운】 次宿蘆【松雲】 354
참선하는 사람에게 주다【송운】 贈參玄人【松雲】 355
선소, 조신, 의지 세 사람에게 주다【송운】 贈仙巢調信義知三人【松雲】 356
일본 은 상인에게 보이다【사가 서거정】【9운】 示日本誾上人【徐居正四佳九韻】 357
만경대에서 한음의 시에 차운하다【사명당】 次萬景坮漢陰【泗溟】 358
이순신에게 부치다【사명당】 寄李舜臣【四溟】 359

유서애께 올리다【사명당】上柳西崖【四溟】 360
서울의 정승들과 작별하며【사명당】別洛中諸太宰【四溟】 361
일본으로 가는 송운을 전별하며【한음 이덕형】別松雲赴日本【漢陰】 362
강을 건너가는 송운에게 답하다【서애 유성룡】答松雲渡江【西崖】 363
동명 선생께 올리다【백곡 처능】上東溟先生【白谷】 364
이 상공 백주께 올리다【백곡 처능】上李相公白洲【白谷】 365
사천 이병연께 올리다【벽암 각성】上槎川李秉淵【碧岩】 366
벽암 임종게 碧嵓示寂偈 367
해운 선사에게 보이다【소요 태능】示海運禪師【逍遙】 368
또 해운 선사에게 보이다【소요 태능】又次【逍遙】 369
소요 선사께 바치다【해운 경열】呈逍遙禪師【海運】 370
풍담 스님 임종게 楓潭師終偈 371
월담 스님 임종게 月潭師終偈 372
임성 스님 임종게 任性師終偈 373
허한당 임종게 虛閑堂終偈 374
송계당 임종게 松溪堂終偈 375
용담의 술회 龍潭述懷 376
강석에서 물러나 스스로 읊다【용담】退講自吟【龍潭】 377
용담당 임종게 龍潭堂終偈 378
호암당 임종게 虎嵓堂終偈 379
화월당에게 보이다【환성 지안】示華月堂【喚惺】 380
벽하당에게 보이다【환성 지안】示碧霞堂【喚惺】 381
벽하당 임종게 碧霞堂終偈 382
설봉의 술회 雪峯述懷 383
설봉당 임종게 雪峰堂終偈 384
일본으로 가는 송운을 보내며【이식】送松雲日本行【李植】 385
또 송운의 시에 차운하다【지봉 이수광】又次松雲【芝峰李睟光】 386
신륵사 주지에게 주다【점필재 김종직】贈神勒寺住持【佔畢齋】 387
문수사 시에 차운하다【최립】次文殊寺【崔岦】 388
호사 주지의 시에 차운하다【이달】次湖寺住持【李達】 389
성민 상인을 보내며【유몽인】送性敏上人【柳夢寅】 390
윤 내한의 장춘동 시에 차운하다【연담 유일】次尹內翰長春洞詩【蓮潭】 391

윤 내한의 시에 또 차운하다【연담 유일】 又次【蓮潭】 392
박 어사의 〈제주도에서 배를 타고 돌아오다〉라는~ 次朴御史自濟洲返旆【蓮潭】 393
유망기를 쓰고 자신에 대해 서술하다【연담】 遺忘記寫了自述【蓮潭】 394
묵암 선백의 시에 차운하다【연담】 次默庵先伯【蓮潭】 395
묵암 대사에 대한 만사【연담】 挽默庵大師【蓮潭】 396
연담 스님께 보이다【조계 묵암】 示蓮潭師【曹溪默庵】 397
추파당의 임종게 秋波堂終偈 398
속리산에 노닐며【추파】 遊俗離山【秋波】 399
복천사에 제하다【추파】 題福泉寺【秋波】 400
심지의 불간을 찬탄하다【추파】 贊心地佛簡【秋波】 401
설암 종파게 雪嵓宗派偈 402
괄허 임종게 括虛終偈 403
학도에게 보이다【상월】 示學徒【霜月】 404
상월 임종게 霜月終偈 405
상봉 임종게 霜峯終偈 406
율봉 임종게 栗峯終偈 407
초의 대사에게 주다【추사 김정희】 贈草衣大師【金秋史】 408
연등 시에 차운하다【추사】 次燃燈詩【金秋史】 409
〈시질도〉에 차운하다【추사】 次示疾圖【金秋史】 410
차 달이는 법을 보이다【다산 정약용】 示煎茶法【丁茶山】 411
다품을 채집하는 것을 읊다【신백파】 咏採茶品【申白坡】 412
묵란을 읊다【산운】 咏墨蘭【山雲】 413
감상에 젖어 스스로 탄식하며 읊다【연파】 感想自歎吟【蓮坡】 414
정다산의 시에 화운하다【초의】 和丁酉山韵【草衣】 415
사천의 절터에서 옛일을 회상하며【초의】 斜川寺懷古【草衣】 416
풍수설을 읊다【원매】 吟風水說【袁枚】 417
단속사를 창건하고【이준】 剏斷俗寺【李俊】 418
월명 스님이 꽃을 뿌리며 부른 도솔가【월명】 月明散花兜率曲【月明】 419
죽은 누이의 재를 지낼 때 지전을 서천으로~ 妹齋紙錢飛向西天【月明】 420
도적 혜릉에게 답하다【영재】 謝賊惠綾【永才】 421
의침 대사의 시에 차운하다【유태재】 次義砧大師【柳泰齋】 422
청계사 벽에 쓰다【변계량】 題淸溪寺壁【卞季良】 423

청주의 동장에 대한 노래【이승소】 淸州銅檣吟【李承召】 424
운 공이 『유마경』을 주기에【강추금】 贈雲公維摩經【姜秋琴】 425
쌍계루에서 포은의 시에 차운하다【기노사】 次雙溪樓圃隱韻【奇蘆史】 426
내소사에 제하다【정지상】 題來蘇寺【鄭知常】 427
개성사에 제하다【정지상】 題開聖寺【鄭知常】 428
〈장원정〉에 차운하다【정지상】 次長源亭【鄭知常】 429
해붕당 자술海鵬堂自述 430
화담의 꿈을 읊은 시 華潭夢吟 431
영산당 구결影山堂口訣 432
영산찬 구결影山贊口訣 433
침명당 영찬枕溟堂影贊 434
송광사 벽에 쓰다【인파】 題松廣寺壁【仁坡】 435
기봉의 불사를 읊다【인파】 次奇峰化行【仁坡】 436
백파에게 준 선화【조계 기봉】 贈白坡禪話【曹溪奇峯】 437
울다라 선인에게 보이다 示欝多羅仙人 438
『원각경』을 읽고【설당 행사】 讀圓覺經【雪堂行師】 439
원등사 잠구【해봉 김성근】 遠燈寺箴句【海峯金聲根】 440
경허당 자술鏡虛堂自述 441
방학산 자술方鶴山自述 442
또 같은 제목으로 읊다【방학산】 又【方鶴山】 443
정악을 예찬하다【익재 이제현】 贊正樂【李益齋】 444
증명법사께 드리다【강회박】 呈證明法師【姜淮泊】 445
소요산에 노닐며【무능 이능화】 遊逍遙山【李能和號無能】 446
유점사 53불에 예불하며【이능화】 禮楡岾五十三佛【李能和】 447
태고사의 탑에 예배하며【이능화】 禮太古寺塔【李能和】 448
유자가 불교를 배척하는 것을 조롱하다【이능화】 嘲儒子斥佛【李能和】 449
성 북쪽의 서중관을 방문했다가 비로 길이 막혀~ 訪城北徐中觀滯雨【李能和】 450
이해석을 보내며【금봉】 送李海石【錦峯】 451
선암사에 제하다【침굉】 題仙嵓寺【枕肱】 452
초승달을 읊다【의문태자】 咏新月【懿文太子能】 453
또 같은 제목으로 읊다【태손 윤문】 又【太孫允炆】 454
혜일 스님에게 복사꽃을 읊은 시를 바치다【각해 법인】 呈惠日咏桃【法因】 455

달마의 사리 하나를 동토에 전하다【무능 이능화】達摩舍利一枚傳東土【無能】 ········ 456
해인사 시에 차운하다【경허 성우】次海印寺【宋鏡虛】 ········ 457
불사증명청에 차운하다【경허】次佛事證明請【鏡虛】 ········ 458
두견새를 읊다【경허】咏子規詩【鏡虛】 ········ 459
자술【경허】自述【鏡虛】 ········ 460
또 같은 제목으로 읊다 又 ········ 461
법어【경허】法語【鏡虛】 ········ 462
임종게【경허】臨終偈【鏡虛】 ········ 463
사부가【부설거사】四浮歌【薛居士】 ········ 464
또 又 ········ 465
또 又 ········ 466
또 又 ········ 467
염불게念佛偈 ········ 468
홍류동【매천 황현】紅流洞【黃梅□】 ········ 469
압록을 지나며【김남파】過鴨綠【金南坡】 ········ 470
송광사를 방문하여【기생 향□】訪松廣【妓香□】 ········ 471
안중근【김창강】次安重根【金滄□】 ········ 472
길 떠나는 벗에게 부치다【조계 기룡】寄故人行【曹溪騎龍】 ········ 473
세태 변화를 탄식하다【서구 영평】嘆世變【書九永平】 ········ 474
또 又 ········ 475
또 又 ········ 476
또 又 ········ 477
삿된 귀신을 쫓는 시 逐邪詩 ········ 478
역대의 전법에 대한 게송【다송자】傳鉢歷代頌【茶松子】 ········ 479
소새를 지나며【문휘정】過小塞吟【文徽亭】 ········ 480
소매가 입산할 때 지은 시 小梅入山作 ········ 481

주 / 482

찾아보기 / 542

일러두기

1 '한글본 한국불교전서'는 문화체육관광부의 지원을 받아 동국대학교 불교학술원에서 수행하고 있는 '불교기록문화유산아카이브(ABC)사업'의 결과물을 출간한 것이다.
2 이 책은 『한국불교전서』(동국대학교출판부 간행) 제12책 『대동영선大東詠選』을 번역하였다.
3 번역문에 이어 원문을 병기하고 간단한 표점 부호를 삽입하였다.
4 원문은 『한국불교전서』를 기본으로 하되 그 저본이 되는 목판본을 대교하여 제시하였다. 역자의 교감 내용에서 '저본'이라 함은 『한국불교전서』의 저본(신문관 발행 연활자본)을 말한다.
5 원문의 교감 사항은 번역문의 미주와 별도로 원문 아래 부분에 제시하였다.
   ㉲은 『한국불교전서』 편찬자가 교감한 내용이다.
   ㉭은 번역자가 교감한 내용이다.
6 약물은 다음과 같다.
   『 』: 서명
   「 」: 편명, 산문 작품
   〈 〉: 시 작품

대동영선
|大東詠選*|

다송자 보정 선집
茶松子 寶鼎 選

---
* 웹 저본底本은 송광사 소장 필사본이다.

반야다라[1]가 달마에게 보여 준 게송
般若多羅示達摩偈

진단은 비록 넓으나 달리 길이 없으니	震旦雖濶別無路
아손의 다리를 빌려 가는 수밖에 없네[2]	要假兒孫脚下行
황금 닭이 한 톨의 쌀을 물어서	金雞解含一顆米
시방의 나한승에게 공양할 줄 알리라[3]	供養十方羅漢僧

또
又

가는 길 물 건너고 또 양을 만나고[4]   行路跨水又逢羊
쓸쓸하게 홀로 강을 몰래 건너가리[5]   獨自凄凄暗渡江
해 아래 한 쌍의 상마[6] 사랑스럽고   日下可憐雙象馬
두 그루 어린 계수나무는 오래 무성하리[7]   二株嫩桂久昌昌

임제 임종게[8]
臨濟終偈

흐름이 그치지 않음이 어떠한지 물으면	沿流不知[1]問如何
진성眞性의 비춤은 끝없다고 그에게 말하라	眞照無邊設[2]似他
명상名相을 여의어 사람들 받아 알지 못하니	離相離名人[3]不稟
취모검을 쓰고 나면 급히 갈아 두어야 하리	吹毛用要[4]急須磨

---

1) ㉠ '知'는 '止'의 오기이다.
2) ㉠ '設'은 '說'의 오기이다.
3) ㉠ '人'은 『林間錄』과 『佛祖通載』에는 '如'로 되어 있고, 『五燈會元』과 『景德傳燈錄』에는 '人'으로 되어 있다.
4) ㉠ '要'는 '了'의 오기이다.

달마가 양현지에게 답하다
達摩答楊衒之

악을 보고 싫어하는 마음 내지 말고	不覩惡而生嫌
선을 보고 부지런히 실천하지 말라	不觀善而勒[1]措
지혜를 버리고 어리석음을 가까이 말고	不捨智而近愚
미혹을 버리고 깨달음에 나아가지 말라	不抛迷而就悟
대도를 통달하니 국량이 뛰어나고	達大道兮過量
불심을 밝혀 아니 출중하도다	明佛心兮出度
범부와도 성인과도 같은 길 가지 않으니	不與凡聖同纏
이 초연한 이를 이름하여 조사라 하네	超然名之爲祖
【강 뗏목은 옥 같은 물결 가르고[9]	【江槎分王[2]浪
횃불이 금 자물쇠를 연다[10]	管炬開金鎖
오五와 구口는 함께 행하고	五口相共行
구九와 십十에 그와 내가 없으리[11]】	九十無彼我】

---

1) ㉯ '勒'은 '勤'의 오기이다.
2) ㉯ '王'은 '玉'의 오기이다.

달마 대사 영찬[12][호구 소융[13]]
達摩贊【虎丘】

온 나라 사람도 만류할 수 없었으니	闔國人難挽
한 짝 신발을 들고서 서쪽으로 돌아갔지	西携隻履歸
응당 웅이산에 뜬 달만이	只應熊耳月
천고에 맑은 빛을 비추리라	千古冷光輝

명교 스님 영찬[14] 【호구 소융】
明教贊【虎丘】

봄이 와 온갖 꽃들 곳곳마다 피니	春至百花觸處開
그윽한 향기 가득히 사람에게 풍겨 오네	幽香旖旎襲人來
바람 앞에 무한한 깊고 깊은 뜻은	臨風無限深深意
성색의 무더기 속에 티끌 한 점 없는 것일세	聲色堆中絶點埃

원오가 안민에게 보이다[15]
圓悟示安民

사방에 머물지 않고 능엄경 강론을 그만두고	休誇四分[1)]罷楞嚴
구름을 잡아 누르고[16] 철저히 참구했어라	按下雲頭徹底叅
양 좌주가 마조 선사를 친견했던 일[17]을 배우지 말고	莫學亮公親馬祖
덕교 스님이 용담 선사를 찾아간 뜻[18]을 알아야 하리	還如德嶠訪龍潭
칠 년 동안 소각사를 오가며 노닐었고	七年徃返遊昭覺
삼 년 동안 벽암[19]에 한가로이 올라갔네	三載翶翔上碧崟
오늘은 제일좌 자리에 앉았으니	今日煩充第一座
백화가 핀 가운데 우담발화가 피었구나	百花叢裡現優曇[2)]

---

1) ㉾ 『羅湖野錄』에 따르면 '分'은 '方'이다.
2) ㉾ "七年徃返遊昭覺…百花叢裡現優曇"의 네 구는 『韓國佛敎全書』에서 '원오가 안민에게 보이다【위에 이어】(圓悟示安民【連上】)'라는 제목으로 〈示應庵〉의 뒤에 있으나, 하나의 이어지는 시이기에 이곳에 옮겨 놓았다.

파암이 능엄 좌주에게 보이다
破庵示楞嚴座主

봄은 봄조차 여의었으니 참으로 봄이 아니요[20]　　見猶難[1]見非眞見
팔환을 다 돌려보내니 돌려보낼 것이 없어라[21]　　還盡八還無可還
낙엽 져 적막한 가을에 산은 뼈가 드러났으니　　木落秋空山骨露
알지 못하겠네, 그 누가 늙은 구담을 아는가　　不知誰識老瞿曇

---

1) ㉭ '難'은 '離'의 오기이다.

백장 선사 영찬 [호구 소융]
百丈贊 [虎丘]

벽력이 진동하여 맑은 못 달그림자 깨뜨리니	迅雷吼破澄潭月
당장에 사흘 동안 귀머거리가 되었어라[22]	當下曾經三日聾
고황에 든 꼭 죽을 병을 제거했으니	去却膏肓必死疾
총림은 이제부터 가풍이 있게 되었구나	叢林從此有家風

응암[23]에게 보이다 [대혜 종고[24]]
示應庵【大惠】

금륜의 제일봉에 올라 앉았으니　　　　　坐斷金輪第一峯
온갖 요괴들이 죄다 종적을 감추었네　　　千妖百怪盡潛踪
근년 들어 또 참된 한 소식을 얻었으니　　年來又得眞消息
양기[25]의 정맥을 이었다고 이르노라　　　報道楊岐正脉通

대수[26]에게 드리다[27] 【석두 자회】
呈大隨[1] 【石頭回】

삼군이 출동하지도 않아 깃발이 번득이니	三軍不動旗閃爍
오대산 노파는 바로 마각을 드러내었는데[28]	老婆正是魔王脚
조주는 자루 없는 쇠 빗자루이니	趙州無柄鈯掃帚
전란의 먼지를 말끔히 쓸어 내었어라	掃蕩烟塵空索索

---

1) ㉢ '隨'는 '隋'의 오기인 듯하다.

대혜에게 드리다 [회암 이광[29]]
呈大惠【晦庵光】

기연에 맞는 한 물음 우레와 같으니	一拶當機怒雷吼
놀라 수미산을 일으켜 북두성에 감추네	驚起須彌藏北斗
드넓은 큰 물결이 하늘에 닿았으니	洪波浩浩浪滔天
콧구멍을 잡아들자 입을 잃었구나	拈得鼻孔失却口

운암에게 드리다[30] 【동산 양개[31]】
呈雲庵【良介】

또한 매우 기이하고 또한 매우 기이하도다   也大奇也大奇
무정물이 설법할 줄 아니 불가사의하도다   無情解說不思議
만약 귀로 들으면 끝내 알기 어려우니   若將耳聽終難會
눈으로 소리를 들어야 비로소 알 수 있으리   眼處聞聲方得知

양개가 물에 비친 그림자를 보고[32]
良介見水影

절대로 다른 것을 좇아 찾지 말라	切忌從他覓
아득히 나와 멀어진다네	迢迢與我踈
내가 이제 홀로 가니	我今獨自往
곳곳마다 그를 만나도다	處處得逢渠
그는 지금 바로 나이고	渠今正是我
나는 지금 그가 아닐세	我今不是渠
응당 이와 같이 알아야	應須任麽會
비로소 여여한 불성에 계합하리	方得契如如

측천무후가 혜안을 찬탄하다[33]
則天贊惠安

궁중의 백옥처럼 고운 미모의 선녀 같은 여인이   秦苑仙娃白玉腮
장미꽃 넣은 향기로운 물로 씻어 주어도 찬 재와 같아라   薔薇行水洒寒灰
풀로 엮은 사립문에 자물쇠가 없건만   柴門草戶無扃鑰
큰 쇠망치로 쳐도 열리지 않는구나   磊落金鎚擊不開

당 태종의 분경대 시[34]
唐太宗焚經坮

쓸쓸한 문 앞에 푸른 이끼만 자랐는데	門徑蕭蕭長綠苔
이곳에 한 번 올라서 한 번 배회하노라	一回登此一徘徊
푸른 소가 함곡관 떠났다 부질없이 말하지만[35]	靑牛謾說[1]函谷去
흰 말은 직접 불경 싣고 인도 땅에서 왔어라[36]	白馬親從印土來
불길로 태워서 어느 쪽이 옳은지 증명했으니	確實是非憑烈焰
그 진위를 가리려고 높은 대를 세웠어라	要分眞僞築高坮
봄바람도 낭자한 먼지를 싫어하여	春風也解嫌狼藉
그 당시 도교 경전 태운 재를 불어 보내누나	吹送當年道敎灰

---

1) ㉈ '靑牛謾說'은 저본의 협주에 '惠約所來'라 하였다.

육정이 계란 71개를 삼키다
陸靜吞鷄卵七十一介

혼돈의 건곤을 한입에 넣었으니 　　　　　混沌乾坤一口包
가죽도 피도 없고 털도 없어라 　　　　　也無皮血也無毛
산승이 너를 데리고 서천으로 가서 　　　山僧帶爾西天去
인간 세상에서 잡아먹힘을 면해 주리라 　免在人間受一刀

의정이 불경을 가지고 오다
義淨經來

진나라 송나라 제나라 양나라 당나라 때	晋宋齊梁唐代間
고승들이 장안을 떠나 구법의 길에 올랐지	高僧求法離長安
간 사람 백 명 중에 열 명도 못 돌아왔으니	去人宿不[1]歸人[2]十
뒷사람들이 어찌 앞사람의 어려움을 알리오	後者安知前者難
길은 먼데 푸른 하늘은 싸늘히 얼어붙었고	路遠碧天唯冷結
사막의 뜨거운 햇볕 아래 힘이 다해 지쳤지	沙河遮日力疲殫
후세 사람들이 이러한 뜻을 알지 못하고서	後賢如未諳斯旨
왕왕 불경을 귀중하게 생각하지 않는구나	徃徃將經容易看

---
1) 역 『翻譯名義集』에 따르면 '宿不'은 '成百'이다.
2) 역 『翻譯名義集』에 따르면 '人'은 '無'이다.

법안[37]의 전법
法眼傳法

어렵고 어렵고 어려움은 정식을 버림이니	難難難是遣情難
정식을 말끔히 버리면 둥근 구슬 밝게 빛나리	淨盡圓明一顆寒
방편으로 정식을 버림도 옳지 않지만	方便遣情猶不是
게다가 방편을 버리면 너무 단서가 없지	更除方便太無端

숭혜[38]의 종문송
崇慧宗門頌

돌 소의 긴 울음은 진공 밖이요	石牛長吼眞空外
나무 말이 울 때에 달이 산에 숨네	木馬嘶時月隱山
흰 원숭이는 새끼를 안고 푸른 봉우리로 돌아가고	白猿抱子歸靑嶂
벌 나비는 푸른 잎 사이에서 꽃을 무누나	蜂蝶含花綠蘂間

소 치는 목동의 노래[39]
牧牛童歌

삼생석 위에서의 옛 정혼이여	三生石上舊精魂
음풍농월하는 것은 굳이 말하지 말라	賞月吟風莫要論
부끄럽게도 정든 사람이 멀리서 찾아왔으니	慚愧情人遠相訪
이 몸은 비록 달라도 본성은 길이 그대로일세	此身雖異性常存

또
又

전생 내생의 일 아득해 알 수 없으니   身前身後事茫茫
인연을 말하자니 애간장이 끊어지겠네   欲話因緣恐斷腸
오월 지방 강산을 이미 다 둘러보고   吳越江山尋已徧
다시 배를 돌려 구당⁴⁰을 오르노라   却回烟棹上瞿曇[1]

---

1) ㉭ '曇'은 '塘'의 오기이다.

투자[^41]의 영찬【양걸[^42]】
投子影贊【楊傑作】

외짝 신발에 두 장의 소가죽[^43]이라	一隻履兩牛皮
금 까마귀 우는 곳에 나무 닭이 나는구나	金烏啼處木鷄飛
한밤중에 기름 장수 영감이 웃으니[^44]	半夜賣油翁發笑
흰머리 노인이 검은 머리 아들을 낳았도다	白頭生[1]黑頭兒

---

1) ㉠ 『佛祖歷代通載』에 따르면 '生' 뒤에 '得'이 누락되었다.

요원이 동파에게 답하다[45]
了元答東坡

조주는 그 당시 겸손함이 부족하여　　　　　趙州當日小[1]謙光
산문을 나가서 조왕을 만나지 않았으니　　　不出山門見趙王
어찌 금산[46]이 한량과 형상이 없어서　　　　爭似金山無量相
대천세계가 온통 하나의 선상인 것만 하랴　　大千都是一禪床

---

1) 역 '小'는 '少'의 오기이다.

요원이 이백시가 그린 자기 화상에 찬하다[47]
了元贊李伯時

이 공은 천상의 석기린[48]이라	李公天上石猉獜
운거도자[49]의 진영을 잘 그렸구나	傳得雲居道者眞
꽃을 들어서 대사는 밝히지 않고[50]	不爲拈花明大事
괜스레 입을 열어 누구에게 웃는가	等閒開口笑何人
진흙 소는 부질없이 바람 향해 냄새를 맡고	泥牛謾向風前齅
고목은 무단히 눈 속에서 꽃을 피웠어라	枯木無端雪裡春
눈앞에 당당히 나타났건만 아무도 모르나니	對現堂堂俱不識
태평한 시대에 사는 자유로운 몸이로세	太平時代自由身

법운 만회[51]가 대중에게 보이다
法雲萬回示衆

밝음과 어둠 다 잊고 불안을 뜨면　　　　　明暗兩忘開佛眼
한 법에도 얽매이지 않아 부처 세계도 벗어나리　不繫一法出蓮叢
진공은 무너지지 않아 지혜 성품이 신령하니　　眞空不壞靈智性
묘용은 있지만 공능功能을 짓는 일은 없어라　　妙用嘗存無作功

황룡⁵²이 대중에게 보이고 진경에게 주다
黃蘗¹⁾示衆及與晋卿

당나라 때 절에는 머물지 않고	所²⁾住唐朝寺
한가로이 송나라 땅 승려 되었네	間³⁾爲宋地僧
생애는 그저 세 벌의 납의⁵³이고	生涯三事衲
친구는 오직 한 가닥 지팡이뿐	故舊一枝藤
걸식하며 인연 따라 살아가고	乞食隨緣去
산을 만나면 마음 가는 대로 오른다	逢山任意登
나를 만나거든 반겨 웃지 말지니	相逢莫相笑
영남의 노능盧能⁵⁴이 아니라네	不是嶺南能

---

1) ㉠ '蘗'은 '龍'의 오기이다.
2) ㉠ '所'는 '不'의 오기이다.
3) ㉠ '間'은 '閒'의 오기이다.

법연[55]의 투기송
法演投機頌

산 앞의 한 뙈기 해묵은 밭	門[1]前一片閑田地
손 모아 정성스레 조옹에게 물었더니	叉手丁寧問祖翁
몇 번이나 팔았다가 다시 산 것은	幾度賣來還自買
송죽이 맑은 바람 끌어옴을 좋아해서라네	爲憐松竹引淸風

---

1) ㉯ '門'은 '山'의 오기이다.

원조[56]의 걸식에 대해 찬하다 【양무위[57]】
贊元照乞食【楊無爲】

발우 들고 나갔다 발우 들고 돌아오니	持鉢出兮持鉢歸
부처님 말씀 늘 사위의 가운데 있어라	佛言長在四威儀
처음 저자에 들어갈 때 사람들은 몰랐지만	初入鄽時人不識
허공에서 응당 귀신은 알아보았으리라	虛空當有鬼神知

운암사에서 읊은 게송【장천각[58]】
張天覺【雲岩】[1)]

다섯 분의 기연을 한곳에 모셨건만	五老機緣共一方
신령한 기봉을 저마다 소매 속에 감췄네	神鋒各向袖中藏
내일 아침에는 노장들께서 단상에 올라	明朝老將登壇看
청컨대 창을 빗겨 들고 한바탕 싸우시길	便請橫[2)]戰一場[3)]

---

1) ㉯ 『韓國佛敎全書』에는 제목과 저자의 순서가 바뀌어 있다. 오류로 보이므로 고쳐 번역하였다.
2) ㉯ '橫' 뒤에 '戈'가 누락되었다.
3) ㉮ 이 구 중에 한 자가 탈락된 듯하다.

도솔 종열에게 보이다[59]【장천각】
示兜率悅【張天覺】

종소리도 북소리도 없어 발우 들고 돌아갔으니	鼓寂鍾沈托鉢回
암두가 한 번 꾸짖는 말이 우레와 같았어라	嵓頭一拶語如雷
과연 삼 년 동안만 살았으니	果然只得三年活
덕산이 도리어 암두의 수기를 받은 게 아닌가	莫是遭他受記來

또[60]
又

대내大內 앞에 수레와 말 가득 차 있더니	內前車馬撥不開
문덕전 아래에는 선마[61]가 돌아가네	文德殿下宣麻回
자미성紫微星의 시랑이 우상에 임명되니	紫微侍郞拜右相
중사[62]가 조칙을 받들고 문창대[63]로 달려가누나	中使押赴文昌坮

무진등기【청료[64]】
無盡燈記【淸了】

거울이 등이요 등이 거울이라 본래 차별 없으니	鏡燈燈鏡本無差
대지와 산하가 온통 눈 속에 어른거리는 꽃일세	大地山河眼裡花
누런 잎들은 흩날려 떨어져 뜰에 가득한데	黃葉飄飄滿庭際
저 다듬이질 소리는 누구 집에 떨어지는가	一聲砧杵落誰家

고목 속에 유숙하다[65]【목암 법충[66]】
宿枯木中【牧庵忠】

그 누가 삼매진공의 불길로	誰將三昧眞空火
한 그루 번뇌의 나무를 다 태웠는가	爇却一株煩惱薪
단지 큰 뿌리는 원래 움직이지 않으니	只有大根元不動
다시 풍진에 흔들릴 가지와 잎이 없어라	更無枝葉撼風塵

법좌에 올라 임금을 축원하다【대혜 보각】
陞座祝君【大慧普覺】

시방의 법계는 지극한 도인의 입이요	十方法界至人口
법계에 있는 모든 것은 바로 그의 혀이니	法界所有卽其舌
단지 이 입과 혀들에 의지하여서	只憑此口與舌頭
축원하노니 우리 임금님 끝없이 장수하시어	祝吾君壽無間歇
억만 년 길이길이 복록을 내려 주시기를	億萬斯年注福源
드넓게 출렁여 길이 마르지 않는 바닷물 같기를	如海瀑流[1]永不竭
사자의 굴에서 출중한 사자를 낳고	獅子窟內產狻猊
봉황은 틀림없이 단산[67]의 굴에서 나오니	鸑鷟定出丹山穴
그 상서로운 빛이 천하에 두루 비쳐	爲瑞得祥遍九垓
초목과 곤충들조차도 모두 환희하누나	草木昆虫皆歡悅
이 불가사의한 일에 머리를 조아리노니	稽首不可思議事
뭇 별들이 밝은 달을 향해 에워싼 것 같네[68]	猶如衆星拱明月
그러므로 이제 오묘한 게송을 읊어	故今宣揚妙伽陀
제일의 중 진실한 법을 설하오리다	第一義中眞實說

---

1) ㈜ '瀑流'는 '㵧㵛'의 오기이다.

『화엄경』을 읽다가【보암 인숙[69]】
讀華嚴經【普庵印肅】

뭉쳐도 안 뭉쳐지고 흩어도 안 흩어지거늘	捏不成團撥不開
무엇하러 굳이 남악이요 또 천태가 있는가	何須南岳又天台
육근의 문에는 사람의 작용이 없기에	六根門首無人用
인도의 달마를 특별히 오게 만들었구나	惹得胡僧特地來

또[70]
又

비가 왔다 날 갰다 보배 형상이 밝으니　　　　　乍雨乍晴寶象明
동서남북에 두루 어지러운 구름 생기거늘[71]　　東西南北亂雲平[1)]
구슬 잃은[72] 무한한 사람들이 겁난을 만났으니　失珠無限人遭刼
허깨비 같은 방편 써서 그대들 위해 맑혀 주노라　幻應權機爲汝淸

---

1) ㉯ 『佛祖歷代通載』에 따르면 '平'은 '生'이다. '平' 자는 운韻에 맞지 않는다.

위 상국에게 보여 주는 게송【가관 대사[73]】
示魏相國偈【可觀大士】

한 치 가슴 속은 재처럼 싸늘히 식었고 　　　　胸中一寸灰已冷
천 올 머리털은 흰 눈이 아직 녹지 않았네 　　　頭上千莖雪未消
늙은이 걸음은 의당 평지를 가야 하거늘 　　　　老步只宜平地去
무슨 일로 또 이 높은 단상에 오르나 　　　　　　不知何事又登高

금제 장종을 찬양하여 만송이 상당하여 읊은 게송[74]
金帝章宗贊萬松上堂偈

사찰을 특별히 지으시고 사원을 수축하셨고	蓮宮特作梵宮修
성스러운 경내를 다시 성상이 와서 다니시네	聖境還須聖駕遊
비 온 뒤에 물 맑으니 새끼 새가 떠다니고	雨過水澄禽泛子
안개 밝고 산 고요하니 비단 두건을 쓴 듯	霞明山靜錦蒙頭
성탕은 넓고 넓은 하늘 그물을 펼치시고[75]	成湯也展恢天網
여망은 달 침범하는 낚시를 던질 일 드무네[76]	呂望稀垂浸月鉤
묻노니 이 풍광이 어떠한 시절인가	試問風光甚時節
황금세계에 계화가 핀 때로세	黃金世界桂花秋

연꽃을 읊다[77] 【퇴지[78]】
詠蓮花【退之】

태화산 봉우리 위에 옥정의 연꽃은	太華峰頭玉井蓮
꽃이 피면 너비가 열 길이요 뿌리는 배만 하지	開花十丈藕如船
시원하긴 눈과 서리 같고 달기는 꿀과 같으니	冷比雪霜甘比蜜
한 조각 입에 넣으면 묵은 병이 다 낫는다네	一片入口沈痾痊

부처님께 귀의하다[79] 【마왕】
歸依佛【魔王】

나는 이제 불세존께 귀의하노니	我今歸依佛世尊
이제부터는 악한 마음 일으키지 않으리	從是終不起惡心
구담의 마음 고요해 나를 용서하시니	瞿曇心定容恕我
나는 응당 부처님 정법을 수호하리라	我當守護佛正法

용수가 부처님을 예찬하다
龍樹贊佛

오직 부처님 한 분만이 으뜸이니	唯佛一人獨第一
삼계의 부모님이요 일체 지혜 갖췄어라	三界父母一切智
일체의 지혜에서 동등한 이가 없으니	於一切智無與等
비길 데 없는 분 세존께 머리 조아린다오	稽首世尊希有比

수명 동자가 부처님을 예찬한 게송
壽命童子贊佛偈

해와 달과 별이 땅에 떨어지고	日月星辰可墜地
산의 바윗돌이 허공으로 날아가고	山石從地可飛空
깊은 바닷물이 다 마를지언정	海水淵深可令枯
부처님 말씀은 결코 허망하지 않네	佛語決定無虛妄

금나라 세종제[80]께 올리다 【대혜 종고】
上金世宗帝 【大惠杲】

크나큰 근기요 큰 역량이라	大根大器大力量
범상치 않은 대사를 짊어지셨어라	荷擔大事不尋常
한 터럭 위에서 이 소식을 통하니	一毛頭上通消息
온 법계가 두루 밝아 감춰지지 않아라	遍界明明不覆藏

약산 대사께 올리다 [이고⁸¹]
上藥山大師【李翶】

신체를 수련하여 학의 모습과 같은데   鍊得身形似鶴容
천 그루 솔숲 아래에 두 상자의 경전뿐   千株松下兩函經
내가 와서 도를 물었더니 다른 말 없고   我來問道無餘說
구름은 하늘에 있고 물은 병에 있다 하네   雲在靑天水在瓶

이괄이 석가를 찾아갔다가 만나지 못해 탄식하며 읊다
李适訪釋迦不遇嘆述

내가 간 것은 어쩌면 이토록 늦으며	吾行一何晩
부처님 열반은 어쩌면 이토록 빠른가	泥洹一何速
석가모니를 만나 뵙지 못한 채	不見釋迦文
녹록한 몸 속절없이 예배한다오	彈冠空碌碌

글자와 종이가 천대 받음을 경계하다 [규산⁸²]
誠字紙賤【圭山】

세간의 문자와 장경이 같으니	世間文字藏經同
보는 이는 모름지기 불 속에 넣거나	見者須將付火中
흐르는 물에 던지거나 깨끗한 땅에 묻으면	或擲淸流埋淨土
그대에게 무궁한 장수와 복을 내리리	賜君壽福永無窮

불감께 올리다 [불등 수순[83]]
上佛龕佛燈 【守珣】

종일 하늘을 보려 머리를 들지도 않더니   終日看天不擧頭
흐드러진 복사꽃에 비로소 눈길 들었어라   桃花爛熳始擡眸
가령 그대에게 하늘을 가릴 그물 있더라도   饒君更有遮天網
굳센 관문 뚫고 나가서 곧바로 쉬리라   透得牢關卽便休

학자에게 보이다[84]【우구 거정】
示居靜【南堂】[1)]

십문의 요체를 손바닥 안에서 굴리니　　　十門綱要掌中施
이 도리를 알 때 절로 실행할 수 있으리　　會得來時自有爲
작자[85]는 굳이 위차를 안배할 필요 없으니　作者不須排位次
대체로 머리와 꼬리가 그대로 근본인 것을　大都首尾是根本

---

1) ㉯『韓國佛敎全書』에는 남당 원정南堂元靜의 〈거정에게 보이다(示居靜)〉라는 시로 되어 있으나,『五燈會元』등에 따르면 이 시는 우구 거정의 저작이다. 오류로 보이므로 고쳐 번역하였다.

도를 배움에 대해 스스로 술회하다 [간당 행기[86]]
學道自述【行機簡堂】

지로엔 불이 없고 바랑은 텅 비었는데	地爐無火客囊空
버들 꽃과 같은 눈이 세모에 내리는구나	雪似楊花落歲窮
삼베 조각 주워 해진 누더기 꿰매니	拾得斷麻穿壞衲
이 몸이 적막한 중에 있는 줄도 몰라라	不知身在寂寥中

온눙에게 올리는 게송【숭진】
上蘊能偈【崇眞】

만년창⁸⁷ 안에서 일찍이 굶주렸고	萬年倉裡曾飢饉
큰 바닷속에서 오래 목말랐지	大海中住儘長渴
당초에 찾을 때는 찾기 어려웠는데	當時尋日尋難見¹⁾
지금에는 피할래야 피할 수 없어라	今日避時避不得

―――――
1) ㉮ '當時尋日尋難見'은 『五燈會元』과 『蜀中廣記』에는 '當初尋時尋不見'으로 되어 있다.

황벽 스님에 대한 찬【배휴】
贊黃蘗師【裵休】

대사로부터 심인을 전수받을 때부터[88]	自從大士傳心印
이마엔 둥근 구슬이 있고 신장은 칠 척	額有圓珠七尺身
십 년 동안 촉수에 머물러 주석하고	掛錫十年捿蜀水
이제는 작은 배 띄워 장수를 건너시네	浮盃今日渡漳濱
일천의 용상대덕이 높으신 걸음 따르고	一千龍象隨高步
만 리에 향기로운 꽃들 좋은 인연 맺으리	萬里香華結勝因
스승으로 섬겨 제자 되고자 하노니	擬欲事師爲弟子
알지 못하겠네 법을 누구에게 부촉하실지	不知將法付何人

문희 대사[89]에게 보이다【균제 동자】
示文喜大師【均提童子】

얼굴에 성냄이 없음이 공양구이고   面上無嗔供養具
입에 성냄이 없음이 미묘한 향일세   口裡無嗔吐妙香
마음에 성냄이 없음이 참된 보배요   心裡無嗔是眞寶
때묻지도 물들지도 않음이 한결같은 불성   無垢無染是眞常

보각의 전법게
普覺傳法偈

우리 조사 오직 우담발화 전수했으니	吾祖單傳優鉢花
이를 심어 기르는 게 나의 생애로세	培栽只此是生涯
헤어질 때 잘 꺾어서 그대에게 주노니	臨枝[1]善折付諸子
이를 갖고 인간 세상에 가 석가를 본받으라	持徃人間效釋迦

---

1) ㉠ '枝'는 '岐'의 오기이다.

남강 태수에게 올리다【송나라 원우[90]】
上南康太守【宋元右[1)]】

중이 되어 예순에 머리털 벌써 세었건만　　　爲僧六十鬢先華
공문에 도움은 못 된 채 출가했다고 하네　　　無補空門號出家
원컨대 부디 예부의 첩지를 돌려보내어　　　　願乞封回禮部牒
여산 늙은이가 가사 받는 허물 면해 주시길　　免辜盧[2)]老納加沙

---

1) 옉 '右'는 '祐'의 오기이다.
2) 옉 『禪林僧寶傳』에 따르면 '盧'는 '廬'이다.

수산[91] 임종게
首山臨終偈

백은의 세계에 황금색 몸이니	白銀世界黃金身
유정과 무정이 다 같이 하나의 진여	情與非情共一眞
밝음과 어둠이 다할 때 둘 다 비추지 않으니	明暗盡時俱不照
둥근 해는 오후에 몸 전체를 드러내 보이네	日輪午後示全輪

장무진[92] 임종게
張無盡終偈

덧없는 몸 조정에 벼슬해 여든한 해 살았건만	幻質朝章八十一
물거품처럼 생겼다 없어지니 아무도 아는 이 없네	漚生漚滅亦不滅[1]
이제 허공을 쳐서 깨뜨리고 돌아가니	撞破虛空歸去來
철우가 바다에 들어가 소식이 없어라	鐵牛入海無消息

---

1) ㉎『佛祖歷代通載』에 따르면 '亦不滅'은 '無人識'이다.

도안의 영찬 【당나라 중종의 어제】
道岸影贊【唐中宗御製】

계율의 구슬은 밝고 깨끗하며	戒珠皎潔
지혜의 흐름은 맑고 맑아라	惠流淸淨
몸은 계율을 엄히 지켰고	身局五篇
마음은 선정에 깊이 들었네	心融八定
교학은 진종에 오묘하고	學妙眞宗
도는 실상을 관통하였으며	道貫實相
불법의 일을 유지하고	維持法務
덕정의 기강을 세웠어라	綱紀德政
율장은 바라건대 후세에 명성 전해지고	律藏異兮[1] 傳芳
선교는 이로 말미암아 성대히 빛날지어다	禪[2] 敎因兮[3] 光盛

---

1) ㉭ '異兮'는 『宋高僧傳』에는 '冀兮'로 되어 있고, 『佛祖歷代通載』에는 '冀入'으로 되어 있다. 번역은 『宋高僧傳』을 따른다.
2) ㉭ '禪'은 『宋高僧傳』에는 '象'으로 되어 있고, 『佛祖歷代通載』에는 '像'으로 되어 있다.
3) ㉭ '兮'는 『宋高僧傳』에는 '乎'로 되어 있고, 『佛祖歷代通載』에는 '而'로 되어 있다.

혜충의 무봉탑[93]【응진[94]】
惠忠無縫塔【應眞】

상수는 남쪽으로 담수는 북쪽으로 흐르는데	湘之南潭之北
그 가운데 황금이 온 나라에 가득 찼어라	中有黃金充一國
그림자 없는 나무 아래 함께 배를 탔는데	無影樹下合同船
유리 궁전 안에는 선지식이 없어라[95]	琉璃殿上無知識

용계[96] 임종게
龍溪臨終偈

총총히 나라를 떠난 지 몇 해던고	去國匆匆度幾年
공사 간에 일없이 태평해 다 기쁘구나	公私無事兩忻然
당시의 주장이 어찌 굳을 수 있으랴	當時議論何能固
오늘날 육신에 따로 인연이 있어랴[97]	今日機關別有緣
만사는 이미 전생에 정해진 것이요	萬事已從前世訂
영명을 좋은 사람에게 남겨 전하리	令名留付好人傳
외로운 몸 오고 가고 하지 않으리니	孤身不作徃來計
가슴 속에 절로 하늘이 있음을 믿노라	須信宵中自[1]有天

---

1) ㉯ '自'는 『佛祖歷代通載』에는 '別'로 되어 있다.

삼천불도송
三千佛都頌

장엄겁의 화광불과 비사불	莊嚴華光毘舍佛
현겁의 구류불과 누지불	賢刼俱留婁至佛
성수겁의 일광불과 수미상	星宿日光須彌相
이러한 부처님들이 중생을 제도하네	如是度生是諸佛

불조[98] 임종게
佛照臨終偈

팔십삼 년 동안	八十三年
지은 죄가 하늘에 가득하다고	彌天罪過
마지막에 은근한 마음으로	末後慇懃
진정을 다해 설파하노라	盡情說罷

정주 보조[99]의 게송
鄭州普照偈

나를 범부라 하면	道我是凡
성인의 지위로 갈 것이요	向聖位裡去
나를 성인이라 하면	道我是聖
범부의 지위로 갈 것이니	向凡位裡去
나를 범부도 아니요 성인도 아니라 해야	道我不是聖不是凡
비로소 비로자나불 정수리 위에 갈 것이다	才向毘盧頂上去在

송원[100] 임종게
松源臨終偈

와도 온 바가 없고	來無所來
가도 간 바가 없으니	去無所去
문득 현관을 돌리니	別轉機關[1]
불조도 망연자실하네	佛祖罔措

---

1) ㉘『佛祖歷代通載』에 따르면 '別轉機關'은 '瞥轉玄關'이다.

부처님이 수라 무리를 꾸짖다[101]
佛責修羅衆

달은 허공 중에 있으면서	月處虛空中
일체의 어둠을 능히 없애나니	能滅一切闇
큰 광명이 비추면	有大光明照
온 세상이 다 맑고 환해지네	淸白悉明了
달은 세간의 등불이니	月是世間燈
너희는 응당 속히 본받으라	爾須應速放

천진자연게
天眞自然偈

좌선도 하지 않고 계율도 지키지 않건만	不坐禪不持律
묘각의 마음 구슬은 밝은 해와 같아라	妙覺心珠白如日
그 당체가 텅 비어 한 물건도 없나니	當體虛玄一物無
그 누가 연등불에게 받았으리오	阿誰承受燃燈佛

환궁가【건문군 응능 호 노불¹⁰²】
還宮歌【建文君應能。號老佛。】

강호를 떠돌아다닌 지 사십 년 만에	流落江湖四十秋
돌아오니 나도 모르게 머리털 다 세었어라	歸來不覺雪盈頭
건곤에 한이 있으니 내 집은 어디 있는가	乾坤有恨家何在
강한은 무정하여 물은 스스로 흘러가누나	江漢無情水自流
장락궁 안에는 구름 그림자가 어둡고	長樂宮中雲影暗
소양전 안에는 빗소리가 시름겨워라	昭陽殿裡雨聲愁
새 부들과 수양버들은 해마다 푸르건만	新蒲細柳年年綠
이 늙은이 소리 죽여 울음을 그치지 않노라	野老吞聲哭未收¹⁾

---

1) ㉠『大明高僧傳』에 따르면 '收'는 '休'이다.

만송께 드리다 [명득 월정]
呈萬松 【明得月亭】

능엄경 안에는 본래 경이 없나니	楞嚴經內本無經
눈앞에 마주하거늘 성명을 물어 무엇하리	覿面何須問姓名
유월이라 염천에는 날씨가 불처럼 덥고	六月炎天炎似火
겨울이라 섣달에는 날씨가 얼음처럼 차네	寒冬臘月冷似冰

또
又

천 년 된 푸른 대와 만 년 된 솔   千年翠竹萬年松
가지마다 잎마다 조사의 가풍일세   枝枝葉葉是祖風
구름 낀 높은 산 은거해 사는 곳에   雲岳高岑棲隱處
말없이 밝은 해는 두루 다 비추누나   無言杲日普皆同

석가상을 예찬하다 『삼국유사』
贊釋迦像【遺史】

이 세상 어느 곳인들 참 고향 아니랴만 　　　　塵方何處非眞鄕
향화의 인연은 우리나라가 으뜸이로세 　　　　香火因緣最我邦
아육왕이 만들기 어려웠던 게 아니라 　　　　不是育英[1]難下手
옛날에 머물던 월성을 찾아왔던 것이지[103] 　月城來訪舊行藏

---

1) 『三國遺事』에 따르면 '英'은 '王'이다.

연좌석[104]을 예찬하다 【『삼국유사』】
贊宴坐石【遺史】

혜일이 어두워진 지 얼마나 오랜가   惠日沈輝不記年
오직 연좌석만이 그대로 남아 있어라   唯有宴坐石依然
몇 번이나 세상은 상전벽해 되었건만   桑田幾度成滄海
사랑스럽게도 우뚝한 모습 그대로일세   可惜嵬嵬[1]尙未遷

---

1) ㉠ '嵬嵬'는 '巍然'의 오기이다.

황룡사탑을 예찬하다 『삼국유사』
贊皇龍寺塔【遺史】

귀신이 보호하여 서울을 굽어보고 섰으니	鬼拱神扶壓帝京
휘황찬란한 금빛 단청에 나는 듯한 용마루	輝煌金碧動飛甍
올라 보니 어찌 구한이 복종하는 데 그치랴	登臨何啻九韓伏
비로소 건곤이 특별히 태평한 줄 알겠어라	始覺乾坤特地平

천옥대[105]를 예찬하다 『삼국유사』
贊天玉帶【遺史】

구름 위 하늘이 옥대를 내려 주니   雲外天頒玉帶圍
국가 제사 때 곤룡포에 매우 잘 어울리네   辟雍龍袞也相宜
우리 임금님 이로부터 몸이 더욱 무거우니   吾君自此身彌重
내일 아침에는 쇠로 섬돌을 만들어야겠네[106]   唯擬明朝鐵作墀

양지의 걸식을 예찬하다 『삼국유사』
贊良志乞食【遺史】

석장 위에 하나의 포대를 걸어 두면	錫杖頭掛一布袋
석장이 스스로 날아 신도의 집에 이르지	錫自飛至檀越家
석장이 흔들려 소리 나면 집집마다 알고	振拂而鳴戶知之
재 지낼 비용이 포대에 차면 날아 돌아오네	齋費俗滿卽飛來

또
又

재를 마치면 불당 앞에 석장이 한가롭고　　齋罷堂前錫杖閑
고요한 몸가짐으로 향로에 향을 사르네　　靜裝爐鴨白焚檀
남은 경을 다 읽고 나니 아무 일 없어　　殘經讀了無餘事
불상을 조성하여 합장하고 보누나　　聊塑圓容合掌間[1]

---

1) ㉠ '間'은 '看'의 오기이다.

신라 시대 창해가 [『삼국유사』]
羅代唱海歌【遺史】

거북아 거북아 수로를 내놓아라	龜乎龜乎出水路
부녀를 빼앗아 간 죄가 얼마나 크냐	掠入婦女罪何極
네가 거역하고 수로를 내놓지 않으면	汝若悖逆不出獻
그물로 너를 잡아서 불에 구워 먹으리	入網捕掠燔之喫

장님이 시력을 얻다[107] 『삼국유사』
盲者得目【遺史】

죽마 타고 파피리 불며 거리에 놀다가　　　　竹馬蔥笙戲陌塵
하루아침에 그만 두 눈의 시력을 잃었네　　　一朝雙碧失瞳人
관음보살 자비로운 눈이 돌봐 주지 않았다면　不因大士回慈眼
버들 꽃 지는 몇 해 봄이나 헛되이 보냈을꼬　虛度楊花幾社春

최고운과 이별하며 【당나라 고운[108]】
別崔孤雲 【唐顧雲】

열두 살에 배 타고 바다를 건너와서	十二乘舟渡海來
문장이 중화의 나라를 뒤흔들었어라	文章感動中華國
열여덟 살엔 문단 누비며 자웅을 겨루어	十八橫行戰詞苑
화살 한 대로 금문의 대책을 맞추었네[109]	一箭射破金門策

원효 스님을 예찬하다 【『삼국유사』】
贊元曉師 【遺史】

소뿔 위에 처음 삼매경을 펼쳤고[110]	角乘初開三昧軸
뒤웅박 차고 마침내 온 나라 다녔네	舞壺終掛萬家風
달 밝은 요석궁에 봄잠에 빠지더니	月明瑤宮春眠去
문 닫힌 분황사에 돌아보는 그림자뿐[111]	門掩芬皇顧影空

의상 스님을 예찬하다 『삼국유사』
贊義湘師【遺史】

풍진 무릅쓰고 바다 건너 먼 길을 가니　　　　披蓁跨海冒烟塵
지상사 문이 열려 귀한 손님을 맞이했지　　　　至相門開接瑞珍
꽃들 따고 따서 모아 본국에 돌아가니　　　　采采襭華還故國
종남산과 태백산은 다 같은 봄빛이로세[112]　　終南太白一般春

자장 스님을 예찬하다 【『삼국유사』】
贊慈藏師【遺史】

일찍이 청량산에 가서 미몽을 깨어	曾向淸凉夢破回
칠편과 삼취를 일시에 다 터득했어라[113]	七篇三趣一時開
승속 의복을 부끄럽게 여기게 하려고	欲令緇素衣忻愧
동국의 의관을 중국과 같이 만들었네[114]	東國衣冠上國裁

김유신을 예찬하다[115] 『삼국유사』
贊金庾信【遺史】

홍자색이 분분하여 거의 주색을 어지럽히니[116]	紅紫紛紛幾亂朱
엉터리 솜씨로 어리석은 사람들을 속였구나	堪嗟魚目誆愚夫
거사가 가볍게 손가락을 퉁기지 않았다면	不因居士輕彈指
많은 사람이 가짜인 줄 모르고 존중했으리	多少巾箱襲珷玞

청구를 예찬하다[117] 『삼국유사』
贊靑邱【遺史】

남산에서 불상을 돌면 불상도 따라 돌았으니	繞佛南山像逐旋
청구 땅에 불일이 다시 중천에 높이 걸렸어라	靑邱佛日再中懸
궁중 우물에서 맑은 물이 솟구치게 한 것이	解敎宮井淸波湧
향로의 한 가닥 연기였던 줄 뉘라서 알리오	誰識金爐一炷烟

허황후를 예찬하다[118] 『삼국유사』
贊許皇后【遺史】

짐 가득 실은 붉은 돛배 깃발도 가벼이	載厭緋帆茜旗輕
신령에게 빌어 거센 파도 아랑곳 않았네	乞靈遮莫海濤驚
해안에 이르러 황후만을 내려드렸으랴	豈徒到岸扶皇玉
천고에 사나운 왜적의 침략을 막았어라	千古南倭遏怒鯨

법해 스님을 예찬하다[119] 【『삼국유사』】
贊法海師【遺史】

법해는 드넓은 법계에 물결을 일으켜	法海波瀾法界寬
바닷물 차고 줄게 함도 어렵지 않았지	四溟盈縮未爲難
백억 수미산이 크다 말하지 말라	莫言百億須彌大
모두 우리 법사 한 손가락 끝에 있어라	都在吾師一指端

이찬 김삼광을 예찬하다[120] 【당나라 사람】
贊金伊湌二元【唐人】

찬란한 문창성이 해동 하늘에 빛나니　　粲粲文星海東天
훌륭한 재주와 덕을 그대가 다 갖췄네　　飄揚才德子能全
높은 명성을 제왕의 도성에 떨치고는　　一振高名滿帝都
삼천 필 말을 달려 변방으로 가누나　　三千躍馬向華邊

김화재의 은거 【스스로 기술한 것이다.】
金華齊隱居【自述】

덧없는 세상 공명 취할 게 있으랴	浮世功名何足取
강가에서 낚싯대 던지느니만 못하지	莫如江上擲漁竿
풍월 속에 고요히 도롱이 입고 젓대 부니	月笛烟簑靜裡趣
지금은 세상을 벗어나 한가로이 사노라	於今物表得安閑

만불산을 예찬하다[121]【대종】
贊萬佛山【代宗】

하늘은 만월을 가지고 사방불四方佛을 만들고   天將滿月四方栽
땅은 명호를 솟구쳐 하룻밤에 펼쳤네   地湧明毫一夜開
다시금 정묘한 솜씨로 만불을 조성하여   妙手更煩彫萬佛
부처님 교화를 우주에 두루 퍼지게 하였네   眞風要使遍三才

불국사를 창건하다[122]【『삼국유사』】
創佛國寺【代宗[1)]】

모량리에 봄이 간 뒤 세 뙈기 밭 시주했더니	牟梁去[2)]後施三畂
향령에 가을이 오자 만금을 수확하였어라	香嶺秋來獲萬金
어머님은 평생 동안 가난하다 부귀해졌고	萱堂百年貧富貴
재상은 한바탕 꿈속에서 전생과 현생 오갔네	槐庭一夢去來今

---

1) ㉠『韓國佛敎全書』에는 저자가 '代宗'으로 되어 있으나, 『三國遺事』의 오류로 보이므로 고쳐 번역하였다.
2) ㉠ '去'는 '春'의 오기이다.

고려 왕이 불교를 숭상하다 [안향[123]]
麗王拜佛 【安珦之[1]】

곳곳마다 향과 등불로 부처에 기도하고	香燈處處皆祈佛
집집마다 푸닥거리하여 귀신을 섬기건만	絲管家家盡禮神
홀로 한 칸 공자를 모신 사당에는	獨有一間天[2]子廟
뜰 가득 봄풀 우거지고 인적이 없어라	滿庭春草寂無人

---

1) 옌 『韓國佛敎全書』에는 '安珦之'로 되어 있으나, 오류로 보이므로 고쳐 번역하였다.
2) 옌 '天'은 '夫'의 오기이다.

낙산사의 관음불에 기도하다[124] 【유자량】
祈洛山觀音佛【庾資諒】

바닷가 벼랑의 외딴 곳	海岸孤絶處
그 가운데 낙가봉이 있어라	中有洛伽峯
대성은 머물러도 머묾이 없고	大聖住無住
보문은 닫아도 닫아지지 않네	普門封不封
명주는 내 바라는 게 아니요	明珠非我欲
청조는 사람들이 만나는 것이라	靑鳥是人逢
다만 원하노니 큰 파도 위에	但願洪波上
만월 같은 얼굴 친견하는 것일세	親瞻滿月容

화엄사에 노닐며 【대각국사 의천】
遊華嚴寺【大覺】

적멸당 앞에는 빼어난 경치 많고	寂滅堂前多勝景
길상봉 아래에는 티끌 한 점 없어라	吉祥峯下絶纖埃
종일 서성이며 지난 일 생각하노라니	彷徨盡日思前事
저물녘에 슬픈 바람이 효대에 이누나	薄暮忠[1]風起孝坮

---

1) 역 '忠'은 '悲'의 오기이다.

원경 대사의 필적[125] 【금나라 사신】
圓鏡大師筆【金使】

왕자의 고량 기운이 반쯤 남았으니	王子膏粱氣半存
산승의 채식 흔적은 오히려 거의 없어라[126]	山人蔬笋尙餘痕
미친 장지와 취한 회소는 온전한 골격 없었나니	顚張醉素無全骨
당시에 중이 되도록 한 게 도리어 한스럽구나[127]	却恨當年許作髡

낭지 대사께 올리다[128]【원효】
上朗智大師【元曉】

서쪽 골짜기에 있는 사미승은 머리 조아려	西谷沙彌稽首禮
동쪽 산 영취산 앞의 대덕께 예배하오니	東岳上德鷲岳前
작은 먼지를 불어서 영취산에 보태고	吹以細塵補鷲岳
작은 돌을 날려 용연에 던지는 격입니다	飛其微石投龍淵

호원 대사에게 부치다 【고운 최치원】
寄顥源大士【孤雲】

종일토록 머리 숙인 채 붓끝만 놀리노니	終日低頭弄筆端
사람마다 입을 닫아 마음을 말하기 어려워라	人人杜口活[1]心難
속세를 멀리 떠난 건 비록 기뻐할 만하지만[129]	遠離塵世雖堪喜
풍류의 감정을 다 버리지 못함을 어이할거나	爭奈風情未肯闌
그림자는 붉은 낙엽 산길에서 맑은 노을과 다투고	影鬪晴霞紅葉徑
소리는 흰 구름 속 여울에서 밤비와 이어지누나	聲連夜雨白雲間[2]
경치를 마주해 시 읊노라니 객수는 없지만	唅[3]魂對景無覊絆
사해가 매우 위태할 제 도안을 생각한다오[130]	四海深機憶道安

---

1) 옝 『孤雲集』에 따르면 '活'은 '話'이다.
2) 옝 『孤雲集』에 따르면 '間'은 '端'이다.
3) 옝 『孤雲集』에 따르면 '唅'은 '吟'이다.

쌍계사에 노닐며 [고운 최치원] [4수]
遊雙溪寺 [四首孤雲]

[1]
동국의 화개동은
호리병 속 별천지131로세
선인이 옥 베개를 밀치니
세상에선 어느덧 천 년이 흘렀어라

東國花開洞
壺中別有天
仙人推¹⁾玉枕
身勢²⁾欻百³⁾年

[2]
시냇가 달이 막 돋아나는 곳
맑은 바람은 불지 않을 때
두견새 소리 귀에 들어오니
그윽한 흥은 응당 스스로 알리라

明⁴⁾月初生處
淸風不動時
子規聲入耳
幽興自無⁵⁾知

[3]
만학에 우렛소리 일어나더니
천봉에 비 색깔도 산뜻하여라
산승은 세월이 가는 것도 잊고
오직 잎새의 봄빛만 기억하네

萬壑雷聲起
千峯雨色新
山僧忘歲月
唯紀⁶⁾葉間春

[4]132
달 밝은 쌍계의 물이요
바람이 맑은 팔영루라
예년에는 나그네로 왔던 곳에
오늘은 그대를 보내며 노니네

明月雙溪水
淸風八咏樓
昔年爲客處
今日送君遊

1) ㉯ 『芝峯類說』과 『五洲衍文長箋散稿』에 따르면 '椎'는 '推'이다.
2) ㉯ 『芝峯類說』과 『五洲衍文長箋散稿』에 따르면 '勢'는 '世'이다.
3) ㉯ 『芝峯類說』과 『五洲衍文長箋散稿』에 따르면 '百'은 '千'이다.
4) ㉯ 『芝峯類說』과 『五洲衍文長箋散稿』에 따르면 '明'은 '閒'이다.
5) ㉯ 『芝峯類說』과 『五洲衍文長箋散稿』에 따르면 '無'는 '應'이다.
6) ㉯ 『芝峯類說』과 『五洲衍文長箋散稿』에 따르면 '紀'는 '記'이다.

원효 스님을 예찬하다[133] 【대각국사 의천】
贊元曉師【大覺】

웅대한 경과 논에 모두 통달하고   偉論雄經罔不通
일생 동안 불법 옹호에 공적이 깊네   一生弘護有深功
삼천의 제자들이 등불을 나눠 밝히니   三千義學分燈後
원교의 종풍이 해동에 가득하여라   圓敎宗風滿海東

문수상에 예배하며[134] 【대각국사 의천】
禮文殊像【大覺】

오대산에서 화현한 것 부질없는 일 아니니	五坮現化非徒爾
삼각산에 이렇게 분신한 것이 어찌 우연이랴	三角分身豈偶然
당나라 황제 아홉 번 오대산에 행차했고	唐帝一[1)]回鳴鳳輦
우리 임금님은 누차 이곳에 시를 남겼네	吾君累次早留篇

---

1) ㉠ '一'은 '九'의 오기이다.

식암을 방문하여 【대각국사 의천】
訪息庵【大覺】

향림사에서 강론 마치고 식암을 방문하니　　　　講徹香林訪息庵
울퉁불퉁한 솔밭 길에는 안개 피어오르누나　　　崎嶇松遙[1]撥烟嵐
당시 용정사에서 등반하면서 고담 나눴건만　　　當年龍井擧[2]高話
경치 보며 사람 생각하니 서글프기 그지없네　　　見景思人悵不堪

---

1) ㈜ '遙'는 '逕'의 오기이다.
2) ㈜ '擧'는 '攀'의 오기이다.

청학동에 들어가며 【청학 선생[135]】
入靑鶴洞【靑鶴先生】

구름을 뚫고 난 한 줄기 희미한 길 걸어	穿雲一路不分明
길손이 산문에 이르니 학만 홀로 마중하네	客到山門獨鶴迎
붉은 언덕에 비 내리니 고운 풀 그림 같고	丹岸雨添瑤草畫
파란 벼랑에 바람 부는데 옥 바둑돌 소리	碧崖風落玉碁聲
한가로운 꽃 늙은 잣나무는 천 년을 살았고	閑花老栢千年在
어지러운 바위틈 떨어지는 폭포 백 가닥이어라	亂石飛泉百道爭
세상에 이 명승이 있는 줄 사람들 알지 못하니	世有名區人不識
그 누가 이곳에서 정신을 수양할 수 있으리오	孰能於此養心精

모진당에 제하다【백림거사 한식[136]】
題慕眞堂【栢林居士韓湜】

일찍이 선왕 때 오얏 심는 것 보았더니	曾見先朝李種[1]辰
열두 번째 봄을 맞아 꽃이 활짝 피었어라	東風二十四回春[2]
화표라 천 년의 기둥에다 시를 적고	題詩華表千年柱
푸른 산의 한 줌 티끌에 눈물 뿌리노라[137]	洒淚靑山一掬塵
바람 부는 언덕에 새벽 종소리는 신륵사	楓[3]岸踈[4]鍾神勒寺
안개 낀 모래톱에 저녁 피리 소리는 광릉진	烟沙晚笛廣陵津
맑은 가을에 노를 저어 여강을 가노니	秋風緩擊滄浪枻[5]
누대 위에 그 누가 동빈을 알리오[138]	樓上無[6]人識洞賓

---

1) ㉯『燃藜室記述』과『芝峯類說』에 따르면 '李種'은 '種李'이다.
2) ㉯『燃藜室記述』과『芝峯類說』에 따르면 '東風二十四回春'은 '花開一十二回春'이다.
3) ㉯『燃藜室記述』과『芝峯類說』에 따르면 '楓'은 '風'이다.
4) ㉯『燃藜室記述』과『芝峯類說』에 따르면 '踈'는 '曉'이다. '踈' 자가 되면 뒤 구句와 대對가 맞지 않는다.
5) ㉯『燃藜室記述』과『芝峯類說』에 따르면 '秋風緩擊滄浪枻'은 '淸秋鼓枻驪江去'이다.
6) ㉯『燃藜室記述』과『芝峯類說』에 따르면 '無'는 '何'이다.

천마산에 올라 【홍한인】
上天摩山【洪漢仁】

아침에는 백운봉 정상에 올라 구경하고   朝上白雲峯頂觀
저녁에는 봉우리 아래 암자에서 묵노라   暮投崑[1]下孤雲[2]宿
밤 깊어 중은 선정에 들고 길손은 잠 못 이뤄   夜深僧靜[3]客無眠
두견새 한 울음소리에 산 위에 달은 지는구나   杜宇一聲山月落

---

1) 영 『明齋遺稿』와 『淸江先生鯢鯖瑣語』에 따르면 '崑'은 '峯'이다.
2) 영 『明齋遺稿』와 『淸江先生鯢鯖瑣語』에 따르면 '雲'은 '庵'이다.
3) 영 『明齋遺稿』와 『淸江先生鯢鯖瑣語』에 따르면 '靜'은 '定'이다.

조매창에게 화답하다[능호[139]]
和曹梅窓【能浩】

서리 맞은 가을 국화는 고운 빛깔로	菊帶秋霜垂艶色
매당의 섣달 눈 속에 찬 향기를 풍기네	梅堂臘雪放寒香
달은 그믐밤을 만나 천강이 캄캄하고	月當晦夜千江黑
봄은 양성에 이르러 백초가 푸르구나	春到陽城百草靑

나옹에게 보이다[평산 처림[140]]
示懶翁【平山】

불자와 법의를 이제 부촉하노니　　　　　　拂子法衣今付囑
돌 속에서 꺼낸 티 없는 옥이어라　　　　　石中取出無瑕玉
육근이 길이 청정해 보리를 얻었으니　　　六根永淨得菩提
선정과 지혜를 모두 구족하였도다　　　　　禪定慧光皆具足

태고 조사 임종게
太古祖臨終偈

사람의 목숨이란 물거품과 같나니	人生命若水泡空
팔십여 년 세월이 한바탕 춘몽이어라	八十餘年春夢中
세상을 떠나는 지금 가죽 부대를 버리니	臨路如今放皮袋
둥근 붉은 해가 서쪽 봉우리에 지는구나	一輪紅日放[1]西峯

---

1) ㉠ '放'은 '下'의 오기이다.

율경을 강론하며 【대각국사 의천】
講律經【大覺】

식견은 명민하지 못하고 학문은 깊지 못하거늘	誠[1]非明敏學非研
내가 어떤 사람이기에 이 경을 강론한단 말인가	予是何人輒講宣
성인 말씀이 세상에 알려지지 못했기 때문이요	只爲聖言無振發
우선 선창하여 좋은 인연 맺고자 해서일 뿐일세	且圖先倡作良緣

---
1) ㉭ '誠'은 '識'의 오기이다.

지광 상인에게 주다 [고운 최치원]
贈智光上人【孤雲】

구름 가에 암자를 짓고서	雲畔結¹⁾精廬
선정을 닦은 지 사십여 년	安禪四紀餘
지팡이는 산을 나간 적 없었고	節無出山步
붓은 서울에 보내는 글 쓴 적 없지	筆絶入京書
대나무 홈통에는 샘물 소리 졸졸	竹架泉聲繁
소나무 창문에는 해 그림자 성글어라	松欞日影踈
높은 곳 좋은 경치를 다 읊지 못하고	境高吟不盡
그윽이 눈을 감고 진여를 깨달으시네	瞑月²⁾悟眞如

---

1) ㉭ '結'은 '構'의 오기이다.
2) ㉭ '月'은 '目'의 오기이다.

금천사에 노닐며 [고운 최치원]
遊金川寺 [孤雲]

백운계 시냇가에 절을 짓고서	白雲溪畔剏仁祠
삼십 년 이래로 이곳에 주석하시네	三十年來此住持
웃으며 문 앞의 한 가닥 길 가리키며	笑指門前一條路
산 아래 벗어나면 천 갈래로 나뉜다 하네	纔離山下有千岐

이규보의 겨자씨【혜문[141]】
李奎報芥子【惠文】

겨자씨는 우리 종문에서 일찍이 말한 바	芥子吾宗所植論
수미산과 큰 바다도 그 안에 들어간다고 했지	須彌巨海悉能吞
나에게 보내 주심은 알지 못하겠네 무슨 뜻인가	惠來徑[1]楊知何意
이를 갖고 불법 담론해 부처님 은혜 갚으려는 게지	卽事談玄報佛恩

---

1) ㉭ '徑'은 문리상 '經'의 오기인 듯하다.

미륵상을 예찬하다 [공공142]
贊彌勒像 【空空】

금색의 우뚝이 높은 장륙의 몸	金色嵬嵬丈六身
청산에 홀로 서서 몇 해를 보냈느뇨	靑山獨立幾經春
내 와서 머리 조아려도 어이 말씀 없는가	我來稽首何無說
과거 전생에 함께 도를 닦은 옛 친구일세	曩刼同修是故人

석불이 스스로 대답하다 【유장원¹⁴³】
石佛自答【庾壯元】

허리 위는 중의 모습 아래는 속인 모습	腰上僧形下俗身
장안의 복사꽃 오얏꽃 봄빛에 눈이 아련해라	長安桃李眼迷春
과거 전생에 함께 도를 닦았다 말하지 말게	莫言曩刼同修善
우리 무리에는 일찍이 파계한 사람이 없다네	吾黨曾無破戒人

사복이 어미를 장사 지낼 때의 법문[144]
蛇福葬母訣

옛날에 석가모니 부처님이	往昔釋迦牟尼佛
사라수 아래서 열반에 드셨는데	沙羅樹下入涅槃
지금도 그와 같은 이가 있으니	于今亦有如彼者
드넓은 연화장 세계에 들고자 하네	欲入蓮花藏界寬

사복의 어머니를 장사 지내다 [『삼국유사』]
葬蛇福母 [遺史]

물속의 용처럼 침묵한들 어찌 범상하랴	淵默龍眠豈等閑
작별할 때 한 곡조뿐 많은 말 없었어라	臨行一曲沒多般
생사가 괴롭다지만 원래 괴로움 아니니	苦兮生死元非苦
평안한 연화장 세계 드넓기도 하여라	華藏浮休世界寬

사복의 어머니를 장사 지낼 때의 법문【원효】
葬蛇福母法訣【元曉】

태어나지 말지니 죽기도 괴로워라	莫生兮 其死也苦
죽지 말지니 태어나기도 괴로워라	莫死兮 其生也苦
태어남과 죽음이 괴롭고 괴로워라[145]	生死也 苦兮苦兮

원묘국사에게 보이다【조계 목우자[146]】
示圓妙國師【曹溪牧牛子】

물결이 어지러우면 달이 드러나기 어렵고	波亂月難顯
방이 깊으면 등불의 빛 더욱 밝으리	室深燈更光
권하노니 그대 마음 그릇을 바로잡아	勸君整心器
감로의 물이 쏟아지지 않도록 하라	勿傾甘露醬

보조국사 임종게[147]
普照翁終偈

이 눈과 귀와 코와 입과 혀는 　　　　　這箇眼耳鼻口舌
조상의 눈과 귀와 코와 입과 혀가 아니다 　　不是祖眼耳鼻口舌
천 가지 만 가지가 모두 여기에 있다 　　　千種萬般 摠在這裡
돌 　　　　　　　　　　　　　　　　　　咄

진각국사 임종게
眞覺終偈

뭇 괴로움이 못 미치는 곳에	衆苦不到處
따로 하나의 건곤이 있어라	別有一乾坤
묻노니 이 어느 곳인가	且問是何處
대적열반문이라네	大寂涅槃門

보조 스님께 드리다[148] 【진각국사 혜심】
呈普照師翁【眞覺】

백운산 아래 길에 들어서기도 전에	未入白雲山下路
이미 암자 안 노스님을 참배하였다오	已叅庵內老師翁
시자 부르는 소리 안개 낀 송라에 지고	呼兒聲落松蘿霧
차 달이는 향기는 돌길 바람에 풍겨 오네	煮茗香傳石逕風

부채를 내려 준 데 답하다[149]【진각국사】
謝賜扇子【眞覺】

예전에는 스님의 손에 있었는데	昔在師翁手裡
지금은 제자의 손안에 들어왔어라	今來弟子掌中
더위를 만나 분주히 다닐 때에는	若遇熱忙狂走
맑은 바람을 일으켜도 좋으리	不妨打起淸風

전물암에 우거하며 【진각국사】
寓轉物庵【眞覺】

오봉산 앞 유서 깊은 바위굴	五峯山前古嵒窟
그곳에 한 암자 있으니 이름이 전물암	中有一庵名轉物
내 이 암자에 깃들어 살아가노니	我棲此庵作活計
그저 껄껄 웃을 뿐 말하기 어려워라	只可呵呵難吐出
입술 이지러진 사발과 다리 부러진 솥에	缺唇埦折脚鐺
죽도 끓이고 차도 달여 그럭저럭 소일하며	煮粥煎茶聊遣日
게으르고 귀찮아 쓸지도 않고 베지도 않아	踈慵不掃復不芟
뜰에 풀이 구름처럼 자라 무릎이 빠지지	庭艸如雲深沒膝
느지막이 일어나느라 동 트는 줄도 모르고	晚起不知平旦寅
일찍 잠들어 날이 저물기를 기다리지 않네	早眠不待黃昏戌
얼굴도 씻지 않고 머리도 깎지 않고	不洗面不剃頭
경도 보지 않고 계율도 지키지 않고	不看經不持律
좌선도 하지 않고 향도 사르지 않고	不坐禪不燒香
조사께도 부처님께도 예배하지 않으니	不禮祖不禮佛
사람들 와서 괴이쩍어 무슨 종파냐 물으면	人來恠問解何宗
일이삼사오륙칠이라고 대답할 뿐	一二三四五六七
그저 침묵하고 꼭꼭 숨겨야지	莫莫莫密密密
집안 허물을 밖으로 드러내선 안 되지	家醜不得外揚
마하반야바라밀	摩訶般若波羅密

물속의 그림자를 마주하고 【진각국사】
對水中影子【眞覺】

못가에 나 홀로 앉았노라니	池邊獨自坐
못물 아래 우연히 한 중을 만났네	池底偶逢僧
말없이 웃으며 서로 바라보노니	默默笑相視
그대가 말로 응답하지 않을 줄 알지	知君語不應

꿈속에 관음보살을 보고 【진각국사】
夢見觀音【眞覺】

관세음께 머리 조아리노니	稽首觀世音
대자비로 노파심 지극하시지	大悲老婆心
손에는 문자 없는 인장을 쥐고	手提無文印
내 콧구멍을 도장 찍어 만드셨네	印我鼻孔深
어찌 도장만 문자 없을 뿐이랴	豈唯印無文
이 몸도 찾을 곳이 없어라	身亦無處尋
그러나 늘 여기를 여의지 않나니	而常不離此
맑은 바람이 대숲에 흩어지누나	淸風散竹林

담령에게 보인 육잠 [진각국사]
示湛靈六箴 [眞覺]

안잠 眼箴

티끌 속에 큰 경전이 있거늘	塵中有大經
어이하여 보아 알지 못하는가	如何看不了
속히 아나율타의 눈을 뜨고	速發律陀眼
어서 가섭의 미소를 지어라	早開迦葉笑
울창한 시냇가의 소나무요	盎盎澗邊松
푸르른 언덕의 풀이로세	靑靑原上草
쯧 쯧 쯧	咄咄咄
허물이 적지 않도다	漏逗也不少

이잠 耳箴

오음을 쫓아가지 말지니	莫逐五音去
오음이 너를 귀먹게 하리라	五音令汝聾
관세음보살이 어디 있는가	觀世音安在
원통문은 늘 닫혀 있지 않네	圓通門不封
풍경은 맑은 달빛에 흔들려 울리고	磬搖明月響
다듬이는 흰 구름 속에서 들려라	砧隱白雲舂
쩝 쩝 쩝	噁噁噁
삼십 방을 맞아야 하리	好與三十棒

비잠 鼻箴

향기로운 곳에서 함부로 뜨지 말고	香處勿妄開
악취가 난다고 해서 막지도 말아라	臭中休更塞

불향천[150]이 되지도 않거늘	不作佛香天
하물며 시주국이 되리오	況爲屍注國
솥에는 녹차를 달이고	鐺中煎綠茗
향로에는 안식향을 사르누나	爐上燒安息
껄 껄 껄	呵呵呵
어느 곳에서 선지식을 찾는가	甚處求知識

설잠舌箴

법희의 음식을 탐내지도 않거늘	不貪法喜羞
하물며 무명의 술을 즐기리오	況嗜無明酒
야호선을 말하여	莫說野狐禪
종일 헛되이 입을 열지 말고	終日虛開口
침묵하여 사자의 굴에 들어가	默入獅子窟
말할 때 사자후를 토하라	語出獅子吼
모름지기 말과 침묵 밖에	須知語默外
다시 일구가 있음을 알아야 하리	更有郞一句

신잠身箴

한 톨의 쌀도 씹지 말고	莫咬一粒米
한 가닥의 실도 걸치지 말지니	莫挂一條絲
집안에서 늘 먹는 밥을 잃고	恐失家常飯
본연의 옷을 더럽힐까 두렵네	復染孃生衣
호리병 속 별천지[151]요	壺中一天地
겁 밖의 사위의이니	劫外四威儀
네가 만약 이와 같지 못하면	汝若不如是
어찌 출가한 장부라 하리오	何名出家兒

의잠意箴

생각을 잊으면 귀신의 굴에 떨어지고	忘懷墮鬼窟
생각에 집착하면 원숭이 마음 날뛰리	看¹⁾意縱猿情
그렇다고 이 두 병통을 없애려 하면	更擬除二病
야호의 정령이 되고 말리라	未免野狐精
물은 모나고 둥근 그릇 따라 담기고	水臨方圓器
거울은 검은색 붉은색 따라 비추나니	鏡隨胡漢形
가령 이와 같다고 하더라도	直饒伊麼去
오히려 귀머거리 봉사가 되리	猶較患聾盲

---

1) ㉭ '看'은 '着'의 오기이다.

육할을 해양의 청신사들에게 보이다[152] 【진각국사】
六喝示海陽諸信士 【眞覺】

주인공아! 예! 나의 잠언을 들으라	主人公諾聽我箴
가장 좋기로는 살생, 도둑질, 음행을 힘써 없애라	最好堅除殺盜滛
무서운 화취지옥 도산지옥을 그 누가 만드는가	火聚刀山誰做得
모두 네가 마음을 잘못 쓴 데서 생겨난다네	都緣是汝錯行心

주인공아! 예! 나의 가르침을 들으라	主人公諾聽我喩
곳곳마다 사람을 만나면 입을 조심하라	到處逢人須愼口
입은 앙화의 문이라 더욱 막아야 하니	口是禍門尤可防
유마거사 침묵한 맛을 마땅히 참구하라	維摩默味宜叅取

주인공아! 예! 나의 말을 들어라	主人公諾聽我辭
십악[153]의 원수 집안을 어서 멀리 벗어나라	十惡冤家速遠離
악은 마음에서 생겨 도로 자기를 해치며	惡自心生還自賊
나무에 꽃과 과일이 많으면 가지가 부러지지	樹繁花果反傷枝

주인공아! 예! 내 말을 들어라	主人公諾聽我語
아침저녁 덧없는 인생이 얼마나 되는가	旦[1)]暮浮生能幾許
어제도 헛되이 보내고 오늘도 그러하니	昨日虛消今日然
태어날 때 오고 죽어서 가는 곳이 어디인가	生來死去知何處

주인공아! 예! 성성하게 정신 차려	主人公諾惺惺着
하루 십이 시 중에 늘 스스로 깨어 있으라	十二時中常自覺
종래의 이 몸과 세상 매우 터무니없으니	從來身勢[2)]太無端

꿈과 허깨비 허공 꽃 같은 것을 잡지 말라	夢幻空花休把捉
주인공아! 예! 마음인가 부처인가	主人公諾心耶佛
부처도 아니요 마음도 아니요 물건도 아니니	非佛非心亦非物
필경 어떤 이름 붙여 누구라 부를 건가	畢竟安名喚作誰
주인공이라 불러도 벌써 매몰시킨 것일세 쯧쯧	喚作主人早埋沒 咄

---

1) ㉭ '日'은 '旦'의 오기이다.
2) ㉭ '勢'는 '世'의 오기이다.

좌우명
座右銘

보살자여 보살자여   菩薩子菩薩子
늘 제 머리 만져 봄은 깊은 까닭 있으니   常自摩頭深有以
머리를 만지면 깊이 생각할 수 있나니   摩頭因得深思量
출가한 본뜻이 무엇을 위한 것인지   出家本意圖何事
모습만 승려이고 마음은 속인이면   僧其形兮俗其心
하늘에 부끄럽고 땅에 부끄럽지 않으랴   可不慚天而愧地
거친 행실 미친 말은 네 맘대로 할지라도   麁行誑言任汝爲
화탕 노탄지옥이야 어찌 피할 수 있을까   鑊湯爐炭何廻避

집을 떠나 득도하며 【진각국사】
謝家得度 【眞覺】

공문의 불법을 사모하여	志慕空門法
마음 죽여 좌선을 배우니	灰心學坐禪
공명은 하나의 떨어진 시루[154]지만	功名一墮甑
사업은 통발을 잊음[155]이 한스럽네	事業恨忘筌
부귀는 한갓 부질없는 것일 뿐	富貴徒爲爾
빈궁도 또한 절로 그러한 것이지	貧窮亦自然
내 장차 여염의 거리를 버리고	吾將捨閭里
소나무 아래 깃들어 편안히 잠자리	松下寄安眠

진일 상인에게 보이는 두 가지 약방문[156]【진각국사】
示眞[1)]上人二病方【眞覺】

실제는 본래 맑고 고요하고	實際本來湛寂
신기는 절로 밝고 신령하여라	神機自爾靈明
생각을 잊은 채 한가로이 지내노니	任運忘懷虛浪
혼침과 산란 두 가지에 어찌 걸리랴	何關沈掉兩楹
성성하여 잊음이 없음이 진眞이요	惺惺無忘曰眞
적적하여 나뉘지 않음이 일一이라	寂寂不分是一
단지 너의 이 이름을 저버리지 않으면	但能不負汝名
다른 방법을 찾을 필요가 어디 있으랴	何用別求他術

---

1) ㉭ '眞' 뒤에 '一'이 누락되었다.

고분가【진각국사가 어릴 때 지은 것이다.】
孤憤歌【眞覺小兒時作】

천지 사이에 사는 사람들	人生天地間
육체의 구조는 모두 비슷하건만	百骸九竅都相似
빈부와 귀천이 서로 다르고	或貧或富或貴賤
용모도 다른 것은 무엇 때문인가	或姸或醜緣何事
일찍이 듣건대 조물주는 사심이 없다더니	曾聞造物本無私
그 말이 거짓인 줄을 이제야 알았구나	今乃知其虛語耳
범은 발톱은 있고 날개는 없으며	虎有爪兮不得翅
소는 뿔은 있고 송곳니가 없어라	牛有角兮不得齒
모기는 무슨 하는 일이 있다고	蚊虻有何功
날개가 있는 데다 부리까지 있는가	旣翅而又觜
학의 다리는 길고 오리 다리는 짧으며	鶴脛長兮鳧脛短
날짐승은 발이 둘이고 길짐승은 발이 넷일세	鳥足二兮獸足四
물고기는 물에선 잘 놀고 뭍에는 못 오르는데	魚巧於水拙於陸
수달은 뭍에서도 물에서도 잘도 노니는구나	獺能於陸又能水
용과 뱀, 거북과 학은 수천 년을 살건만	龍蛇龜鶴數千年
하루살이는 아침에 태어나 저녁에 죽는 것을	蜉蝣朝生暮當死
이 모두 한 세상에 태어나 살거늘	俱生一世中
어이하여 삶이 천만 가지로 다른가	胡奈千般萬般異
그러한 까닭 모르면서 그러하니	不知然而然
대저 그 누가 그렇게 만드는가	夫誰使之使
위로 하늘에게 물어보고	上以問於天
아래로 땅에게 물어보아도	下以離[1]於地
하늘과 땅은 묵묵히 말이 없으니	天地默不言

누구와 더불어 이 이치를 말하리오	與誰論此理
가슴 속에 답답한 심정이 쌓여	胸中積孤憤
오랜 세월 흐르면서 골수를 녹이네	日長月長銷骨髓
캄캄한 밤 길고 기니 어느 때나 밝을꼬	長夜漫漫何時曉
자주 창을 보면서 울어 마지않는다오	頻向書窓啼不已

---

1) ㉠ '離'는 '難'의 오기이다.

하늘을 대신하여 대답하다 [진각국사]
代天地答 【眞覺】

천만 가지 세상 차별들은	萬別千差事
모두 망상에서 생기느니	皆從妄想生
만약 이 분별을 여읜다면	若離此分別
무엇이든 평등하지 않으리오	何物不齊平

식영암명【진각국사】
息影庵銘【眞覺】

몸이 움직여 다니면	身動而行
사람이 그 자취를 보고	人見其迹
마음이 움직여 다니면	心動而行
귀신이 그 자취를 보느니	鬼見其迹
몸과 마음 모두 움직이지 않으면	身心俱不動
사람과 귀신 모두 찾지 못하지	人鬼無以覓
하물며 본래 몸과 마음이 없거늘	況本無身心
어찌 움직임과 고요함인들 있으랴	何曾有動靜
이와 같은 이치를 안다면	若了如是理
비로소 참으로 그림자를 쉰다[157] 하리	方是眞息影

대인명 【진각국사】
大人銘【眞覺】

보살이 수양하는 것은	菩薩所養
마치 걸레로 닦는 것 같아	如拭劣巾
더러운 것은 자기가 가지고	攬垢在己
깨끗한 것은 남에게 주네	推淨與人
내 비록 못난 사람이지만	我雖不肖
이 이치를 소중히 여기니	以是自珎
나를 알지 못하는 사람들은	不知我者
나를 티끌처럼 하찮게 보건만	視我如塵
더러움을 받고 수치를 참으면서	含垢忍恥
안으로 참된 본성을 잃지 않노니	內不失眞
원컨대 함께 공부하는 이들은	願諸同學
이 말을 듣고 명심할지어다	聞者書紳

석존의 금강계단에 예배하며 【진각국사가 통도사에서 지은 것이다.】
禮釋尊戒壇【眞覺。在通度寺。】

석존의 사리가 높은 계단에 있는데	釋尊舍利鎭高壇
부도 허리 부분에 불탄 흔적이 있으니	覆釜腰邊有火瘢
듣건대 황룡사탑이 불타던 날에	聞道黃龍災塔日
이 부도도 함께 타서 일체임을 보였다지[158]	連燒一面示無相[1)]

---

1) ㉠『無衣子詩集』에 따르면 '相'은 '間'이다. '相'은 운자韻字로 맞지 않는다.

석존의 가사[159]에 예배하며 【진각국사】
禮釋尊袈裟【眞覺】

은근히 머리 조아려 공경히 귀의하노니	慇懃稽首敬歸依
이는 우리 석가여래께서 입었던 옷일세	是我如來所着衣
이에 생각하노니 영산회상 사자좌에서	因憶靈山猊座上
복덕을 다 갖춘 장엄한 모습 위대하셨으리	莊嚴百福相嵬嵬

떨어지는 꽃을 슬퍼하며 【진각국사】
傷落花【眞覺】

어제는 가지에 흐드러지게 피었더니	昨日枝頭開爛熳
오늘은 땅 위에 어지럽게 떨어지누나	今朝地面落紛紜
보는 사람 탄식하고 부끄럽게 하니	令人嗟惜翻生愧
영욕에 무심하기론 그 누가 너만 하랴	榮辱無心孰似君

물에 비친 그림자를 보고 읊다 [진각국사]
臨水影吟【眞覺】

우연히 맑은 물가에 와서 굽어보니	偶爾來臨止水淸
온통 흰 머리털이 사람을 놀라게 하네	滿頭雪霜使人驚
세상일도 자신 일도 근심하지 않거늘	不憂世事兼身事
그 누가 백발을 심어 자라게 했는가	誰得栽培白髮生

간신도[160]를 읊다【진각국사. 문극겸이 공주 유구역에 시를 써 놓았던 것이다.】
詠諫臣圖【眞覺。上[1] 文克兼在公州維鳩驛店。】

벽에 그 누가 이 그림을 그렸는가	壁上何人畵此圖
직간하는 신하 떠나가니 나라가 위태해라	諫臣去國事機[2]乎
산승도 한 번 보고 오히려 마음 슬픈데	山僧一見尙怊悵
요로에 앉은 사대부야 말할 나위 있으랴	況復當塗士大夫

---

1) ⑳ '上'은 연자衍字이다.
2) ⑳ 『補閑集』에 따르면 '機'는 '幾'이다.

또 같은 제목【어떤 사람이 차운한 것이다.】
又【有人次】

곡돌하라고 한 말을 일찌감치 듣지 않다가	曲堗前言不早圖
머리 태운 뒤에 후회한들 무슨 소용 있으랴[161]	焦頭後悔可追乎
어느 누가 이 간신이 떠나는 모습 그렸는가	何人畵此諫臣去
벽에 가득한 청풍이 나약한 자를 흥기시키누나[162]	滿壁淸風激懦夫

또 같은 제목【어떤 사람이 차운한 것이다.】
又【有人次】

흰옷에 황건을 쓴 간신의 그림은	白衣黃巾諫臣圖
그 사람이 굴원¹⁶³인가 미자¹⁶⁴인가	是屈原乎微子乎
임금 잘못 바로잡지 못하고¹⁶⁵ 속절없이 도성 떠났으니	未定¹⁾君非空去國
굳이 붓을 놀려서 시를 쓸 필요는 없었지	不須毫底費工夫

---

1) 옙『五洲衍文長箋散稿』에 따르면 '定'은 '正'이다.

고려 의종에게 직간하다 【문극겸】
諫麗毅宗【文克兼】

주운이 난간 부러뜨린[166] 것 명예 구해서가 아니었으니	朱雲折檻非干譽
원앙이 임금에 맞선[167] 것 어찌 자기 몸을 위해서였으랴	袁盎當車豈爲身
한 조각 붉은 충정을 하늘이 비추어 살펴 주지 않으니	一片丹誠天末照
여윈 말을 세게 채찍질하여 이렇게 물러가노라	強鞭羸馬退逡巡

조계 원감 조사 임종게
曹溪圓鑑祖臨終偈

예순일곱 해를 어느덧 지나서	閱過行年六十七
오늘에 이르러 모든 일 마쳤어라	及到今朝萬事畢
고향에 돌아가는 길이 평탄하니	故鄉歸路坦然平
길이 분명하여 잃은 적이 없네	路頭分明未曾失
손에 겨우 지팡이 하나 쥐었지만	手中纔有一枝節
도중에 넘어지지 않겠기에 기뻐라	且喜途中脚不跌

진락대에 올라【원감국사. 진락대는 송광사에 있다.】
登眞樂臺【圓鑑。在松寺。】

따스한 아침 해가 동산에 떠오를 제	溫溫朝旭上東岡
한가히 높은 대에 올라 반석에 앉노라	閑陟高臺坐石床
화창한 해와 단풍이 내 옷에 비치니	和日丹楓映霞衲
내 몸에 비단옷을 걸친 양 문득 놀란다	忽驚身着錦衣裳

동방장의 동백꽃 【원감국사】
東方丈山茶花【圓鑑】

더운 여름이 한창이라 온갖 꽃들 다 지는데	夏炎將半百花盡
흐드러지게 피어 있는 동백꽃을 보니 기쁘구나	喜見山茶方盛開
응당 하늘이 적막한 나를 불쌍히 여겨서	應是天公憐寂莫
이 산모퉁이에 잠시 봄빛을 남겨 두신 게지	小留春色着山隈

『원각경소』를 해설하며 【원감국사】
演圓覺疏【圓鑑】

원각의 가람이 법계를 두루 감싸니 　　　圓覺伽藍周法界
사방 문이 길 앞에서 활짝 열렸어라 　　　四門當路割然開
종일토록 손을 잡고 이끌고 이끌건만 　　　終朝把手拽復拽
들어오려는 사람이 없으니 어이하리오 　　　爭奈無人肯入來

인과 묵 두 선객에게 보이다 [원감국사]
示印默二禪人【圓鑑】

조계산은 용상 대덕이 사는 곳일 뿐 아니라   曹溪不獨龍象窟
봄이 저물 무렵 자연의 풍광도 매우 좋아라   春晚園林最奇絶
몇 가지 동백꽃은 타는 불꽃처럼 붉고   數枝山茗紅似火
천 그루 배꽃은 하얀 눈보다 더 희구나   千樹梨花白於雪

사성찬【원감국사】
四聖贊【圓鑑】

이욕은 몸을 빠뜨리는 함정이니	利慾陷身坑
지혜로운 이는 멀리 피해야 하리	智¹⁾當遠避
한 번이라도 그 속에 빠졌다 하면	一或墮其中
오랜 겁 동안 벗어나기 어려우리라	多劫竟難離
내 몸은 끝내 움직이지 않았으니	吾身終不動
아름다워라 묘화의 뜻이여[168]	美哉妙華意
목을 늘여 칼날에 나아갔으니	延頸就白刃
훌륭하여라 신로의 뜻이여[169]	喜²⁾扺信老志
나찬은 형산에 은거한 채	懶讚臥衡山
제왕의 조서에도 답하지 않았고[170]	不答天書至
노능은 조계산에 있으면서	盧能在曹溪
중사에게 표문 올려 사양하였지[171]	抗表謝中華³⁾
저 네 분의 대사들은	唯彼四大士
어찌 세속의 속박에 걸려들리오	豈肯嬰世累
자기 몸을 물거품처럼 보고	觀身如水泡
세상을 꿈속의 일처럼 보아서	視世猶夢事
초연히 생사를 아랑곳 않아	超然傲死生
그 도가 참으로 모두 같았으니	其道誠不二
아득히 천고 후세에 이르도록	邈然千萬古
사람들 공경히 우러르게 하누나	令人仰致高

---

1) ㉮『圓鑑國師集』에 따르면 '智' 뒤에 '者'가 누락되었다.

2) ㉡ '喜'는 '嘉'의 오기이다.
3) ㉢ '華'는 '使'의 오기이다.

조계산에서 출발하여 계봉에 이르러【원감국사】
自曹溪山發至鷄峯【圓鑑】

천암만학 산중에서 아침에 출발하여	早發千岩萬壑中
숲 뚫고 물 건너 멀고 먼 길 걷노라니	穿林渡水路無窮
미투리는 하얀 된서리를 밟아 지나고	麻鞋踏破濃霜白
대지팡이는 흩어진 붉은 낙엽 헤치네	竹杖行分亂葉紅
고갯마루에 오르자 새벽 별이 아직 깜박이고	上嶺殘星猶耿耿
산을 나왔을 때는 아침 해가 이미 떠올랐는데	出山初日已瞳瞳
계봉에 돌아오자 하늘이 저물어 갈 무렵	却廻鷄嶠天將暮
은은한 종소리가 반공에 울려 퍼지누나	隱隱鐘聲響半空

대장경을 운반하며[172]【무인년(1278) 겨울 11월 6일 원감국사】
運大藏經【戊寅冬月六日圓鑑】

어제 아침 해 들 때 산을 내려와	昨趂晨曦下翠微
오늘 석양을 따라 절에 돌아왔어라	今隨夕照入松扉
두 어깨 무겁다고 괴이쩍어 마오	諸人莫恠雙肩重
용궁의 장경을 지고 돌아왔다네	擔得龍宮海藏歸

조계산의 능허교를 보수하고[173] 【원감국사】
曹溪凌虛橋修葺【圓鑑】

비바람에 퇴락한 지 몇 해였던가	雨側風欹度幾年
오늘 번듯한 모습 다시 보아 기뻐라	今朝喜復見輪焉
공중에 지은 누각은 봉황이 나는 듯	架空飛閣鷟鳳擧
계곡에 걸친 다리는 무지개 이어진 듯	跨谷長橋蝀蝀連
십 리 길엔 짙은 솔 그늘이 땅에 가득하고	十里松陰濃滿地
천 겹의 푸른 산빛은 하늘에 떠 있어라	千重岳色翠浮天
신공이 중건한 아름다운 그 명성은	信公起癈佳聲在
응당 시냇물과 더불어 만고에 전해지리	應與溪流萬古傳

한가로이 산에 사는 맛 [원감국사]
閑居山味 【圓鑑】

누덕누덕 기운 누더기 낡아 빠진 발우　　　　百結霞衣五綴盂
평소에 잠 넉넉히 자니 무얼 더 바라랴　　　　平生睡足復何須
비 온 뒤 깊은 절간에 찾아오는 이 없어　　　　雨餘深院無人到
서늘한 창가에 기대 혼자 즐거워하노라　　　　閑倚風欞只自娛

다음은 자윤을 찬미한 것이다[174]【원감국사】
右美子胤【圓鑑】

조계에서 새로 어린 사미를 얻었으니	曹溪新得小禪和
천리마 같은 인물은 하나만으로도 많아라	汚[1]血神駒一已多
숭악의 규공이 막 속세를 나온 때요	嵩岳圭[2]公初出俗
해창의 안로가 일찍이 속가를 떠난 때일세[175]	海昌安老早辭家
법기가 범상치 않음을 분명 알겠노니	端知法器非聊爾
마군이 어쩔 수 없음을 이내 알겠어라	旋覺魔軍不奈何
정녕코 사람 건네줄 큰 배가 될 터이니	定作濟人舟萬斛
고해에서 누가 다시 풍파에 시달리리오	苦河誰復困風波

---

1) 역)『圓鑑國師集』에 따르면 '汚'는 '汗'이다.
2) 역)『圓鑑國師集』에 따르면 '圭'는 '珪'이다.

들소를 길들이는 노래 【원감국사】
馴野牛頌【圓鑑】

들소의 천성은 본래 길들이기 어렵나니　　　　野牛天性本難馴
고운 풀 우거진 들판에서 자유로이 뛰놀았건만　細草平田自在身
생각이나 했으랴 코에 밧줄이 꿰이어　　　　　何意鼻端終有索
사람의 손아귀에 이리저리 끌려다니게 될 줄　　牽來牽去摠由人

벗에게 보이다 【원감국사】
示友人【圓鑑】

인생은 그야말로 틈새 지나는 망아지[176] 　　浮生定似隙中駒
득실이며 희비 따위를 따져 무엇하리오 　　得喪悲欣何足數
그대는 보라 귀천과 현우 할 것 없이 　　君看貴賤與賢愚
필경 무덤 속에 들어가고 마는 것을 　　畢竟同成一邱土

달을 읊은 노래 【일언으로부터 칠언까지 원감국사】
咏月賦【自一至七言圓鑑】

달이여	月
달이여	月
둥글었다가	旣圓
이지러지네	且缺
흐린 구름 걷히고	陰雲牧[1)
오랜 장맛비 개니	積雨歇
공중에 둥근 쟁반 걸렸고	窓[2)懸玉盤
바다엔 은빛 궁궐[177]이 솟구치네	海湧銀闕
마치 바퀴가 구르듯이 하늘을 돌고	周天如輪轉
흡사 눈을 뿌린 듯이 땅에 가득해라	滿地似鋪雪
바람이 부니 붉은 계수나무 춤을 추고	風吹丹桂婆娑
이슬이 씻으니 금빛 언덕 환하게 밝구나	露洗金陂堂[3)轍
잠공[178]의 자리 위에서는 기쁨이 넘치고	岑公席上歡有餘
정로의 술동이 중엔 시가 끊이지 않으리	政老盆中冷不徹

---

1) 옙 『圓鑑國師集』에 따르면 '牧'은 '收'이다.
2) 옙 '窓'은 '空'이다.
3) 옙 『圓鑑國師集』에 따르면 '堂'은 '罃'이다.

남원 조 태수가 준 시에 차운하다【원감국사】
次南原趙太守有詩【圓鑑】

재차 용문의 제일인으로 뽑혔으니　　　　再捷龍門第一人
곧 충효로 임금과 어버이를 모시리라　　　便將忠孝奉君親
세간과 출세간의 일을 다하고자　　　　　欲窮世出世間事
여기 와서 계봉 절의 손님이 되셨구려　　來作鷄峯社裡賓

또 같은 제목 【원감국사】
又【圓鑑】

나는 본래 오활하여 사람 밖의 사람[179]	我本疏頑人外人
세간의 그 누가 찾아와 친하려 하랴	世間誰復肯來親
알지 못하겠네 오늘은 얼마나 다행인가	不知今日亦何幸
앉아서 성상 문하의 빈객을 오게 하다니	坐致皇王[1]門下賓

---

1) ㉮ '皇王'은 『圓鑑國師集』에는 '玉皇'으로 되어 있다.

다시 앞의 운으로 시를 읊다【원감국사】
再拈前韻【圓鑑】

천 리에 풍속이 같으니 곧 친구라[180]　　　千里同風便故人
굳이 서로 만나야만 친구가 되랴　　　　　何須目擊始相親
뉘 알랴 계족산 중의 이 늙은이도　　　　　誰知難[1]足山中老
일찍이 용두회[181]에 속했던 사람인 줄을　曾是龍頭會上賓

---

1) ㊓『圓鑑國師集』에 따르면 '難'은 '鷄'이다.

염 상국의 시에 차운하다【원감국사】
次廉相國【圓鑑】

십 년 동안 화정에 속절없이 배를 띄웠더니	十載華亭空艤舟
황벽이 배휴를 만나게 될 줄 어찌 생각했으랴¹⁸²	豈期黃蘗得裵休
만약 큰 손으로 둑을 막는 힘이 없었다면	若無大手隄防力
어찌 조계의 물 거꾸로 흐르지 않게 하리오	爭使曺流¹⁾不倒流

---

1) ㉑『圓鑑國師集』에 따르면 '流'는 '溪'이다.

조계의 법석을 이은 자리에서 한 시랑에게 답하다 【원감국사】
嗣曹溪法席答韓侍郎【圓鑑】

누가 궁자[183]에게 외람되게 가업을 잇게 하였나	誰敎窮子濫傳家
파음을 가지고 영가를 잇는[184] 것이 부끄러워라	愧把巴音續郢歌
산중에서 무슨 일 하느냐고 만약 물으면	若問山中何事業
한 발우 나물밥 먹고 한 사발 차 마신다 하리	一盂蔬了一甌茶

만연사의 묵 공을 보내며 【원감국사】
送萬淵默公【圓鑑】

요즈음 조계는 시냇물이 얕아서 　　　　近日曹溪溪水淺
늙은 용이 오래 칩거하기 어렵나 봐 　　難容舊蟄老龍眠
하루아침에 홀연 구름과 비 일으켜 　　一朝忽爾興雲雨
비늘을 떨치면서 만연으로 향하누나 　　奮鬣揚鬐向萬淵

『조백론』[185]을 강연하며 대중 스님들에게 보이다【원감국사】
演棗栢論示同梵【圓鑑】

조계의 물은 비로의 바다에 넘실대고	曹溪水漲毘盧海
소실의 산은 해탈의 문을 열었어라	小室山開解脫門
발길로 마갈다국을 차서 꺼꾸러뜨리고	脚下踢廻摩竭國
손아귀에 급고독원을 움켜쥐었어라[186]	手中搏[1]取給孤園
일백 성 선지식들을 두루 참방했고[187]	百城差別詢皆遍
아홉 차례 장엄한 회상 지금도 엄연해라[188]	九會莊嚴儼尚存
여기에서 만약 오묘한 이치를 안다면	個裡若能深得妙
선禪과 교敎가 본래 근원이 같음을 알리라	便知禪講本同源

---

1) ㉠ '搏'은 『圓鑑國師集』에는 '斷'으로 되어 있다. 문리상 '斷'이 옳을 듯하다.

벗들에게 장난삼아 보이다 [원감국사]
戲示諸益 [圓鑑]

여러분들의 손에 전신을 쥐고 있으니　　　　諸君手裡有錢神
가는 곳마다 얼굴 가득 봄기운 되돌리건만　　到處能廻萬面春
우스워라 이 산승은 요즘 세상과 어긋나　　　自笑山僧與時左
냉담한 말로 자주 사람들을 얼게 할 뿐[189]　　誰[1)]將冷語屢冰人

---

1) ㉡『圓鑑國師集』에 따르면 '誰'는 '唯'이다.

원소암에 걸린 시에 차운하다[190] 【원감국사】
次圓照[1])庵【圓鑑】

작은 암자는 고요하고 겨울 날씨 따스하기에 　　小院寥寥冬日溫
낮에도 문 닫고 옷 입은 채 다리 뻗고 누웠노라 　　和衣展脚晝開[2])門
제후고 천자고 몽땅 잊어버렸으니 　　五候萬乘渾忘却
세상에 그 누가 우리 납자만큼 존귀하리오 　　世上誰知[3])衲子尊

---

1) 옉『圓鑑國師集』에 따르면 '照'는 '炤'이다.
2) 옉『圓鑑國師集』에 따르면 '開'는 '關'이다.
3) 옉『圓鑑國師集』에 따르면 '知'는 '如'이다.

선 국사께서 연을 심어 두셨기에 【원감국사】
先國師種蓮【圓鑑】

매복의 연못[191]인 양 연을 심었으니　　　種藕像他梅沼沚
뿌리는 화산 꼭대기에서 옮겨 왔어라[192]　　移根來自華山巓
약한 줄기는 새벽 미풍에도 쉽게 쓰러지고　弱莖易偃微風曉
어지러운 잎들은 소낙비 올 때 미리 우누나　亂葉先鳴驟雨天
날씨 따스할 땐 물결 사이로 강사[193]가 놀고　日煖波間戱江使
안개 짙을 제 기슭 위에 태선[194]이 서 있어라　烟濃岸上立胎仙
차기는 눈과 서리 같고 달기는 꿀 같으니　　冷水[1)]霜雪甘如蜜
옥정에 심으신 연을 내가 맛보아 부끄러워라[195]　愧我甞新玉井蓮

---

1) ㉯ 『圓鑑國師集』에 따르면 '水'는 '如'이다.

행인에게 경계하다 【원감국사】
誡行人【圓鑑】

이 몸이 물거품 허깨비 같은[196] 줄 믿으면	此身若信同泡幻
칼로 베고 향을 발라 준들 마음 달라지랴[197]	刀割香塗豈二心
단지 오랜 전생에 전도된 집착 때문에	只爲多生顚倒執
순역順逆의 물결 속에서 부질없이 부침하네	順違波裡枉遭沈

또 다른 운자를 써서 읊다 【원감국사】
又別字【圓鑑】

좋은 말과 안색으로 공경을 다할지라도	巧言令色雖足恭
예리한 칼을 웃음 속에 감췄음을 어이하랴	爭奈利刀藏笑中
순박하고 솔직하여 꾸밈도 거짓도 없음을	質直無華無詐委
이름하여 진실한 도인의 풍모라고 한다네	是名眞實道人風

장난삼아 김훤에게 답하다【원감국사가 조계에 있을 때 지은 것이다.】
戲答金晅【圓鑑在曹溪時】

자신이 세상에 못 쓰여도 다행히도 받아들였고	爲人幸自甘無用
살 곳을 잡을 때에도 남과 다투지 않았건만	卜地仍兼要不爭
어이 견디랴 업풍에 불려 이곳까지 와서	叵耐業風吹落此
평소에 품은 큰 뜻을 이루지 못하게 됐으니	平生雅志不能成

또【원감국사】
又【圓鑑】

한때 다툰 것 지금 괴이하게 여기리오　　　　一時鋒鏑今何恠
육대의 의발을 옛날에도 다투었던 것을[198]　　六代衣盂古亦爭
비람풍[199]이 분들 감히 흔들어 떨어뜨리랴　　縱使毘嵐敢搖落
소림의 꽃과 열매는 본래 원성한 것을　　　　少林花果本圓成

만연사의 선로에게 화답하다 [원감국사]
酬萬淵禪老 【圓鑑】

북쪽 새 남쪽 물고기는 한 몸이 변했으니[200]	北羽南鱗變一身
양쪽이 만날 인연 없다고 뉘라서 말하리오	誰言會合兩無因
둘이 함께 궐리[201]의 문전에 왔던 손님이었고	共爲闕里門前客
둘이 같이 조계산 길을 걷던 사람이었어라	同作曹溪路上人
그대의 뛰어난 시운은 비록 못 따르지만	詩韻縱難追俊逸
청빈한 가풍은 그대로 서로 비교할 만하지	家風猶可較淸貧
우리 두 사람 평생에 출처가 서로 같건만	平生出處都相似
봄기운 못 받는 고목 같은 몸[202]이 부끄러워라	但愧枯株不受春

감로사의 선덕들에게 화답하다[203]【원감국사】
和甘露社諸禪德【圓鑑】

봄날 계수나무 숲에 꽃이 피니	春日花開桂苑中
소림의 바람에 은은한 향기 풍기네	暗香不[1]動少林風
오늘 감로에 젖어 열매가 익었으니	今朝果熟沾[2]甘露
한량없는 인천이 다 같이 맛보누나	無限人天一味同

---

1) ㉲ 『圓鑑國師集』에 따르면 '不'는 '浮'이다.
2) ㉲ 『圓鑑國師集』에 따르면 '沾'은 '霑'이다.

최이에게 답하다 [원감국사]
謝崔怡 [圓鑑]

여윈 학은 달빛 비친 소나무 끝에 고요히 서 있고　　瘦鶴靜翹松頂月
한가한 구름은 산마루에 부는 바람을 가벼이 쫓아가네　　閑雲輕逐嶺頭風
이 가운데 면목은 천 리가 다 같으리니　　箇中面目同千里
무엇하러 다시 한마디 말을 할 필요가 있으랴　　何更新翻語一通

아우 문개가 과거에 급제한 것을 축하하다 【원감국사】
祝舍弟文凱登科【圓鑑】

황금방에 수석을 예전에 내가 차지했더니	黃金榜首吾曾占
단계에 장원을 자네 또한 손에 넣었구나	丹桂䰠魁子亦收
이는 만고에 참으로 드문 일이니	千萬古來稀有事
한 집안에서 두 용두[204]가 나왔어라	一家生得二龍頭

금강을 건너며 읊다 【원감국사】
渡錦江吟 【圓鑑】

석양에 봉우리 그림자 강가에 떨어질 제　　　夕陽峯影落汀洲
낡은 삿갓에 지팡이 짚고 나루터에 섰노라　　倒[1]笠枯藤立渡頭
강물은 하염없고 산은 아스라하니　　　　　　江水悠悠山杳杳
가을빛에 이는 객수客愁를 견디지 못하겠네　　不堪秋色動人愁

---

1) ㉭『圓鑑國師集』에 따르면 '倒'는 '破'이다.

불갑사에 들어가면서【각엄 국사[205]】
佛岬寺入院【十[1)]覺嚴國師】

임금께서 나에게 오성의 불갑산을 주시니	君賜筬城佛岬山
사람들은 지친 새가 돌아갈 줄 안다 하네	人言倦鳥已知還
은근히 축원하노니 하늘 같은 장수 누리시고	慇懃薦祝如天壽
이로부터 나라의 기반이 만고에 평안하소서	從此邦基萬古安

---
1) '十'은 연자衍字인 듯하다.

임종게 【각엄 국사】
臨終偈【十¹⁾覺嚴國師】

마음이요 부처이니 강서의 늙은이²⁰⁶요	卽心卽佛江西老
마음도 아니고 부처도 아니니 물외의 늙은이라	非佛非心物外翁
날다람쥐 우는 소리 속에 나 홀로 가노니	鼯鼠聲中吾獨往
열반과 생사가 본래부터 공한 것이로다	涅槃生死本來空

---

1) '十'은 연자衍字인 듯하다.

혜감 임종게[207]
慧鑑終偈

오온산이 툭 틔어 맑으니	廓淸五蘊山
생사에 자유로이 출몰하도다	生死自出沒
어느 곳에선들 만나지 않으랴	何處不相逢
강을 건널 때 뗏목이 필요 없어라	渡河不用筏

시냇물[208] 【고려 현종 순】
溪水【麗顯宗詢】

한 줄기 시냇물 백운봉에서 흘러나와	一條流出白雲峯
만 리 먼 길을 가서 푸른 바다에 통하나니	萬里滄溟去路通
바위 아래서 졸졸 흐른다 말하지 말라	莫謂潺湲嵓下在
오래지 않아 용궁에 이르는 것을	不多時日到龍宮

신혈사〖神穴寺〗에서 작은 뱀을 보고 【고려 현종 순】
在穴寺小蛇【麗顯宗詢】

작은 새끼 뱀이 작약 밭을 기어가는데	小小蛇兒遶坐¹⁾欄
전신이 붉은 비단에 흰 반점이 찬란해라	滿身紅錦白斑爛
늘 화림 아래 있다고 말하지 말라	莫言長在花林下
하루아침에 용이 되는 것도 어렵지 않으리니	一日²⁾成龍也不難

―――――――
1) ㉠『東史綱目』과『治平要覽』에 따르면 '坐'는 '藥'이다.
2) ㉠『東史綱目』과『治平要覽』에 따르면 '日'은 '旦'이다.

고려 선종이 병석에서 읊다
麗宣宗病吟

약효가 있을지 없을지 어찌 염려하랴	藥效得否何敢慮
덧없는 인생 시작 있으면 어찌 끝이 없으랴	浮生有始豈無終
오직 간절히 바라노니 선행들을 닦아서	唯應愿切修諸善
정토에 올라가서 부처님께 예배하옵길	淨域超昇禮梵雄

금강산을 찬양하다 [도선 국사]
贊金剛山 【道詵】

구름 위로 솟고 바다에 잇닿은 황룡의 형세
이 골짜기 안에 세 구역만 유독 땅이 평탄하네
황룡의 턱 아래 한 구역이 불국토가 되고
황룡의 뱃속 두 언덕 사이가 인역仁域이로세[209]

聳雲沿海龍盤[1]勢
谷裡三舡[2]特地平
頷下一區爲佛國
腹中雙堰是人[3]城

---

1) ㉥『冠巖全書』와『成齋集』에 따르면 '龍盤'은 '黃龍'이다.
2) ㉥『冠巖全書』에 따르면 '舡'는 '區'이다.
3) ㉥『冠巖全書』에 따르면 '人'은 '仁'이다.

소요산에 노닐며[210] 【이규보】
遊逍遙山【李奎報】

산을 따라 위태로운 사다리 건너고	循山渡危橋[1]
발을 포개 걸어 좁은 오솔길 가노라	疊足行線路
위쪽에 백 길 높이 산마루 있으니	上有百仞巓
원효 스님 일찍이 암자 짓고 사셨지	曉聖來結宇
신령한 그 자취 어디로 사라졌나	靈蹤渺何處
진영이 흰 명주 폭에 남아 있구나	遺影畱鵝素
다천에는 맑고 시원한 물 괴었으니	茶泉貯寒玉
떠서 마시매 그 맛이 젖처럼 달아라	酌飮味如乳
옛날에는 이곳에 물이 나오지 않아	此地舊無水
스님들이 머물러 살 수 없었는데	釋子難捿住
원효 스님이 오셔서 머무신 뒤로	曉公一來寄
감로 같은 물이 바위틈에서 솟았지	甘液湧嵓竇

---

1) 역)『東國李相國集』에 따르면 '橋'는 '梯'이다.

보각국사께 올리다[211]【고려 왕】
上普覺【麗王】

밀전을 어찌 문하에서 배울 필요 있으랴만   密傳何必更摳衣
멀리 금지로 불러 모신 것도 특별한 일일세[212]   金地逢攓[1]亦是奇
연 공[213]을 대궐로 불러 모시고 싶건만   欲乞璉公邀闕下
스님은 어이 늘 흰 구름 걸린 가지만 그리워하시는가   師何長戀白雲枝

---

1) ㉠「麟角寺普覺國師碑銘」에 따르면 '逢攓'는 '遙招'이다.

영명사 [고려 예종]
永明寺 [麗睿宗]

맑은 강 서쪽 절벽에 연꽃 모양 용솟음치니 　　淸江西壁湧蓮容
물상의 풍광이 초연하여 흡사 낭풍[214]과 같아라 　　物像超然擬閬風
성곽을 두른 산봉우리들은 아스라한 자태 다투고 　　繞郭峯巒爭縹渺
숲에 가득한 꽃나무들은 울긋불긋한 색채 뽐내네 　　滿林花木鬪靑紅
비 오는 날씨에 수레와 배는 누대 아래에 모이고 　　雨天輪楫塡樓下
달밤에 풍악과 노래는 물 위에 떠서 울려라 　　月夜笙歌泛水中
비단으로 싼 신묘한 필적[215]을 이제 보니 　　今見罩紗神巧跡
옛일을 회상하면서 하염없는 상념에 잠기노라 　　感想依舊意無窮

영명사 예종의 시에 차운하다 [곽여[216]]
次永明寺睿宗韻【郭輿】

부처님 사찰이 제왕의 궁궐과 잇닿았으니	佛宇相連舊帝宮
우거진 송추에는 천고의 유풍이 있어라	松楸千古有遺風
유리로 된 전각 지붕은 허공에 푸른 빛 엉기고	琉璃殿屋凝空碧
금수로 된 주렴 깃발은 물에 붉게 비치어라	錦繡簾旌照水紅
고요한 밤에 배는 거울처럼 맑은 수면 가로지르고	夜靜船橫淸鏡裡
밝은 달빛 비친 누각에 기대니 그림 속인 양하네	月明樓倚畫屛中
십 년 만에 한 번 납시어 사흘을 머무시니	十年一幸經三日
눈에 가득한 연파의 풍광에 흥취 무궁하여라	滿目烟波趣不窮

각엄의 진영에 대한 찬 [이제현]
覺嚴眞贊 【李齊賢】

국사께서는 강건하셨으니	國師乾乾
덕망과 연령이 높으셨어라	有德與年
왕명으로 이 화상을 그렸으니	王命寫像
한편 우러르고 한편 공경하네	載瞻載虔
이 몸은 상을 여읜 것이요	是身離相
이 법은 말을 여읜 것이라	是法離詮
이 그림에 찬을 지으니	卽圖作贊
신은 글 도리어 부끄럽나이다	臣愧裴然

범일 국사의 진영에 대한 찬 [박인범]
梵日國師贊【朴仁凡】

최상승의 법은	最上之法
깊고 깊어 아득하니	杳杳冥冥
흰 달의 흰빛과	皓月之白
긴 강의 맑음은	長江之淸
그래도 형상이 있건만	彼旣有相
이는 그야말로 형상이 없네	吾乃無形
형상이 없는 형상을	無形之形
그림으로 나타내었어라	可以丹靑

송광사를 찬미하여 나옹에게 주다 [현릉[217]]
贊松廣寺贈懶翁【玄陵】

물의 형세는 겹겹으로 감싸고	水勢重重包
산의 모습은 첩첩으로 감췄어라	山容疊疊藏
삼한에서 원래 둘도 없고	三韓元不二
일국은 더욱이 무쌍이니	一國更無雙
송광사는 동방에서	松廣寺東方
제일로 큰 도량이로다	第一大道場

조계산 회당[218]께 부치다 【이존비】
寄曹溪晦堂【李尊庇】

물건은 좋든 나쁘든 다 쓸모가 있는 법이니	物無美惡終歸用
쓴 오얏 열매 많이 달렸기로[219] 누가 싫어하랴	苦李誰嫌着子多
맏아들은 오래도록 천자의 조정에 가 있고	長息久朝天子所
둘째는 이제 막 부처님 집안에 보낸다오	次兒新付法王家
충성을 옮기는 것은 본래 신하의 본분이요[220]	移忠固是爲臣分
사랑을 잘라 내고 출가함을 어이하리오	割愛其如出世何
우스워라 이 늙은이는 오히려 잊지 못해	還笑老翁猶滯念
때때로 꿈속에서 멀리 아들을 찾아간다오	有時魂夢杳天涯

송광사에 제하다 【목은 이색】
題松廣寺【牧隱李穡】

높고 우뚝한 수선사가	嵬嵬修禪社
멀리 송광산에 있어라	遠在松廣山
편액을 대길상이라 썼으니	額曰大吉祥
대들보 사이 용이 꿈틀대는 듯	龍拏樑棟間
임천[221]과 같은 노련한 붓글씨	臨川秉老筆
조과[222]의 광채가 싸늘히 빛나네	調[1]戈光芒寒
연경이 눈 안에 있으니[223]	燕京眼中在
돌에 새긴 글 응당 닳지 않으리	石刻應未刓
큰 공적은 비길 데 없이 뛰어나	豊功絶無比
아름다운 명성 영구히 전해지리	美名垂不刊

---

1) ㉠『牧隱詩藁』에 따르면 '調'는 '瑂'이다.

침계루[224]에 노닐며 【이색】
遊枕溪樓【李穡】

구름 헤치고 한 번 침계루에 오르니	披雲一上枕溪樓
인간 세상 만사를 그만 쉬고 싶어라	便欲人間萬事休
올라가 한나절 머물다 곧 돌아가니	半日登臨卽歸去
내일 아침에 말 타고 다시 찾아오리	明朝上馬重回頭

또 같은 제목을 다른 운으로 읊다【이색】
又拈別韻【李穡】

골짜기 깊고 깊어 속진을 떠났으니　　　　洞府深深隔世塵
산승은 한가로이 진리를 담론하누나　　　　山僧無事解談眞
훗날 이런 복지를 어느 곳에서 만날꼬　　　他年福地得何處
흰 바위 맑은 시내가 꿈속에 자주 보이리　白石淸溪入夢頻

대광사에 노닐며 【김극기】
遊大光寺【金克己】

산 위에 붉은 해가 솟아 숲의 부슬비 걷히니	紅暾出嶺卷林霏
발길 닿는 대로 경치 찾아 앉아서 마음을 쉬노라	信步尋幽坐息機
모든 숲의 어지러운 바위엔 구름 물결 용솟음치고	亂石千林雲浪湧
한 가닥 드리운 폭포엔 옥빛 무지개가 나는구나	懸流一帶玉虹飛
숲속에 비 지나가니 꽃 머리 무거워 드리우고	林間雨過花頭重
시내 아래 바람 휘도니 떨어지는 물 힘이 약해지네[225]	澗底風回杵力微
우스워라 속세의 이 몸이 청정한 이곳에 왔으니	自笑凡蹤塵淨界
천암만학이 틀림없이 나를 보고 비난할 테지	千嵓萬壑定相譏

회당심[226]에 대한 만사 [황정견]
挽晦堂心【黃庭堅】

해풍이 능가산에 불어오니 　　　　　　海風吹落楞伽山
사해의 선류들을 자세히 보라 　　　　　四海禪流着眼看
한 움큼 버들가지를 거두지 못해 　　　一把柳條收不得
바람과 함께 옥난간에 걸쳐 두노라 　　和風搭在玉闌干

귀종사에 부치다 [여동빈²²⁷]
付歸宗寺【呂洞賓】

하루 청안하여 몸이 자재하면	一日淸閑自在身
육신²²⁸이 화합하여 평안하게 되리	六神和合報平安
단전에 보배가 있으니 도를 찾지 말고	丹田有寶休尋道
경계를 대해 무심할지니 선을 묻지 말라	對境無心莫問禪

황룡 대사께 올리다 【여동빈】
上黃龍大師【呂洞賓】

표주박과 전대 버리고 거문고도 부수노니²²⁹	棄却瓢囊戚¹⁾碎琴
지금은 신선술에 미련을 두지 않는다오	如金²⁾不戀水³⁾中金
한 번 황룡 대사를 친견한 이후로	自從一見黃龍後
비로소 종전에 마음을 잘못 쓴 줄 알았네	始覺從前錯用心

---

1) ㉹ 『五燈會元』에 따르면 '戚'은 '摵'이다.
2) ㉹ 『五燈會元』에 따르면 '金'은 '今'이다.
3) ㉹ '水'는 『五燈會元』에는 '汞'으로 되어 있는데, 통용할 수 있다.

북암의 달달박박에게 올리다[230]【관음 낭자】
上北庵朴朴【觀音娘子】

가는 길 해는 지고 첩첩산중 날 저무는데	行途日落千山暮
길은 막히고 저자는 멀어 인가라곤 없구려	路隔城遙絶四隣
오늘밤 이 암자에 투숙하고자 하오니	今夜欲投庵下宿
자비로운 스님께서는 노여워 마옵소서	慈悲和上[1]莫生嗔

---

1) ㉠ 『三國遺事』에 따르면 '上'은 '尙'이다.

남암의 노힐부득에게 올리다【관음 낭자】
上南庵夫得【觀音娘子】

첩첩산중 길에 날은 저물어	日暮千山路
아무리 가도 인가라곤 없으니	行行絶四隣
투숙하려는 건 길 잃어서가 아니라	乞宿非迷路
높으신 스님 길을 인도하려는 것이니	尊師欲指津
대숲과 솔숲은 어둡고 으슥한데	竹松陰轉邃
골짜기 시냇물 소리만 들려라	溪洞響猶新[1]
바라옵건대 부디 내 뜻을 따르시고	願唯從我意
어떤 사람이냐고 묻지 마옵소서	莫且[2]問何人

---

1) 역) "乞宿非迷路。尊師欲指津。竹松陰轉邃。溪洞響猶新。"의 네 구는 『三國遺事』에는 "竹松陰轉邃。溪洞響猶新。乞宿非迷路。尊師欲指津。"로 되어 있다.
2) 역) 『三國遺事』에 따르면 '莫且'는 '且莫'이다.

북암의 달달박박을 예찬하다 『삼국유사』
贊北庵朴朴【遺史】

짙푸른 숲 바위 앞에 똑똑 울리는 소리	滴翠嵓前剝啄聲
누가 날 저물 때 산속 집 문을 두드리나	何人日暮扣雲扃
남암이 가까이 있으니 그곳을 찾아가고	南庵且近宜尋去
푸른 이끼 밟아 내 뜰을 더럽히지 마오	莫踏蒼苔汚我庭

남암의 노힐부득을 예찬하다 『삼국유사』
贊南庵夫得 【遺史】

산골에 저물어 캄캄한데 어디로 갈거나	谷暗何歸已暝烟
남창 아래 대자리 깔려 있으니 머물다 가오	南窓有簟且流連
밤이 깊도록 백팔염주만 굴리며 염불하고	夜闌百八深深轉
오직 시끄러워 길손의 잠 깨울까 걱정할 뿐	只恐成喧勞客眠

관음 낭자를 예찬하다 『삼국유사』
贊觀音娘子【遺史】

십 리 솔숲 속에 오솔길 헤매다가	十里松陰一逕迷
한밤에 절에 찾아와 스님을 시험하였네	訪僧來試夜招提
세 번 목욕을 마치고 하늘이 밝아올 즈음	三槽浴罷天將曉
한 쌍의 아기²³¹ 낳아 놓고 서쪽으로 떠나갔지	生下雙兒擲向西

여종 욱면[232]을 예찬하다 『삼국유사』
贊郁面婢子【遺史】

서쪽 이웃 고찰에 불등이 밝은데	西庵[1]古寺佛[2]明
방아 찧고 오니 밤은 깊어 이경이었지	春罷歸來夜二更
한 소리 염불마다 성불하길 기약해	自許一聲成一佛
손바닥을 노끈으로 꿰어 육신을 잊었네	掌穿繩子直忘形

---

1) ㉟ '庵'은 '隣'인 듯하다.
2) ㉟ '佛' 뒤에 '燈'이 누락된 듯하다.

관기와 도성[233]을 예찬하다 『삼국유사』
贊觀機道成【遺史】

달빛 밟고 서로 찾아가 구름과 시내 희롱했으니	相過踏月弄雲泉
이 두 분의 풍류가 몇백 년 지났던가	二老風流幾百年
골짜기 가득한 연하에 고목만 남았건만	滿壑烟霞餘古木
오르내리는 그림자는 아직도 서로 영접하는 듯	低昂寒影尙如迎

금강산 유점사 53불[234] 【목은 이색】
金剛榆岾寺五十三佛【李牧隱】

금강산 산중에는 느릅나무가 자랐는데	榆岾寺[1]中楡葉長
아득한 하늘 저편 서해에서 종이 떠왔지	鍾浮西海天茫茫
오십하고도 세 구의 황금 불상이	金人五十又三軀
바로 그 느릅나무 아래에 천당을 열었다지[235]	直指樹下開天堂
천축의 신통한 술법은 세상에 뛰어났으니	竺乾神變自絶世
더구나 바닷길로 배가 오갈 수 있음에랴[236]	海路況可通舟航
이 산을 세 번 오르면 삼악도를 면한다는	三登此山免三道
이 말은 견고하기 금강과도 같아라[237]	此語堅確齊金剛

---

1) ㉠ 『牧隱集』에 따르면 '榆岾寺'는 '金剛山'이다.

예종께 올리다 [무애지 계응²³⁸]
上睿宗【無碍知戒膺】

왕명이 지엄하여 사양하지 못하고	聖勅嚴明辭不得
산중을 떠나서 도성으로 왔으니	嵓猿松鶴別江東
오랫동안 요행으로 속박을 벗었다가	多年幸免魚吞餌
하루아침에 다시 조롱에 갇힌 신세라	一日翻爲鳥在籠
궁중의 달 보며 한량없는 향수에 젖고	無限旅愁宮裡月
골짜기 풍월을 때로 꿈속에 찾는다오	有時歸夢洞中風
모르겠어라 어느 날에나 성은에 보답하고	不知何日君恩報
다시 산속에 돌아가 푸른 봉우리 마주할꼬	甁錫重回對碧峯

보요 선사[239]께 올리다 [팽조적[240]]
上普曜禪師【彭祖逖】

수운 고요한 난야에 부처님 머무는데	水雲蘭若住空王
더구나 신룡이 있어 도량을 평온히 지키네	況復神龍穩一場
필경 이름난 이 가람 비길 데 있으랴	畢竟名藍誰得似
당초 상교가 남방으로부터 전해 왔어라	初傳象敎自南方

불교에 대한 예찬 [팽조적]
佛敎贊曰【彭祖逖】

중국과 인도는 아스라이 멀고	華月夷風尙隔烟
부처님 열반에 드신 지도 이천 년인데	鹿園鶴樹二千年
해동에 불법이 오니 참으로 경하할 일	風流海外眞堪賀
동방과 서방 두 나라가 한 세상이어라	東震西乾共一天

설암께 드리다²⁴¹ 【소경²⁴²】
呈雲¹⁾嵒【紹瓊】

한 줄기 풀 위에 백옥 전각 나투었으니²⁴³	一莖草上現瓊樓
고인의 부질없는 화두를 간파하였노라	識破古人閒話頭
집운봉 위에 뜬 달을 집어 들어서	拈起集雲峰頂月
사람 앞에 던져서 백화구²⁴⁴를 만들었구나	人前拋作百花毬

---

1) ㉯『續指月錄』에 따르면 '雲'은 '雪'이다.

불사약을 캐다【소경】
採不死藥【紹瓊】

선천의 비와 이슬로 영지가 자라니　　　　　先天雨露長靈芝
선학仙鶴이 나는 삼청²⁴⁵에 세월이 더디어라　　笙鶴三淸歲月遲
약을 캐는 선인은 어느 곳으로 갔는고　　　　採藥仙人何處去
진나라 동자²⁴⁶ 백발이 됐으니 슬픔을 이기지　秦童白髮不勝悲
못하네

나옹 화상이 세상 사람들을 일깨운 시
懶翁和尙警世

한서가 사람을 재촉하여 세월이 흘러가니	寒暑催人日月流
즐거움은 얼마나 많고 근심은 얼마나 많은가	幾多懽喜幾多愁
끝내 백골이 되어 푸른 풀숲에 묻히고 마니	終成白骨堆靑草
황금이 많아도 젊은 시절로 되돌릴 수 없지	難把黃金換黑頭
죽은 뒤에 속절없이 천고의 한을 품건만	死後空懷千古恨
생전에는 그 누가 잠시인들 쉬려 하는가	生前誰肯一時休
성현은 모두 범부가 되는 것이거늘	聖賢都是凡夫做
어이하여 그들을 본받아 수행하지 않는가	何不依他樣子修

무학 스님과 이별하며 【나옹】
別無學師【懶翁】

이미 주머니 속에 별천지 있음을 믿었으니	已信囊中別有天
동서남북 어디서든 삼현²⁴⁷을 맘껏 쓰게나	東西一任用三玄
어떤 사람이 그대에게 참선의 뜻을 물으면	有人問爾叅尋意
얼굴을 쳐서 꺼꾸러뜨리고 더 말하지 말라	打倒面¹⁾更莫言

---
1) ㉔ '面' 뒤에 '門'이 누락된 듯하다.

또 같은 제목【나옹】
又【懶翁】

이별 앞에 특별히 상량할 곳이 있으니   分衿別有商量處
누가 그중의 더욱 현묘한 뜻을 알리오   誰識其中意更玄
다른 사람들이 모두 불가하다 하건 말건   任爾諸人皆不可
나의 말은 공겁空劫 이전을 투과했다네[248]   我言透過劫空前

임제정종【나옹】
臨濟正宗【懶翁】

한 할에 빈주가 나뉘니	一喝分賓主
조와 용을 일시에 행하네	照用一時行
이 중의 뜻을 안다면	會得箇中意
한낮에 삼경 종을 치리	日午打三更

일본 승려 석 옹에게 보이다 [나옹]
示日僧石翁【懶翁】

선불장 안에 앉아서	選佛場中坐
성성하게 눈여겨보라	惺惺着眼看
보고 듣는 이 다름 아니라	見聞非他物
원래 옛 주인이라네	元是舊主人

환암 장로를 보내며 [나옹]
送幻庵長老 【懶翁】

남은 의심 끊으려 스승을 찾아   餘疑要決謁師翁
거꾸로 쥔 지팡이 산 용과 같아라   倒握烏藤活似龍
철저히 뒤집어 명백해진 뒤에는   到底掀翻明白後
대천사계에 청풍이 일어나리라   大千沙界起淸風

벽에 회포를 쓰다[249] 【나옹】
壁上書懷【懶翁】

눈 속의 매화는 봄 소식이요	雪裡梅花春消息
연못의 달빛은 밤의 정신이어라	池中明月夜精神
근래에 어찌 좋은 흥취 없으랴만	年來可是無佳趣
가풍을 남에게 보여 주지 말라	莫把家風擧似人

숨은 스님을 찾아서[250] 【이태조】
訪隱師【李太祖】

설봉산雪峯山에 스님 찾아가니 경치도 좋고　　雪岳尋僧境自佳
꿈속의 왕王 자도 잘 풀이해 주셨어라　　　　夢中王字好安排
독성이 허공으로 날아가지 않았다면[251]　　　如非獨聖飛空去
삼 년 동안 오백나한에 올린 기도가 헛되리　　虛設三年五百齋

이태조의 꿈을 풀이하다[252]【무학】
李太祖解夢【無學】

집집마다 꼬끼오 닭 울음소리는	萬戶鷄鳴
고귀한 지위에 오름을 축하하고	賀高貴位
집집마다 울리는 다듬이 소리는	千家砧聲
어전이 가깝다는 뜻이라	報御近當
얼굴에 군왕의 모습 가득하니	滿面有君王態
지금은 절대로 입 밖에 내지 마오	今日愼不出口

또 같은 제목【무학】
又【無學】

자신이 서까래 세 개를 등에 졌으니   自身負三椽
이는 바로 임금 왕王 자의 형상이요   乃是王字形
꽃이 떨어지면 끝내 결실이 있는 법   花飛終有實
거울이 깨지면 어찌 소리가 없으랴   鏡落豈無聲

지공과 나옹에 대한 예찬[253] 【무학】
指空懶翁贊【無學】

지공의 천 검과 평산의 할이여　　　　　　指空千釼平山喝
황제의 어전에서 공부를 선택했지[254]　　選擇工夫對御前
최후에는 신령한 광채 사리를 남겼으니　　最後神光遺舍利
삼한의 조실로 만년토록 길이 남으리라　　三韓祖室萬年傳

이태조의 잠저 시절
李太祖潛邸時

 최영은 "삼척 장검 머리로 사직을 편안하게 하리."라고 하고

 태조는 "한 가닥 채찍 끝으로 건곤을 평정하리."라고 하였다.

崔瀅曰 三尺釰頭安社稷

太祖曰 一條鞭末定乾坤

고향 친구에게 주다[255]【이태조】
贈鄕故【李太祖】

오늘 금의환향했다고도 말하지 마시게	莫言今日錦衣還
북해의 물고기 날아올랐다[256] 하지 말고	休道騰鱗北海間[1)
내 풍패에 노래하러[257] 온 것이 아니라	我行不是歌豊沛
도리어 당 명황의 촉도난[258]에 부끄럽네	却愧明皇蜀道難

---

1) ㉄ 『五山說林草藁』와 『五洲衍文長箋散稿』에는 두 구의 순서가 바뀌어 '休道騰鱗北海間。莫言今日錦衣還。'으로 되어 있다.

정명국사[259] 임종게
靜明臨終偈

반달이 뜨고 흰 구름 뜬 가을날	半輪明月白雲秋
어디에서 바람은 냇물 소리 보내오나	風送泉聲何處是
시방의 무량광 부처님 세계에서	十方無量光佛刹
미래가 다하도록 불사를 하리라	盡是來際作佛事

달마사를 보내며 【태고】
送達摩思【太古】

서천의 참된 불자여	西天眞佛子
몸이 백운과 더불어 한가로워졌으니	身與白雲間[1)]
이르노라 이제 돌아가면 산과 물들이	寄語山山水
틀림없이 반가운 눈을 뜨고 보리라	須開靑眼看

---

1) 영 『太古和尙語錄』에 따르면 '間'은 '閑'이다.

일본 승려 지성에게 보이다[태고]
示日僧知性【太古】

밝은 해가 부상[260]에 떠오르니 　　　　　白日出扶桑
청컨대 그대는 이를 보라 　　　　　　　　請君須見當
보는 성품을 돌이켜 보면 　　　　　　　　反觀明明了
다리 아래가 곧 보리도량이라네 　　　　　脚下卽是菩提場

일본 승려 석 옹에게 보이다【태고】
示日僧石翁【太古】

나는 이러함을 부쳐 주었고	吾以恁麽寄
스님은 이러히 통하였어라	師亦恁麽通
나는 진실로 얻고 잃음 없으니	吾誠無得失
스님인들 어찌 공효가 있으랴	師豈有爲功
해동에는 산악들이 빼어나고	海東山岳秀
부상에는 해가 붉게 뜨는 것을	扶桑一點紅
가련하여 눈 속에 섰던 이는	可憐¹⁾立雪子
거의 가풍을 잃을 뻔했구나²⁶¹	幾乎喪家風

---

1) ㉮ '隣'은 '憐'인 듯하다.

웅선자를 보내며 [태고]
送雄禪子 【太古】

일본에는 솔바람이 시원하고   日本松風爽
신라에는 달빛이 유달리 밝아라   新羅月色多
만약 남방에 가서 가을을 만나거든   若遇南方三秋節
남들을 위해 무릉가[262]를 노래하시라   爲人唱和武陵歌

신돈이 주살됨을 보고 【이달충】
見辛旽誅 【李達衷[1]】

여우가 범의 위엄 빌리니[263] 곰들도 두려워 떨고　　威能假虎熊羆慴
교태를 부려 남자로 변하니 여인들이 줄줄 따랐지　　媚或爲男婦女趍
누른 개와 보라매는 특히 싫어하였는데[264]　　　　黃豹[2]蒼鷹尤所惡
오골계와 백마는 왜 죄 없이 죽어야 했던가[265]　　烏鷄白馬是何辜

---

1) 옮 '衷'는 '衷'의 오기이다.
2) 옮 『東文選』에 따르면 '豹'는 '狗'이다.

쌍계루 시에 차운하다 [포은 정몽주]
次雙溪樓【鄭圃隱】

시를 요청하는 백암사 승려를 이제 만나	求詩今見白嵒僧
붓을 쥐고 오래도록 짓지 못해 부끄러워라	把筆沈吟愧不能
청수²⁶⁶가 누각 세웠으니 이름이 당초에 무거웠고	淸叟起樓名始重
목 공²⁶⁷이 기문을 지었으니 가치가 더욱 높아라	牧翁作記價還增
풍광은 아스라한데 저무는 산 붉게 물들었고	烟光縹緲暮山紫
달그림자 배회하는 곳에 가을 물은 맑아라	月影徘徊秋欲¹⁾澄
오래도록 인간 세상에서 번뇌에 시달렸으니	久向人間憂²⁾熱惱
언제나 옷깃 떨치고²⁶⁸ 그대와 이 누각에 오를꼬	拂衣何日共君登

---

1) 㽄『圃隱集』에 따르면 '欲'은 '水'이다.
2) 㽄『圃隱集』에 따르면 '憂'는 '煩'이다.

사세종대왕석서권[269] 【천봉 만우】
謝世宗大王石書券【千峯卍雨】

저하의 수중에 든 두루마리는	邸下手中券
인간 세상에서 더없는 보배이니	人間席上珎
이 좋은 서화를 장정한 것을	粧䌽書畫妙
펼쳐 감상하며 아침을 보낸다오	披味送淸晨

골짜기 어귀엔 비가 막 개고	谷口雨初霽
산마루에는 안개가 피어오르려네	山頭霧欲生
얼마나 많은 화류의 거리에서	幾多花柳巷
풍악 울려 태평을 구가했던가	歌吹樂昇平

나무 끝에는 해가 높직이 떴는데	樹梢竿一日
강가에는 서너 채 민가가 있구나	江干數口家
멀리 풍편風便에 늙은 어부에게 묻노니	因風問漁叟
그대는 혹여 강태공이 아니시오	莫是太公耶

엷은 안개는 깊은 골짜기에 걸쳤고	淡烟橫絶壑
기우는 석양은 빈 뜰에 비추누나	斜日照空庭
종소리가 숲 저편에서 나오니	鐘磬出林表
스님은 아마도 독경하는가 봐	闍梨應念經

천 리 밖에 순챗국이 맛있기에	千里蓴方美
동오의 나그네는 몹시도 바쁜가 봐[270]	東吳客太忙
배를 끌고 갈대숲 속으로 가는데	挐舟葦間去

소슬한 삭풍만 길게 부는구나 　　　　　　　　　　蕭瑟朔風長

하룻밤 내내 상강엔 비 내리고 　　　　　　　　　　一夜湘江雨
석 달 가을에 초객271의 마음이라 　　　　　　　　　三秋楚客心
마음은 아마도 대궐을 그리워하나 봐 　　　　　　　　心應懸魏闕
밤새도록 구슬픈 노래 울려 퍼지네 　　　　　　　　　通昔動哀音

달빛은 비길 데 없이 맑고 　　　　　　　　　　　　月色淸無比
호수 빛은 맑게 흐르지 않네 　　　　　　　　　　　湖光湛不流
시인은 하염없는 상념에 잠기노니 　　　　　　　　　騷人意何恨1)
단풍잎은 한창 가을을 뽐내누나 　　　　　　　　　　楓葉政矜秋

강가를 둘러 백사장이 펼쳐졌고 　　　　　　　　　　繞岸沙平布
철 따라 기러기는 다시 날아오는데 　　　　　　　　　隨陽鴈欲來
서로 부르면서 예양을 지키니 　　　　　　　　　　　相呼遵禮讓
세상 사람들이 공경할 바로세 　　　　　　　　　　　人世所欽欤

끊어진 벼랑에 구름은 포구 감싸고 　　　　　　　　　斷崖雲籠浦
흩어진 산들엔 눈이 숲에 가득해라 　　　　　　　　　殘山雪滿林
강 하늘엔 저물녘 경치 많으니 　　　　　　　　　　　江天多暝景
상상하며 나도 흥을 금치 못하겠네 　　　　　　　　　想像興難禁

시는 소리 있는 그림이니 　　　　　　　　　　　　詩是有聲畵
이 글들은 광염이 멀리 뻗치리272 　　　　　　　　　斯文光焰長
안타깝게도 속초273하는 나는 　　　　　　　　　　　差差2)續貂客
구절마다 문장을 이루지 못하네 　　　　　　　　　　白白3)不成章

1) 역 〈匪懈堂瀟湘八景詩帖〉에 따르면 '恨'은 '限'이다.
2) 역 〈匪懈堂瀟湘八景詩帖〉에 따르면 '差差'는 '嗟嗟'이다.
3) 역 〈匪懈堂瀟湘八景詩帖〉에 따르면 '白白'은 '句句'이다.

조계산 천봉의 시에 차운하다 [유방선]
次曹溪千峯【柳方善】

흥천사에 주석하고 계시는 스님	卓錫興天寺
선가의 법통을 이어 온 후손이라	禪家奕葉[1]孫
군왕도 예모를 각별히 갖추시고	君王加禮貌
경상이 문안을 삼가 드리네	卿相謹寒暄
조계의 학문[274]을 일찍 통달했고	早透曹溪學
궐리의 말씀[275]을 아울러 탐구했으니	兼探闕里言
시를 잘 지어 과녁을 뚫었고[276]	詩工曾破的
설법을 할 때면 근원을 밝혔네	說法每逢源
가슴속은 장강의 물결처럼 드넓고	胸次長江濶
문장은 맑은 이슬이 맺힌 듯	詞華湛露繁
도은과 나란히 말을 달리고[277]	齊驅陶隱駕
환암의 문하에 넉넉히 들어가서	優入幻庵門
불문에 명성이 갈수록 알려지고	釋苑名邇重
유림에도 인망이 더욱 높았어라	儒林望更尊
달 가리키는 손가락 이미 잊었거니	已能遺月指
어찌 다시 정의 깃발을 다투리오[278]	肯復鬪風幡
적멸이 스님의 즐거움이 되거늘[279]	寂靜爲師樂
분주하느라 나의 본성을 잃었네	奔馳喪我存
쥐가 침노하여 칡넝쿨 끊기려 하고[280]	鼠侵藤欲斷
양이 짓밟아 채소가 자라지 못하네[281]	羊踏菜難蕃
내 정진의 공부는 비록 늦었지만	精進功雖晩
귀의할 뜻만은 절로 돈독하다오	歸依意自敦
눈은 거울에 비친 형상을 여의려 하건만	眼思離鏡象

몸은 속세에 묶여 있으니 부끄러워라	身愧縛塵喧
옥대를 넘겨주는 것 어찌 싫어하랴²⁸²	玉帶寧嫌重²⁾
금비²⁸³를 잡을 수 있길 바라노니²⁸⁴	金錍庶可援

---

1) ㈂ 『東文選』에 따르면 '葉'은 '世'이다.
2) ㈂ 『東文選』에 따르면 '重'은 '賭'이다.

일본 승려 문계에게 보이다[285]【천봉 만우】
示日僧文溪[1]【千峯】

수국의 옛 정신[286]이니	水國古精神
쇄연한 무위의 사람[287]이로다	灑然無位人
화치[288]는 응당 절로 그쳤을 터	火馳應自息
시립[289]하고 있으니 다시 누구와 친하랴	柴立更誰親
풍악에선 구름이 나막신 아래에서 일었고[290]	楓岳雲生屐
분성[291]에서는 달빛이 성문에 가득하도다	盆城月滿闉[2]
바람 맞은 돛배는 넓은 바다에 떠가고	風帆海天濶
고향에는 매화와 버들에 봄이 왔으리	梅柳故園春

---

1) ㉤『慵齋叢話』에 따르면 '漢'은 '溪'이다.
2) ㉤『慵齋叢話』에 따르면 '闉'은 '闇'이다.

자규루에 제하다 【단종대왕】
題子規樓【端宗大王】

원통한 새 한 마리 궁중에서 나온 뒤로	一自寃禽出帝宮
홀몸 외로운 그림자 푸른 산을 떠돌았지	孤身隻影碧山中
밤마다 잠을 청해도 잠들 길이 없고	假眠夜夜眠無假
해마다 한을 끝내려 해도 한은 끝없어라	窮恨年年恨不窮
새벽 산에 울음 끊어질 제 새벽달이 희고	聲斷曉岑殘月白
봄 골짝에 피 토하니 붉은 꽃이 떨어지네	血流春谷落花紅
하늘은 귀먹어 애달픈 호소 못 듣거늘	天聾尙未聞哀訴
어이하여 서러운 이 몸만 홀로 귀가 밝은고	何奈愁人耳獨聰

또 같은 제목 【단종대왕】
又 【端宗大王】

달 밝은 밤에 자규새 홀로 울 제	白月夜蜀魂啾
시름겨운 마음으로 누각에 앉았노라	含愁情倚樓頭
네 울음 슬프니 내 듣기 괴롭구나	爾啼悲我聞苦[1]
네 소리 없으면 내 시름 없을 것을	爾無聲我無愁
이르노니 세상의 괴로운 이들이여	寄語人間[2]苦勞人
춘삼월 자규루엘랑 부디 오르지 마오	愼莫登春三月子規樓

---

1) ㉠ 이 구는 다른 본에는 "네 소리 괴로우니 내 마음 슬프구나.(爾聲苦我心悲)"로 되어 있다.
2) ㉠ '人間'은 『燃藜室記述』에는 '世上'으로 되어 있다.

학궁의 벽에 제하다【문성공 안향】
題學宮壁【文成公文[1]珦】

향 피우고 등불 밝혀 곳곳마다 부처에 기도하고	書[2]燈處處皆祈佛
통소와 피리 불어 대며 집집마다 귀신에게 굿하건만	絲[3]管家家盡禮神
유독 한 칸 공자를 모신 사당에는	獨有一間夫子廟
뜰에 가득 봄풀만 무성하고 인적조차 없어라	滿庭春草寂無人

---

1) ㉮ '文'은 '安'인 듯하다.
2) ㉡ 『燃藜室記述』에 따르면 '書'는 '香'이다.
3) ㉡ 『燃藜室記述』에 따르면 '絲'는 '簫'이다.

태종대왕께 답하다【조한룡²⁹²】
答太宗大王【曹漢龍】

인간 세상에 귀양 온 지 여든 해	謫下人間八十秋
무정한 백발이 머리에 가득하다오	無情白髮已盈頭
건곤은 한계가 있건만 내 집은 어디인가	乾坤有恨¹⁾家何在
일월에 광휘가 나서 세상은 다시 태평해졌네	日月生輝世更休
동쪽으로 재 넘어가면 보이는 것마다 슬프고	東出嶺邊皆觸感
남쪽으로 호숫가에 돌아오니 시름이 사라지누나	南歸湖上定消愁
군왕께서는 승려 생활이 고되다 말하지 마오	君王莫道爲僧苦
불초한 이 외로운 신하는 머리털 남기지 않으려오	不肖孤臣髮不留

---

1) ㉠『昌寧曺氏五龍事蹟記』에 따르면 '恨'은 '限'이다.

조한룡에게 보이다 [서견]
示曺漢龍 【徐甄】

아스라이 멀리 있는 천년 도읍에는	千載神都隔渺茫
충성스런 신하들이 밝으신 군왕 보좌하네	忠良濟濟佐明王
삼한을 통일한 공로는 어디에 있는가	統三爲一功安在
전조의 왕업이 길지 못한 것을 한탄하노라	只恨前朝業不長

서견에게 답하다 【조한룡】
答徐甄【曺漢龍】

천시와 인사 모두 알 수 없으니	天時人事兩茫茫
다시 어느 곳에서 군왕을 배알할거나	更向那邊拜聖王
이곳에는 아취가 적다 말하지 마오	莫道此間眞趣寡
산은 곳곳마다 높고 물소리 늘 들리나니	山高處處水聲長

회고의 심정을 스스로 기술하다[293]【조한룡】
自述懷古【曺漢龍】

천년 왕업이 하루아침에 티끌이 되니	千年王業一朝塵
백발의 외로운 신하는 눈물로 수건 적신다오	白首孤臣淚滿巾
묻노니 수양산은 그 어느 곳에 있는고	借問首陽何處在
토함산의 밝은 달만 절로 친근할 뿐일세	吐含明月自相親

인조대왕이 강화도로 옮겨 갈 때 【허백 명조】
仁祖大王移遷江華時【虛白明照】

성상의 행차 서쪽으로 강화도로 가시니	金鑾西幸江華島
천년 왕업이 하루아침에 망하고 말았네	千載王基一朝空
백만의 신하들은 길가에서 슬퍼하고	百萬阿衡悲路側
삼천의 궁녀들은 도중에서 우는구나	三千宮女泣途中
전운은 폈다 그쳤다 시름은 다하지 않는데	陣雲敍捲愁無盡
뿔피리 소리 높았다 낮았다 한은 끝없어라	角貝高低恨不窮
원컨대 용천검을 가지고 적들을 베어 죽여	願抱龍泉誅賊藪
성상께서 다시금 대궐로 돌아오시게 하고저	宸衿回復大明宮

안주에서 큰 전투를 벌일 때 【허백 명조】
安州大戰時【虛白明照】

논설이 날아와 의병을 모집하니	論說飛來募義兵
장정을 규합하여 사천 명을 모았어라	壯丁糾合四千名
강가에는 보이느니 깃발 색채뿐	江邊只見旌旗色
성 위에는 들리느니 격문 소리뿐	城上唯聞羽檄聲
죽어 골짜기에 뒹군들 누가 한탄하랴	溝壑塡委誰最恨
길에서 낭패하여 나는 몹시 놀랐어라	道途狼貝我深驚
백상루[294] 아래 흐르는 맑은 시냇물은	百祥樓下淸川水
늘 슬픔을 띠고 밤새도록 우는구나	長帶餘悲徹夜鳴

대장의 인수를 받고 【허백 명조】
受大將印綬【虛白明照】

동자 때 머리 깎고 산속에 들어왔더니	髫年薙髮入雲扃
원수가 공문을 보내 전장에 나가라 하네	元帥璽書趣利聲
몸을 보전하고 이름을 날려 효의를 지키고	全體揚名全孝義
백성 편안케 하고 나라 보존함에 충정이 간절해라	安民保國切忠情
비록 산림에 들어가 도를 닦진 못하지만	然雖[1]不作山林客
또한 부처님의 청정한 계행은 바꾸기 어려워라	也是難悛佛淨行
어느 날에나 손으로 창해의 물을 다 기울여	何日手傾滄海水
참된 중의 대장이란 이름을 한 번 씻을거나	一洗眞僧大將名

---

1) ㉠『虛白集』에 따르면 '然雖'는 '雖然'이다.

변방의 보고가 들어와 군사를 점고하는 것을 보고【허백 명조】
見外報點軍【虛白明照】

격문이 성화처럼 빠르게 전달해 오니	羽檄轉¹⁾馳星火速
승병을 모집하는 일이 차례로 시행되네	義僧招集次第行
긴 깃발 그림자는 산악을 뒤집겠고	長旗幟影掀山岳
짧은 뿔피리 소리는 강성을 흔들겠어라	短角貝聲動水²⁾城
군사 조련이 구십 일 동안 이어지고	精鍊習操連九旬
순라군 딱따기 소리 삼경을 지나누나	巡邏木鐸過三更
삽혈하며 함께 맹세하고 보검을 뽑노니	同盟歃血抽寶釖
오랑캐 군사 죄다 베어 성은에 보답하리	斬盡胡兵報聖明

---

1) 옙『虛白集』에 따르면 '轉'은 '傳'이다.
2) 옙『虛白集』에 따르면 '水'는 '江'이다.

선비화[295]를 예찬하다【이퇴계】
贊仙扉花【李退溪】

옥을 뽑은 듯한 줄기들 곧게 절 문 앞에 섰는데	琢[1]玉亭亭[2]倚寺門
승려들은 석장을 꽂은 것이 신령한 뿌리 내렸다 하네[296]	僧言卓錫化靈根
지팡이 위에 본래 조계의 물이 있어	杖頭自有曹溪水
건곤이 내리는 우로의 은택 빌리지 않았어라	不借乾坤雨露恩

---

1) ㉭ '琢'은 『梓鄕誌』・『栢潭集』・『陽谷集』에는 '擢'으로 되어 있고, 『澹人集』에는 '攢'으로 되어 있다. 번역은 『梓鄕誌』등을 따른다.
2) ㉭ '亭亭'은 『梓鄕誌』・『栢潭集』・『陽谷集』에는 '森森'으로 되어 있고, 『澹人集』에는 '亭亭'으로 되어 있다.

선비화 시에 차운하다 【허백당 명조】
次仙扉花韻【虛白堂明照】

표연히 해서의 문에 노닐다가	飄然遊戱海西門
석장을 잡고 돌아와 여기에 심었어라	執錫還歸卓此根
겁외의 봄바람에 꽃이 난만히 피었나니	劫外春風花爛熳
어찌 천지가 길러 준 은택 때문이리오	何緣天地養生恩

또 같은 제목 【허백 명조】
又【虛白明照】

겁외의 봄바람이 산문에 불어오니　　　劫外春風吹寺門
한 가지 선비화는 본래 뿌리 없어라　　　一枝仙扉本無根
잘 자라다 말라 죽어 사람을 슬프게 하는데　榮生枯死令人惑
꺾은 가지 도로 자라 불은에 보답하였구나　折取還長報佛恩

조계산 목우자의 마른 향나무 지팡이 시에 차운하다 【허백 명조】
次曹溪牧牛子枯香杖【虛白明照】

아득한 옛날 일을 생각하니	緬思當世事
교화가 사방에 미쳐 태평하던 시절	風化四方垂
향나무는 삶과 죽음을 같이하고	香樹同生死
뜬구름은 떠나고 머묾을 함께했어라	浮雲共去留
아름다운 광휘는 천추에 무겁고	休光千載重
밝은 덕은 만고에 넉넉하구나	明德萬年優
참된 모습은 지금 어디에 있는고	眞相今何在
조계의 물은 오열하며 흐르지 않네	曹溪咽不流

혜공 스님[297]을 예찬하다 【허백 명조】
贊惠空師【虛白明照】

들판을 맘껏 다니다가 침상에 눕기도 하고	草原縱獵床頭臥
술집에서 크게 노래하다 우물 아래 잠자기도 했지	酒肆狂歌井底眠
신발 한 짝 남기고 허공에 떠서 어디로 갔는가	隻履浮空何處去
한 짝 신발 진중하기가 불 속에 핀 연꽃 같아라	一雙珍重火中蓮

보감국사의 게송
寶鑑國師偈

가시숲 속에 발을 디디고	荊棘林中下脚
창칼이 모인 속에 몸을 감춘다	干戈叢裡藏身
흰 구름 끊어진 곳에 청산인데	白雲斷處是靑山
행인은 다시 청산 밖에 있어라	行人更在靑山外

원응국사의 게송
圓應國師偈

오음의 구름 한 조각이   五陰雲一片
흩어져 다해 남김없이 사라지니   散滅盡無餘
오직 둥근 달 하나만 있어   唯有孤輪月
맑은 빛이 허공을 다 덮는구나   淸光覆太虛

허백당 임종게
虛白堂終偈

겁이 다해 삼계가 불타니	刼盡燒三界
신령한 마음만 만고에 밝아라	靈心萬古明
진흙 소는 달빛을 갈고	泥牛耕月色
나무 말은 바람 속에 울부짖누나	木馬掣風聲[1]

---

1) ㉠ 『虛白集』에 따르면 '聲'은 '光'이다.

법준에게 보이는 게송【벽송 대사】
示法俊偈【碧松大師】

그대를 만나 막야검을 주노니	逢君曾¹⁾與莫耶釖
칼날에 이끼가 끼지 않도록 하라	勿使鋒鋩生綠苔
오온산 안에서 도적을 만나거든	五蘊山中如見賊
한 번 휘둘러 낱낱이 베어 버리게	一揮能斬箇箇來

---

1) ㉅ 『碧松堂埜老頌』에 따르면 '曾'은 '贈'이다.

경성 선화자에게 보이다 [벽송 대사]
示敬聖禪和子【碧松大師】

바람은 솔솔 불고 달빛은 밝으며	風颼颼月皎皎
구름은 뭉게뭉게 물은 졸졸 흐르네	雲冪冪水潺潺
이 중의 일을 알고자 할진댄	欲識這個事
모름지기 조사관을 참구해야 하리	須叅祖師關

부용 스님 임종게
芙蓉師終偈

여든을 넘긴 나이 허공 꽃과 같으니	年逾八十似空花
아득한 지난 일들 눈 속의 헛꽃이어라	往事悠悠亦眼花
다리가 문을 넘기도 전에 본원에 돌아가니	脚未跨門還本源
고향 동산에 복사꽃 오얏꽃이 벌써 피었구나	故園桃李已開花

금강산을 노닐며【부용당】
遊金剛山【芙蓉堂】

오랜 세월 하염없이 소림을 생각하며　　　　　空費悠悠憶少林
그럭저럭 오늘에 이르러 머리털이 쇠었네　　　因循衰鬂到如今
비야에서는 그 옛날 아무 말이 없었고[298]　　毘耶昔日無聲臭
마갈에는 그 당시 소리가 끊어졌어라[299]　　　摩竭當年絶響音
나무 그루터기처럼 하여 분별하는 뜻을 막고　似杭[1]能防分別意
바보처럼 해야 반드시 시비의 마음을 막으리　如癡必御[2]是非心
짐짓 망령된 생각일랑 산 밖에 날려 보내고　　故將妄計飛山外
종일 상념을 잊은 채 푸른 산을 마주하노라　　終日忘機對碧岑

---
1) ㉂『曹溪高僧傳』에 따르면 '杭'은 '杌'이다.
2) ㉂『曹溪高僧傳』에 따르면 '御'는 '禦'이다.

실을 보시한 사람을 예찬하다[300] 【부용당】
贊施縷者【芙蓉堂】

보시하고서 미색과 재물 구하지 않고	行施不求妙色財
천상과 인간 세상에 나길 바라지도 않고	亦不願感天人趣
위없이 수승한 보리를 구하였으니	爲求無上勝菩提
미미한 보시를 하고 큰 과보를 얻었어라	施微而獲求大果

경성[301]이 자성을 깨닫다[302]
敬聖悟性

조주의 칼날이 드러난 검이요	趙州露刃劒
서릿발 같은 광채가 번득이도다	寒霜光燄燦
무어라 물으려 했다 하면	擬議問如何
몸뚱이가 두 동강 나고 말리라	分身作兩段

조계 동방장【경성】
曹溪東方丈【敬聖】

한 자루 솔잎과 한 병의 물 가지고	一囊松葉一瓶水
세상 인연에 흔들리지 않고 이 방에 누웠네	不動諸緣卧此房
우스워라 옛사람은 불조를 삶아 먹었거늘	堪笑昔人烹佛祖
소리 듣고 색을 본들 어찌 걸릴 게 있으랴	聞¹⁾見色有何妨

---
1) 囵 '聞' 뒤에 '聲'이 누락된 듯하다.

경성 임종게
敬聖臨終偈

여든 인간 세상 목숨이	八十人間命
번갯불처럼 빨리 지나갔네	迅如一電光
떠나면서 문득 눈을 떠 보니	臨行忽擧目
활로가 바로 고향이로세	活路是家鄉

경성의 임종 때 참언[303]
敬聖臨終讖曰

홑옷을 전해야 할 빚이 있으니[304]	單衣有債
나무 사람이 푸른빛을 다투네[305]	木人爭靑
다리가 없는 것이 아니요[306]	不是無脛
남쪽 바다로부터 오리라	自來南溟

비로봉에 올라 【청허 대사】
登毘爐峰 【清虛大師】

만국의 도성들은 개미집 같고	萬國都城如垤蟻
천가의 호걸들은 초파리와 같아라	千家豪傑若醯鷄
창에 가득한 달빛을 베고 누우니	一窓明月清虛枕
무한한 솔바람 소리 곡조도 많구나	無限松風韵不齊

선조의 묵죽【청허 대사】
宣廟墨竹【淸虛大師】

소상의 한 가닥 대나무307가	瀟湘一枝竹
우리 임금님 붓끝에서 나왔어라	聖¹⁾筆頭生
산승이 향을 사르는 곳에	山僧香爇處
잎새마다 가을 소리 띠었구나	葉葉帶秋聲

---

1) ㉑ '聖' 뒤에 '主'가 누락된 듯하다.

삼몽자【청허 대사】
三夢字【淸虛大師】

주인은 손님에게 제 꿈 얘기하고	主人夢說客
손님은 주인에게 제 꿈 얘기하네	客夢說主人
지금 꿈 얘기하는 두 사람도	今說二夢客
역시 꿈속의 사람인 것을	亦是夢中人

낮에 닭 울음소리를 듣고 【청허 대사】
聞午鷄聲 【淸虛大師】

머리털 희어도 마음은 희지 않다고	髮白心非白
옛사람이 일찍이 누설하였지	古人曾漏洩
이제 닭 울음소리를 듣고	今聞一聲鷄
장부의 할 일을 다 마쳤어라	丈夫能事畢

이 상국에게 답하다[308] 【부휴 대사】
答李相國【浮休大師】

객지에서 다시 객을 만나	客裡還逢客
회포를 얘기하노라니 해가 뉘엿뉘엿	談懷日欲傾
마음이 한가로워 세상을 벗어났고	心閒能外事[1]
나이가 늙어서 이미 육신을 잊었노라	年老已忘形
도업道業을 연마하니 속연이 고요해지고	磨業塵緣靜
정신을 모으니 도안이 밝아지누나	凝神道眼明
상상하노니 늘 가부좌 틀고 앉아	想知常宴坐
자신의 마음을 스스로 반조하는 줄을	返照自心經

---

1) ㉠『浮休集』에 따르면 '事'는 '世'이다.

부휴 임종게
浮休臨終偈

일흔세 해 동안 덧없는 세상에 노닐다가　　　七十三年遊幻海
오늘 아침 육신을 벗어나 근원으로 돌아가네　　今朝脫殼返初源
툭 틔어 성품도 없고 본래 물건도 없으니　　　廓然無性本無物
보리와 생사의 뿌리인들 어찌 있으리오　　　　何有菩提生死根

영조가 묘적암에서 창화하다[309]
靈照在妙[1]庵唱和

그윽한 곳을 얻어 집을 지으니	占得幽居地
소나무 울창한 산 위의 암자여라	萬松嶺上庵
선정에 들어서 불이의 진리를 보고	入禪看不二
도를 찾아 기쁘게도 삼학三學을 이뤘건만	探道喜成三
옥을 캐는 사람 그 누가 찾아오나	采玉人誰到
꽃을 머금은 새들만 지저귀누나	含花鳥自喃
한가로워 아무 일도 없으니	蕭然無外事
오로지 법문만을 참구하노라	一味法門叅

---

1) ㉮ '妙' 뒤에 '寂'이 누락되었다.

영희가 창화하다
靈熙唱和

환희령에 구름이 걷히니	雲收歡喜嶺
노송암에 달이 비쳐 드누나	月入老松庵
지혜의 검을 천만 번 단련하고	慧釰精千萬
마음의 근원을 재삼 씻었노라	心源蕩再三
골짜기 안에 봄은 적적한데	洞天春寂寂
산새는 새벽에 지저귀누나	山鳥曉喃喃
우리 모두 무생의 즐거움 지녔으니	感[1]佩無生樂
현묘한 관문을 참구할 필요 없어라	玄關不用參

---

1) 영 『暎虛集』에 따르면 '感'은 '咸'이다.

부설이 화답하다
浮雪答和

적과 공을 다 버리는 법[310]을 함께 가지고서　　共把寂空雙去法
구름과 학을 벗하여 작은 암자에 사노라　　　同棲雲鶴一間庵
이미 불이를 알아 무이로 돌아갔거늘　　　　已知不二終[1]無二
그 누가 전삼삼과 후삼삼[311]을 묻는가　　　誰問前三與後三
고요한 가운데 고운 꽃을 한가로이 보고　　　閒看靜中花艶艶
창밖에 지저귀는 새소리 아랑곳하지 않노라　任他窗外鳥喃喃
곧바로 여래의 경지에 들어갈 수 있거늘　　　能令直入如來地
무엇하러 구구히 오래 참구할 필요 있으랴　　何用區區久歷叅

---

1) 역『暎虛集』에 따르면 '終'은 '歸'이다.

또 영조가 읊다
又靈照吟

지혜만 있으면 공견을 이루고	單¹⁾智成空見
자비만 있으면 애연에 빠지고 말지³¹²	偏悲涉愛緣
지혜와 자비를 함께 수행하면 늘 즐거워	雙行常合²⁾矣
한 도가 절로 천연스러워지네	一道自天然
달이 옮겨 감은 구름이 달리기 때문이요	月運因雲馳
바람이 붊은 나부끼는 깃발에서 알겠네	風飄識幡懸
간장검이 내 손에 쥐어져 있다면	干將如在手
무엇하러 여색을 위해 머물러 있으랴³¹³	安爲色留連

---

1) ㉭ 『暎虛集』에 따르면 '單'은 '但'이다.
2) ㉭ 『暎虛集』에 따르면 '合'은 '樂'이다.

또 영희가 읊다
又靈熙吟

한 삼태기 흙이면 대를 이루련만	一簣成垓力
구고에서 발돋움하여 기다리는 인연[314]	九皐翹足緣
수행은 대나무 쪼개듯이 해야 하고	修行破竹矣
득도는 채찍질하는 듯이 해야 하건만	得道着鞭然
삼생의 얽힌 인연을 벗어나지 못해	未免三生累
일념이 구무원의 집에 매달리고 말았구려	寃家一念懸
훗날 쏟은 물을 도로 병에 담아서	他年瓶返水
뒤늦게나마 우리 함께 수행하게 되길	追後跡相連

또 부설이 답하다
又浮雪答

깨우침은 평등을 좇아 평등 없음을 행하고　　悟從平等行無等
깨달음은 인연 없으나 인연 있는 이 제도하지　覺契無緣度有緣
참된 마음에 맡겨 세상을 살면 마음이 넓고　　處世任眞心廣矣
속가에서도 도를 이루면 몸이 느긋해지느니³¹⁵　在家成道體胖然
둥근 구슬이 손 안에 있으매 붉고 푸른 빛　　圓珠握掌丹靑別
나타나고
밝은 거울이 서 있으니 오랑캐 한족이 저마다　明鏡當坮胡漢懸
비치네³¹⁶
색채와 소리에 걸림이 없음을 안다면　　　　認得色聲無罣碍
굳이 산골에서 장련상³¹⁷【평상의 이름】 위에 앉을　不須山谷坐長連【床名】
필요 없으리

등운 임종게 【등운은 부설 거사의 아들이다.】
登雲終偈 【浮雪子】

삼생의 덧없는 꿈을 깨니	覺破三生夢
이 몸이 구품연대³¹⁸에 노니노라	身遊九品蓮
바람 잠잠하니 지혜 바다 맑고	風潛淸智海
달이 떠오르니 가을 하늘 시원해라	月上冷秋天
연로에는 신선의 음악이 가득하고	輦路盈仙樂
요지에서 불법의 배를 타노라	瑤池駕法船
반야의 삼매가 이제 익었으니	般舟[1]三昧熟
편안히 서방 극락으로 가노라	極樂去怡然

---

1) ㉎『暎虛集』에 따르면 '舟'는 '若'이다.

『원각경』을 예찬하다【함허】
贊圓覺【涵虛】

깊고도 오묘한 법 오묘해 설하기 어려운데　　甚深妙法妙難宣
눈을 드니 분명하여 이미 앞에 나타났어라　　擧目分明已現前
한 제목이 한 글자도 없다는 것을 안다면　　若了一題無一字
다시 경전을 보며 글을 읽을 필요 있으랴　　看經何更逐言詮

또 같은 제목【함허】
又【涵虛】

광명장[319] 안에는 범부와 성인 원융하고 光明藏裡融凡聖
평등회 중에서 화신化身의 몸 나투셨어라 平等會中現化儀
한마디도 안 해도 소리가 땅을 진동하고 不下一言聲振地
말을 하여도 끝내 전기를 드러내지 않으시네[320] 發言終不露全機

석종[321]에 유골을 안치하며 【함허】
安骨石鐘 【涵虛】

찰해와 터럭 구멍이 원래 걸림이 없나니[322]	刹海毛孔元無碍
겨자씨 안에 수미산을 넣은들 무에 어려우랴	芥納須彌有甚難
무봉탑[323] 모양이 지금까지도 남아 있으니	無縫塔樣今猶在
굳이 밖으로 부질없이 찾을 필요 없어라	不須向外空尋覔
한번 이 석종을 이 산에 안치한 뒤로는	一自鐘鎭此山後
이 산과 이 석종이 서로 지음이 되리	山與此鐘作知音
설령 산이 거꾸려져 평지가 된다 하여도	直饒山倒爲平埊
이 땅과 이 종은 길이 없어지지 않으리	此地此鐘應不泯

출가하여 스스로 깨닫다【함허】
出家自悟【涵虛】

평소 정주[324]가 불법 헐뜯는 말을 듣고서	素聞經史程朱毁
불법이 옳은지 그른지를 알지 못하였는데	未識浮圖是與非
반복해 깊이 생각해 본 지 오랜 뒤에야	反覆潛思年已遠
비로소 참된 보배임을 알아 귀의하노라	始知眞寶却歸依

함허의 행장기【문인 야부】
涵虛行狀記【門人埜夫】

법유325의 은혜 깊어 하늘처럼 넓고 크건만　　　　法乳恩深天廣大
슬프도다 스승님의 은혜에 보답할 힘이 없구나　　哀哉無力報先師
붓으로 덕을 기록하는 것은 참으로 아이 장난　　　毛錐記德眞兒戲
만세토록 사람마다 구비326로 길이 전하리　　　　萬歲人人口是碑

홍준 대사를 청하다 【정수암에 주석하였다. 『함허집』】
請弘俊大師【住淨水庵狀[1]。涵虛集。】

마니산은 해동의 외딴 섬에 있는데	摩利爲山絶海東
암자가 바다 굽어보며 푸른 하늘 누른다[327]	有庵臨海壓蒼穹
한 헌함 앞에 풍월은 천 봉우리 안이요	一軒風月千峯裡
천 리에 펼쳐진 강산은 한 시야 안이로세	千里江山一望中
눈에 빛나는 뛰어난 경관이 여덟 가지뿐이랴[328]	煥目奇觀奚啻入[2]
가슴을 여는 좋은 경치 아득히 끝이 없는 것을	開懷勝景渺無窮
옛날의 여산이 상대가 될 만하니	當年廬岳堪爲對
청컨대 그대 이곳에서 원공을 이으시길[329]	請子於焉繼遠公

---

1) 옝 '狀'은 연자衍字이다.
2) 옝 『涵虛堂得通和尙語錄』에 따르면 '入'은 '八'이다.

이 상국이 부채를 주신 데 화답하다 『함허집』
答李相國惠扇子【涵虛集】

속세 인연 다 흩어 버리고 마음껏 노니니	散盡塵緣任意遊
물과 하늘 공활한데 세월은 흘러가누나	水天空濶歲華流
고마워라 이내 정황을 헤아려 주시어	多君料得吾家味
더운 날씨를 씻어 주니 서늘한 가을일세	寫出炎天便是秋

박 상사의 초당에 올리다 『청허당집』
上朴上舍草[1] 【淸虛集】

뜬구름 같은 부귀[330]에 뜻을 두지 않노니	浮雲富貴非留意
달팽이 뿔 위의 공명[331]에 어찌 욕심을 내랴	蝸角功名豈染情
쾌청한 봄날에 한숨 잘 자고 나서	春日快晴春睡足
온갖 소리로 지저귀는 산새 소리를 듣노라	臥聽山鳥百般聲

---

1) ㉮『淸虛堂集』에 따르면 '草' 뒤에 '堂'이 누락되었다.

산사의 즐거움 【양녕대군】
題山寺樂【讓寧大君】

산 안개는 아침에 밥이 되고	山霞朝作飯
밝은 달은 밤에 등불이 되누나	明[1]月夜爲燈
외로운 암자 아래 홀로 자노니	獨宿孤嵓下
그나마 한 층 남은 탑은 있어라	猶[2]存一塔層

―――――――――

1) ㉠ '明'은 『燃藜室記述』에는 '蘿'로 되어 있다.
2) ㉠ '猶'는 『燃藜室記述』에는 '惟'로 되어 있다.

자신의 삶을 술회하여 읊다【이율곡 이름은 이珥이다.】
述懷自吟【李栗谷小名珥】

전생에는 틀림없이 김시습이요	前身定是金時習
금생에는 그만 가낭선[332]이 되었구나	今世仍爲賈浪仙
당초에 부모를 잃고 출가하여	初失怙恃出家子
스무 살에는 호를 의암이라 했다 한다[333]	二十號爲義庵云

이퇴계께 올리다 [율곡]
上李退溪【栗谷】

시내는 수사334의 물길 나누었고	溪分泗洙派
봉우리는 무이산335이 빼어났어라	峯秀武夷山
살림살이는 그저 경서 천 권이요	活計經千卷
생애는 겨우 초가집 두어 칸일세	生涯屋數間
가슴 속은 제월336처럼 열려 있고	衿懷開霽月
담소로 미친 물결 그치게 하네337	談笑止狂瀾
제가 온 것은 도를 듣고자 해서이니	小子求聞道
한나절 여가를 보내려는 게 아닙니다	非偸半日閒

진묵 스님이 자신에 대해 술회하다
震默自述

하늘은 이불, 땅은 요이고 산은 베개이며　　　天衾地席山爲枕
달은 촛불, 구름은 병풍이고 바다는 술동이　　月燭雲屏海作樽
크게 취하여 문득 일어나 춤을 추노라니　　　大醉遽[1]然因起舞
긴 소매가 곤륜산에 걸릴까 오히려 걱정일세　猶嫌長袖掛崑崙

---

1) ㉘ '遽'는 『東師列傳』에 '居'로 되어 있다.

낙천의 나한들에게 보이다[338]【진묵】
示樂川羅漢衆【震默】

영산의 어리석은 십육나한에게 이르노니 寄語[1]靈山十六愚
마을의 잿밥이나 즐김을 어느 때나 그만둘꼬 樂村齋飯幾時休
신통과 묘용은 비록 너희에게 못 미치지만 神通妙用雖不及
대도는 응당 이 늙은 비구에게 물어야 하리 大道應問老比丘

---

1) ㉠ '語'는 『震默祖師遺蹟考』에는 '汝'로 되어 있다.

호를 가지고 게송을 지어 달라고 청하기에[339]
【일본 승려 수윤에게】

以號求頌【日本壽允】

천 겹 푸른 산속이요	千重碧山裡
만 길 푸른 벼랑 가라	萬丈蒼崖邊
감도는 시내 흐르는 샘은 가늘게 오열하고	回溪流泉細鳴咽
깊은 숲에 갖가지 나무들만 속절없이 무성해라	深林襍樹空芊綿
그 가운데 작은 암자가 없는 듯이 있으니	中有小庵若無有
조석으로 임금을 축수하는 향 연기만 보일 뿐	朝晡但見祝君烟
그 누가 주인의 일상생활 일을 알리요	誰識主人日用事
오랜 세월 동안 속세의 인연은 꿈꾸지 않네[340]	長年不夢塵間緣

일본 승려 대유를 보내며 【양촌 권근】
送日僧大有【權近陽村】

산림에 남긴 명성 끝없이 멀리 퍼지나니	臨濟遺芳遠不窮
부상의 승려가 종풍을 크게 떨치었어라	扶桑釋子琅[1)]宗風
한 선실에서 고요히 앉으매 상념이 가라앉고	一龕靜坐心灰冷
만 리 타국을 유람하니 시야가 툭 틔었었지	萬里遊觀眼界空
대마도라 구름 빛은 고향 숲에 떠 있고	馬島靈[2)]光鄕樹外
곡봉[341]의 가을빛은 객창에 비치는구나	鵠峰秋色客窓中
회포는 늘 시편 속에 쏟아 내었고	情懷每向篇[3)]富
언어는 모름지기 통역을 의지해야 했지	言語須凭象驛通
바다 넓으니 봉호[342]는 드넓은 물결과 이어지고	海濶蓬壺連浩蕩
하늘은 낮아 별들은 일렁이는 수면에 비치리	天底星斗漾沖融
눈 부비고 반겨 맞아 줄 벗이 얼마나 많을까[343]	故人刮目知多少
옛 골짜기 솔가지들이 모두 동쪽을 가리킬 테지[344]	舊壑松枝盡指東

---

1) ㉥ 『陽村集』에 따르면 '琅'은 '振'이다.
2) ㉥ 『陽村集』에 따르면 '靈'은 '雲'이다.
3) ㉡ '篇' 뒤에 한 자가 누락된 듯하다. ㉥ '篇' 뒤에 '詩'가 누락되었다.

덕천가강에게 보이다 【사명당 송운】
示德川家康 【松雲】

한 태허공 속에 무진장 갖춰졌으니	太¹⁾空間無盡藏
고요하면서 알되 냄새도 소리도 없네	寂知無臭亦無聲
지금 설법을 듣거늘 무엇하러 묻는가	只今說聽²⁾何煩問
구름은 하늘에 있고 물은 병에 있는 것을³⁴⁵	雲在靑天水在瓶

---

1) ㉮ '太' 앞에 '一'이 누락된 듯하다. ㉲ 『四溟堂大師集』에는 '太' 앞에 '一'이 있다.
2) ㉲ 『四溟堂大師集』에 따르면 '說聽'은 '聽說'이다.

일본 승려 선소에게 보이다 [송운]
示日本仙巢【松雲】

지난 해 9월 9일 중양절에는	去年九月九
숭산[346] 남쪽에서 문 닫고 한가로이 은거했는데	閑門高臥嵩山陽
올해 9월 9일 중양절에는	今年九月九
돛을 펴고서 만 리 바다 큰 물결을 헤쳐 가노라	布帆萬里鯨波長
멀리서 생각하노니 달빛 아래 원숭이는 나무에서 울고	遙思月照猿啼樹
구름 저편에 계수 열매의 천향이 바람에 퍼질 테지[347]	桂子雲外飄天香
노란 국화와 푸른 귤은 모두 무뢰하니	黃花綠橘摠無賴
계절 변화에 고향 생각이 나 속절없이 애끊노라[348]	感物思歸空斷腸

또 차운하다[349]【송운】
又次【松雲】

황벽 노인은 벽력이 치는 듯하니　　　　　　　黃蘗老人轟霹靂
백염적인 임제는 풍운을 휘말았어라[350]　　　　白拈臨濟捲風雲
불법이 별 게 아닌 줄 진실로 아노니　　　　　固知佛法無多子
여덟 냥은 원래 반 근인 것을　　　　　　　　八兩原來是半斤

또 차운하다[351] 【송운】
又次【松雲】

저자에 대은이 있다[352]는 말 일찍이 들었는데 城市曾聞大隱在
방장실에 계신 노스님 늘 변함없는 모습일세 老僧方丈正依然
차를 달이고 내게 종문의 시구[353]를 보여 주시니 點茶示我宗門句
바로 서래의 뜻을 담은 격외선임을 알겠어라 知是西來格外禪

달마 기일에 시를 지어 달라고 청하기에[354]【송운】
達摩忌求句【松雲】

늙어서 고향 생각에 비로소 돌아가니	老去思鄕[1]始拂衣
홀로 총령[355]을 넘을 때 길이 희미하였어라	獨行葱嶺路熹迷
대대로 청백한 가풍家風이라 가진 재산이라곤 없어	傳家淸白無恒産
외짝 신발 갖고 부끄러워하며 유사 지나 돌아갔네[356]	隻履流沙懷慚歸

---
1) ㉱ 『四溟堂大師集』에 따르면 '鄕'은 '歸'이다.

이별하면서 선소에게 주다 [송운]
贈別仙巢【松雲】

명성을 익히 들은 지는 이미 십 년이건만	飽聞聲名已十年
뜬구름처럼 덧없는 이별에 마음이 처연했지	浮雲聚散各悽然
선창에 비 지나가면 꽃은 싸락눈처럼 흩날리고	禪窓雨過花如霰
객사에 봄이 깊을 제 버들은 안개와도 같구나	客舍春深柳似烟
인간사 매양 어긋나니 참으로 덧없는 꿈이라	人事每違眞夢幻
덧없는 인생에 일념으로 좋은 인연 생각하네	浮生一念好因緣
훗날 행여 다시 이 땅에 올 수 있으면	他時倘遂重遊計
밝은 달밤 금 모래밭에서 몰현금을 연주하리	皓月金沙奏沒絃

달마 탱화를 가지고서 시구를 지어 달라고 청하기에 입으로 불러 읊다【송운】
持達摩幀求句口占【松雲】

[1]
십만 리 타국 오니 반겨 맞는 이 적어	十萬里來靑眼小[1]
구 년 동안 소림사에서 헛되이 세월 보냈네	九年虛度少林春
마지막에 찾아온 신광357을 만나지 못했다면	不逢末後神光拜
또한 부질없이 유사 넘어간 사람일 뿐이었으리	也是流沙浪走人

[2]
사람마다 다리 아래 산 사자가 있거늘	人人脚下活獅子
누가 남산의 별비사358 따위를 두려워하리오	誰怕南山鱉鼻蛇
한입으로 바닷물을 다 마시니	一口倘能吞海盡
산호 가지가 달빛 띠고 푸른 물결에 솟아 나오네	珊瑚帶月出滄波

---

1) ㉡『四溟堂大師集』에 따르면 '小'는 '少'이다.

왜승이 선을 물은 데 답하다【송운】
答倭僧問禪【松雲】

[1]
맨주먹을 펴 무서운 쇠망치359를 잡고서　　　　　張拳活把惡鉗鎚
들여우 정령의 소굴을 때려 부수노라　　　　　　打破野狐精靈窟
경천동지하듯이 한번 깨닫고 보면　　　　　　　　囫地驚天動地來
이 몸뚱이가 바로 부처의 황금 골일세　　　　　　肉團卽是黃金骨

[2]
이 일은 원래 생각하여 알 수 없는 법이니　　　　此事從來不思議
냄새도 없고 소리도 없는 줄 진실로 아노라　　　　固知無臭又無聲
내가 이제 암두의 할360을 알았으니　　　　　　　　吾今省得嵓頭喝
나귀 똥으로 남의 눈동자를 바꿔 주었구나361　　　驢糞逢君換眼睛

대마도 승려 만실이 게송을 지어 달라고 청하기에 주다[362]【송운】
贈馬島僧萬室求句【松雲】

정중편과 편중정이여	正中偏與偏中正
정이 가고 편이 오니 이理와 사事가 완전하네	正去偏來理事全
다시 정중래에서 보고	更向正中來上看
종전대로 도로 정중편에 들어가네	依前還入正中偏

늙은 왜승이 달마 탱화를 가지고 와서 찬을 써 주길 구하기에【송운】
老倭[1]以達摩幀求贊【松雲】

만 리 서쪽에서 와서	萬里西來
알지 못한단 말[363]만 하고는	唯傳不識
부끄러운 낯빛으로 강을 건너가[364]	慙羅渡江
구 년 동안 면벽하였어라	九年面壁
청백한 가풍을 지켜서	淸白家風
스스로 사고 스스로 팔았으니[365]	自買自賣
해진 누더기를 머리에 뒤집어쓰고	破衲蒙頭
얼굴 마주치는 것을 꺼렸어라	當面忌諱
비록 얼굴을 드러내진 않았지만	雖然不露
정수리 위의 눈은 빛나서	頂眼光爍
삼천 대천세계를 비추었도다	破三千界

---

1) ㉮『四溟堂大師集』에 따르면 '倭' 뒤에 '僧'이 누락되었다.

어떤 왜승이 선게를 지어 달라고 청하기에 [송운]
有倭僧求禪偈【松雲】

방과 할을 번갈아 써서 격외의 선지(禪旨) 드러내니	棒喝交馳格外旨
말을 따라 알았다 하면 신령한 작용을 모르게 되지	纔隨語會昧神機
별안간 머리 돌려 분명한 뜻을 알면	瞥然回首知端的
홀로 용천검을 쥐고서 옳고 그름을 판정하리	獨把龍泉定是非

또 같은 제목으로 읊다【송운】
又【松雲】

무위진인은 형체가 없으면서	無住[1]眞人沒形段
평소에 늘 면문을 출입하누나[366]	尋常出入面門中
한 생각 작용을 돌릴 수만 있다면	倘能一念回機了
번갯불과 흐르는 물소리를 밟으리	踏斷電光流水聲

---

1) ㉠『四溟堂大師集』에 따르면 '住'는 '位'이다.

송원 노승에게 주는 선화【송운】
贈松源老僧禪話【松雲】

이 한 물건은 무슨 모양인가	這一物甚摩樣
본래 소리도 냄새도 없으니 어찌 생각해 알랴	本無聲臭那容思
그대를 위해 애오라지 한 가닥 길을 틔워 주리니	爲君[1]通一線路
들어갈 곳 알았거든 머뭇거리지 마시라	得個入處莫遲疑
터럭만큼이라도 어긋나면 천 리 멀리 동떨어지고	毫釐有差千里謬
한 생각을 되돌리면 바로 여기에 있네	一念回機卽在玆
아무리 보아도 도통 파악할 수 없으니	看來看去沒巴鼻
어찌 이 가운데 고양이 그림을 그리랴[367]	肯用中書描[2]畫伊
그대는 보지 못했는가	君不見
삼가촌[368] 작은 마을에 형들은 예절을 갖추고	三家村裡兄兄禮
시끄러운 저잣거리에 아비들 서로 아느니	鬧市廛頭父父知
또 보지 못했는가	又不見
배고프면 밥 생각나고 목마르면 물 생각나며	飢來思飯渴思飮
앉고 눕고 행동할 때 늘 나를 따라다니지	坐臥動靜常相隨
고래가 노하여 바닷물을 다 마셔 버리니	鯨怒飮乾滄海水
밝은 달빛 아래 산호 가지가 드러났어라[369]	月明露出珊瑚枝
종문의 옛 곡조를 어떻게 제창할거나	宗門古調什[3]麽唱
돌사람이 한밤중에 옥피리를 분다네	石子中霄[4]稔[5]玉吹

---

1) ㉤ '君' 뒤에 '聊'가 누락된 듯하다.
2) ㉢ 『四溟堂大師集』에 따르면 '描'는 '猫'이다.
3) ㉺ '什'은 『四溟堂大師集』에는 '作'으로 되어 있다.
4) ㉺ 『四溟堂大師集』에 따르면 '霄'는 '宵'이다.
5) ㉤ 『四溟堂大師集』에 따르면 '稔'은 '捻'이다.

승태에게 주다 [송운]
贈承兌【松雲】

비 온 뒤에 뜰은 티끌 없어 말끔한데	雨餘庭院淨沙塵
동풍을 맞은 버들은 봄빛이 산뜻해라	楊柳東風別地春
이 가운데 남종의 천이객370이 있으니	中有南宗穿耳客
세상이 다 취했거늘 홀로 깬 사람일세371	世間皆醉獨惺人

또 차운하다[372] 【송운】
又次【松雲】

벽운의 시구 지은 탕혜[373]가 이 절에 주석하니	碧雲湯惠注[1]琳宮
계통이 같은 종파에서 나와 혈맥이 상통하네	系出同宗血脉通
미혹을 뒤집어 깨달으매 무아의 이치를 알고	迷翻發省知無我
도가 지극해 말 잊으니 공을 계산하지 않네	道至忘言不計功
방초는 점점 자라 세월은 흐르고	芳草漸長流歲月
벽도는 다 피어 봄날도 저물어 가누나	碧桃開盡老東風
중생들을 두루 구제하는 무궁한 뜻이	蒼生普濟無窮意
단지 선종의 손을 움직이는 중에 있어라	只在南禪轉手中

---

1) ㉥ 『四溟堂大師集』에 따르면 '注'는 '住'이다.

또 차운하다[374]【송운】
又次【松雲】

세간 그 어디를 찾아가 배를 감출거나   世間何處覓藏舟
하늘 저편 선산에는 가는 길이 멀어라[375]   天外仙山去路脩
한 조각 돛단배에 바다는 아득히 머니   一片孤帆滄海遠
백발로 덧없는 인생 속절없이 한탄하노라   白頭空恨此生浮

승태의 시에 차운하다 【송운】
次承兌 【松雲】

강가의 사원에 계시는 혜휴 스님[376]이여	江樓院裡惠休師
많은 방편으로 중생 제도하며 말씀이 자비롭네	利物多方語帶悲
마조가 어찌 산 귀신 울음에 미혹되리오	馬祖豈迷山鬼泣
덕운이 능히 야호의 의심을 흩었어라[377]	德雲能散野狐疑
근기에 맞추어 제접하는 법문은 우레와 같고	對機舒捲如雷震
세상 구제하려 경전을 강론함은 실마리를 뽑는 듯	濟世繙經比繹絲
자리에서 물러나며 그저 부끄러운 이 나그네는	退席空慚遠遊子
마음속으로 다시 찾아올 날을 기다린다오	寸心猶[1]待再叅期

---

1) ㉾『四溟堂大師集』에 따르면 '猶'는 '留'이다.

원길의 시에 차운하다 【송운】
次元佶【松雲】

강가의 풀과 꽃들은 곳곳마다 기이한데　　　江草江花處處奇
먼 이역에서 봄을 만난 한378에 그저 시를 읊을 뿐　旅遊春恨但吟詩
내일 아침이면 외로운 배 타고 이별하리니　　孤舟別意明朝在
동풍에 고개 돌릴 때가 떠나는 때이리라　　　回首東風是去時

또 원길의 시에 차운하다 [송운]
又次 【松雲】

만남과 이별은 모두 전생의 인연이니	聚散皆因宿有緣
해동에서야 이 자리에 모일 줄 생각이나 했으랴	海東那料此同筵
봄 정자에서 신선의 차를 달여 마시니	春亭烹進仙茶飮
푸른 풀 내 낀 꽃이 눈앞에 가득하여라	靑草烟花滿眼前

또 원길의 시에 차운하다【송운】
又次【松雲】

『황정경』³⁷⁹을 가지고 신선의 비결을 묻고자 　　欲把黃庭問神訣
멀리 창해로 가서 신선을 찾아가고 싶어라 　　遠勞桑海欸仙扃
사미를 불러 차 석 잔을 마시고 나니 　　喚沙彌進茶三椀
이곳 동원의 종풍은 옛 스님의 전형일세 　　東院宗風古典型

송원이 꺾은 꽃 한 가지를 보여 주기에 [송운]
松源示折花一枝【松雲】

많고 많은 만물들 본래 무심하나니	芸芸萬物本無情
만물이 어찌 나는 무슨 이름이라 했으랴	物豈稱吾某姓名
만물을 볼 때 그저 좋고 나쁨만 볼지니	觀物只應觀美惡
어찌 색깔 붉다고 복숭아 앵두라 정하랴	肯將紅紫定桃櫻

원이 교원의 시에 차운하다[380] 【송운】
次圓耳教員【松雲】

집에 돌아가는 활로를 지체하지 말고	歸家活路莫遲留
곧바로 위음왕불 이전[381]으로 가서 쉬어라	直透威音那畔休
사물을 비출 때는 텅 비어 머무는 바 없고	鑑物冲虛無所住
작용을 되돌려 고요히 비춤은 근원이 있어라	回機寂照有來由
정수리에 바른 눈을 갖추니[382] 천자와 같고	頂門具眼如天主
팔꿈치 뒤에 부적을 매다니[383] 제후와 같아라	肘後懸符似國候
덧없는 세상에 중생 구제하려 환해를 노닐며	浮世渡生遊幻海
밑바닥 없는 배를 타고서 물결에 내맡기라	駕船無底任波頭

또 원이 교원의 시에 차운하다[384] [송운]
又次 [松雲]

참선은 모름지기 조사관을 깨뜨려야 하나니	叄禪須破祖師關
범과 용을 사로잡는 일이라 등한해서는 안 되네	縛虎拏龍莫等閑
곧바로 경천동지하는 소식을 얻으면	直得驚天動地去
이때에 비로소 고향에 도달할 수 있으리	此時方得到山家

일본 승려 겸용 여정에게 주다[385]【송운】
旅亭贈日僧[1)]【松雲】

봄풀이 무성하여 뜰에 가득 푸르건만	春草芳菲綠滿庭
옛날에 노닐던 산 송백은 꿈속에나 보누나	舊遊松栢夢中靑
멀리서 알겠어라 일만이천 봉에 밤이 오면	遙知萬二千峰夜
바다에 뜬 달이 여전히 옥병[386]을 비추리라	海月依前照玉屛

---

1) ㉮『四溟堂大師集』에는 제목이 '贈倭僧兼用旅情'으로 되어 있다.

또 차운하다[387] 【송운】
又次【松雲】

깊은 절은 고요하고 작은 뜰 닫혔는데 　　　深園[1]寥寥閉小庭
봄도 다 가고 풀은 푸르러 향수에 젖던 중에 　　客愁春盡草靑靑
이제 날아온 시구를 등한히 받아보니 　　　等閒得此飛來句
다 읽고 그리운 마음에 비단 병풍에 기대노라 　　吟罷相思倚錦屛

---

1) 역 『四溟堂大師集』에 따르면 '園'은 '院'이다.

또 차운하다[388]【송운】
又次【松雲】

본래 생멸할 때가 없거늘	本自無生無滅時
누가 방을 치고 또 누가 다스리랴	阿誰下棒又誰治
봄은 깊어 붉은색이 들어 복사꽃 피니	春深紅入桃花發
다시금 높은 가지를 보면서 눈썹 펴고 웃으라	更向高枝笑展眉

숙노의 시에 차운하다 [송운]
次宿蘆【松雲】

맨몸뚱이 앞에는 면목이 없거늘　　　　赤肉團前無面目
누가 냄새 나는 뼈를 가죽으로 싸는고　　誰將臭骨裹閑皮
몸을 뒤쳐 곧바로 시퍼런 검을 쥐니　　翻身直把露刃釼
삼세의 불조들이 뉘라서 감히 엿보랴　　三世佛祖誰敢窺

참선하는 사람에게 주다 [송운]
贈叅玄人【松雲】

대마도 동쪽 야마대에	對馬州東夜馬坮
객선이 밝은 달밤에 멀리 가는 돛 폈어라	客船明月遠帆開
매화 공안을 가지고 가	梅花公案提持去
북야사 앞에서 물어보고 오라	北野祠前請益來

선소, 조신, 의지 세 사람에게 주다 【송운】
贈仙巢調信義知三人 【松雲】

세 분의 명성이 일본 땅에 가득하니	三老聲名滿海東
서로 형해를 잊고 마음이 통하였어라	相忘已在形骸外
두 나라에 떨어져 있어 못 만난다 하지 말라	莫言兩地不相逢
흥취가 일면 서로 정신이 만나는 것을	興來相與精神會

일본 은 상인에게 보이다[389]【사가 서거정】【9운】
示日本誾上人【徐居正四佳九韻】

가을 바람 솔솔 불어 강 물결이 이니	秋風嫋嫋江水波
앞산에도 뒷산에도 서리 맞은 단풍 많아라	前山後山霜葉多
숲속으로 석잔[390] 길은 구불구불 이어졌고	穿林石棧相紆縈
이따금 높이 솟은 누각들도 보이는구나	時見樓閣誇崢嶸
들판 저편엔 열 길 높이 주막 깃발 펄럭이고	野外風帘高百尺
작은 다리는 맑은 물굽이에 그림자 거꾸로 비쳤네	小橋樹影臨淸灣
나귀를 탄 외로운 나그네는 어느 곳으로 가느뇨	蹇驢孤客何處之
채찍 들어 경치 가리키며 시 읊느라 천천히 가누나	吟鞭指點行較遲
포구에 차가운 밀물이 상앗대 반 높이로 차오르니	別浦寒潮漲半蒿
어부는 마음 내키는 대로 가벼운 쪽배를 저어 가네	漁郞隨意移輕舠
먼 하늘은 아득하고 안개는 흐릿한데	長天渺渺烟茫茫
석양이 질 제 겹친 모래톱엔 난초 향기로워라	重洲落日蘭芷香
이 그림 그린 화공은 일 만들길 좋아하나 봐	當時畫史好事者
생각건대 산수를 몹시 좋아하는 고질 있었으리	想見丘壑藏膏肓
이 그림을 펼치니 문득 정신이 무르녹아	披圖忽此心神融
저 강동에 가서 노닐고픈 흥취가 일어나네	起我遠興遊江東
강동의 순채와 농어회[391]는 아직도 잘 있으련만	江東蓴鱸正無恙
반범풍[392] 부는 하늘 저편에 눈길이 끊어지누나	目斷天涯半帆風

만경대[393]에서 한음의 시에 차운하다 [사명당]
次萬景坮漢陰【泗溟】

비 갠 푸른 바다 아득한 하늘에 경치가 고운데 　　　　　滄海遙空霽景鮮
바라보노라니 이내 회포는 홀로 처연하여라 　　　　　　望窮懷抱獨悽然
인적 드문 옛 성곽에는 우거진 가을 풀만 푸르고 　　　　人稀古郭秋蕪綠
해가 서산에 질 때에 들판의 빛이 어두워지누나 　　　　日下高舂野色玄
몸은 먼 변방에 머물며 머리털이 이미 하얗게 세었으니　身落遐荒頭已白
꿈속에 예전 머물던 산속을 찾아갈 제 달만 떠 있구나 　夢尋靑桂月空懸
어느 때나 꾀꼬리 우는 푸른 구름 속에 가　　　　　　　何時黃鶴碧雲裡
향 사르고 염불하며 산골에서 한가히 살거나 　　　　　清梵燒香卧洞天

이순신에게 부치다 [사명당]
寄李舜臣 [四溟]

정남 절도사 대장군이시여　　　　　　　　　征南節度大將軍
위엄이 왜적에 떨쳐 바다의 전란 고요해졌어라　威振蠻荒靜海氛
절후가 민생이 소생한 중구일이 되니　　　　　節入生辰重九日
밝은 달밤에 노래와 풍악이 군문軍門에 진동하리　月明歌吹動軒門

유서애[394]께 올리다 【사명당】
上柳西崖 【四溟】

누런 구름 자욱한 변방에 한 번 온 뒤로	一落黃雲戍
일곱 해 지나도록 여태 돌아가지 못하셨네	七年尙未歸
북소리 자주 울려 가을밤 잠 못 이루고	鼓鼙秋夢少
서울에서는 오는 소식도 드물테지요	京洛鴈書稀
거울 속에 비친 용모는 늙어 가고	鏡裡容華改
시름 속에서 세월은 더디 흘러가네	愁中歲月遲
내일 아침 강을 건너 떠나가면	明朝渡江水
서글프게 또 서로 멀어지겠지요	怊悵又相遊[1]

---

1) ㉠ '遊'는 '違'가 되어야 한다. ㉡ 『四溟堂大師集』에 따르면 '遊'는 '違'이다.

서울의 정승들과 작별하며[395] 【사명당】
別洛中諸太宰【四溟】

근년 들어 일을 잘못해 이내 여생 우스워	年來做錯笑餘生
몇 달 동안 하의[396] 입고서 도성에 머물렀다오	數月荷衣滯洛城
시름과 병이 반씩인 채로 봄을 보내는 한	愁病平分送春恨
노래와 시로 반씩 고뇌하며 산속을 그리는 마음	歌吟半惱憶山情
술잔을 띄워 바다를 떠갈 수 있다고 부질없이 말하오니[397]	浮盃謾道堪乘海
석장을 날리던 당초에 잘못 병법을 말한 게 부끄럽구려[398]	飛錫初羞誤洗[1]兵
나라의 경중이 되는[399] 원로들께서 계시니	爲國重輕諸老在
원컨대 주타[400]를 받아서 일본 가는 길 빛내고자 하오	願承珠唾賁東行

---

1) ㉠『四溟堂大師集』에 따르면 '洗'는 '說'이다.

일본으로 가는 송운을 전별하며 【한음 이덕형】
別松雲赴日本【漢陰】

분분한 와취⁴⁰¹로 스스로 떠들어 대지만	紛紛蛙吹自爲多
뉘라서 바람을 타고 구만 리 갈 줄⁴⁰² 알리오	誰識搏風九萬賒
도는 중생의 근기에 맞추고 심요는 세밀하며	道可適機心要細
말은 세상 사람 놀라게 하고 기운은 온화하시네	言能驚俗氣須和

강을 건너가는 송운에게 답하다 【서애 유성룡】
答松雲渡江【西厓】

속세를 떠돈다고 그대 한탄하지 마오　　栖栖君莫恨
바쁘게 살면서 나도 돌아가지 못한다오　　卒卒我難歸
방외에서 마음을 안 지는 오래지만　　　　方外知心久
꿈속에서도 좀처럼 얼굴을 못 보았지요　　夢中見面稀
가을이 와 바람에 낙엽은 다 지고　　　　秋高風落盡
하늘은 드넓은데 기러기는 더디 오네　　　天濶鴈來遲
연사에서 만나기로 한 평소의 약속⁴⁰³　　蓮社平生約
노년에 이르도록 이루지 못하는구려　　　差池到老遊¹⁾

---

1) ㉮ '遊'는 '違'가 되어야 한다. ㉯ '遊'는 '違'의 오기이다.

동명 선생[404]께 올리다 【백곡 처능】
上東溟先生【白谷】

십 리 호숫가 기슭의 마을	十里湖沙兩岸村
우연히 책을 갖고 찾아 뵈었지	偶携黃卷到柴門
서로 만나 무생화[405]를 얘기하고 나니	相逢說盡無生話
동풍에 제비 날고 해는 저물어 가네	燕子東風日欲昏

이 상공 백주[406]께 올리다【백곡 처능】
上李相公白洲【白谷】

예전에 노닐던 절에 이틀 묵노라니	信宿曾遊寺
왕년의 그 풍광을 지금도 기억한다오	風光記徃年
새벽 구름은 골짜기에 가득 자욱하고	曉雲濃滿峽
봄비에 시냇물은 가늘게 흐르며 우네	春雨細鳴泉
우거진 나무엔 꾀꼬리 소리 늙어 가고	深樹鶯聲老
그윽한 뜰에는 펼쳐진 풀빛이 고와라	幽庭草色鮮
살아서 이별하는 하염없는 심정	悠悠生別意
붓을 쥐고서 새 시편을 쓴다오	把筆寫新篇

사천 이병연[407]께 올리다 [벽암 각성]
上槎川李秉淵【碧岩】

속세의 시끄러운 소리 귀에 들리지 않다가	閻浮擾擾耳無聞
우연히 무심한 구름처럼 세상에 나왔어라	偶作無心出出雲
세상은 중을 버렸고 중은 세상을 버렸는데	世旣棄僧僧棄世
후옹이며 사로[408]와 잘도 어울려 사귄다오	后翁槎老好爲群

벽암 임종게
碧嵓示寂偈

염송은 삼십 권이요	拈頌三十篇
경전에는 팔만 게송이니	契經八萬偈
무엇하러 쓸데없는 말을 하리	何須打葛藤
공연히 일 많은 게 우스워라	可笑多事在

해운 선사에게 보이다[409]【소요 태능】
示海運禪師【逍遙】

유성과 폭죽처럼 기봉이 준엄하고	飛星爆竹機鋒峻
바위 깨고 벼랑 무너뜨리듯 기상이 높아라	裂石崩崖氣像高
학인을 만나 살활하는 법문은 제왕의 검과 같으니	對人殺活如王釰
늠름한 그 위풍이 오호[410]에 가득하여라	凜凜威風滿互[1]湖

---

1) ㉠『逍遙堂集』에 따르면 '互'는 '五'이다.

또 해운 선사에게 보이다[411]【소요 태능】
又次【逍遙】

금추[412] 그림자 속에 허공이 찢어지니	金鎚影裡裂虛空
진흙 소를 놀라게 해 해동을 지나가게 하네	驚得泥牛過海東
산호와 밝은 달이 다시 서로 비추니[413]	珊瑚明月更相照
고금과 천지가 한바탕 웃음 속에 있어라	今古乾坤一笑中

소요 선사께 바치다[414]【해운 경열】
呈逍遙禪師【海運】

가슴속의 법해는 깊어 헤아리기 어렵고	胸中法海幽難測
시편에 담긴 이치 심원하여 답하지 못하겠네	篇內玄樞遠莫酬
참선과 교학의 강령과 골수를 뉘라서 당적하랴	禪綱敎骨誰能敵
중화와 동방에서 그 누가 감히 짝하리오	華月夷風孰敢儔

물거품 같은 대지에는 남은 먼지 일어나고	水泡大地遺塵起
꿈속 같은 덧없는 몸에 망령된 정식 일어나네	春夢空身妄識與[1]
생사니 열반이니 하는 것은 미망의 꿈속 저편 일이요	生死涅槃幽[2]夢隔
하열한 형상 수승한 형상은 병든 눈에 달리 보이는 것	劣形殊相病眸乖

---

1) ㉮『逍遙堂集』에 따르면 '與'는 '興'이다.
2) ㉮『逍遙堂集』에 따르면 '幽'는 '迷'이다.

풍담 스님 임종게
楓潭師終偈

기이하여라 이 신령한 물건은	奇恠這靈物
임종할 때 더욱더 쾌활하구나	臨終尤快活
삶과 죽음에 따라 변하지 않으니	死生無變容
밝고 깨끗한 가을 하늘 달이어라	皎皎秋天月

월담 스님 임종게
月潭師終偈

죽었다느니 살았다느니 하는 것은 담판한[415]이니	道死道生擔板漢
삶도 아니요 죽음도 아닌 것이 어찌 도중이리오	非生非死豈中途
죽음과 삶 두 중한 글자를 설파하니	說破死生兩重字
살인검이요 활인도로세	殺人釰與活人刀

임성 스님 임종게
任性師終偈

칠십여 년을 꿈속의 집에서 노닐었으니 　　　七十餘年遊夢宅
덧없는 몸 덧없이 먹여 살리느라 편안하지 못했네 　　幻身幻養未安寧
오늘 아침 이 몸을 벗어던지고 원적의 세계로 돌아가니 　　今朝脫却歸圓寂
고불당 앞에 각월이 밝아라 　　　古佛堂前覺月明

허한당 임종게【혹 제월당의 게송이라고도 한다.】
虛閑堂終偈【或霽月偈】

진흙 소가 바다로 들어가 종적이 없으니	泥牛入海渺茫然
삼세의 일대사一大事 인연을 요달하였거늘	了達三世一大緣
무슨 일로 다시금 번뇌의 망념 일으켜	何事更生煩惱念
이곳에 와서 부질없는 게송을 청하느냐	也來齋閣乞陳篇

송계당 임종게
松溪堂終偈

손을 잡고 일생 동안 살아 오던 것	携手一生將養底
머리 들어 보니 두두물물이 다른 것 아닐세	擧頭物物非他物
길 떠날 때 병정 동자에게 넘겨 주노니[416]	臨行付與丙丁童
남들 앞에서 경솔히 누설하지 마시게	莫向人前輕漏洩
쯧쯧	咄
눈 내리는 밤 진흙으로 된 소가 바다로 달려 들어가고	雪夜泥牛走入海
구름 속에서 풀로 만든 개가 밝아 오는 하늘을 향해 짖네	雲中芻狗吠天明

용담[417]의 술회[418] 【교학을 버리고 참선하러 가며】
龍潭述懷【捨敎入禪】

깊은 심회 억지로 토로해 대중께 알리노니	强吐深懷報衆知
강단에서 부질없이 현묘한 이치를 말하였네	講檀虛弄說玄機
나이가 젊을 때는 비록 경을 보아도 되지만	看經縱許年靑日
머리털이 흴 때는 오직 염불을 해야 한다오	念佛偏宜髮白時
생사에 만약 불보살의 힘을 의지하지 않으면	生死若非馮[1]聖力
귀신에게 잡혀 어디로 갈지 아무도 모른다오	昇沈無計任渠持
더구나 인간 세상은 몹시 시끄러우니	況復世間頗鬧鬧
그윽한 산속 절로 돌아가고 싶어라	白蓮幽谷有歸思

---

1) ㉭『龍潭集』에 따르면 '馮'은 '憑'이다.

강석에서 물러나 스스로 읊다 [용담]⁴¹⁹
退講自吟【龍潭】

얼마나 오랜 세월 경을 읽었던가	閱經何歲月
속절없이 귀밑 머리털만 세었구나	空費鬢邊春
병을 칭탁함은 인간이 험함을 알아서요	托病知人蔭[1]
예봉을 감춤은 세상 분란을 싫어해서지⁴²⁰	藏鋒厭世紛
골짜기 바람은 때로 찾아오는 벗이요	谷風時至友
소나무에 걸린 달은 스스로 오는 손님	松月自來賓
선정 중에 지기의 벗이 있으니	定中知己在
기쁘게도 도에 서로 가깝다오	於道喜相親

―――――――――
1) 옐『龍潭集』에 따르면 '蔭'은 '險'이다.

용담당 임종게
龍潭堂終偈

먼저 구품의 연화대 위에 올라서 先登九品蓮坮上
옛 주인 아미타불을 우러러보노라 仰對彌陀舊主人

호암당 임종게
虎嵓堂終偈

법문 강론한 게 많이 틀려서	講法多差失
서쪽을 가리켜서 동쪽이라 하였지	指西喚作東
오늘 아침 크게 웃고 가노니	今朝大笑去
풍악산 중향성 가운데로세	楓岳衆香中

화월당[421]에게 보이다 [환성 지안[422]]
示華月堂【喚惺】

절에 들어가 추우면 불상을 때고	入院寒燒佛
경을 읽으면 더욱 마구니임을 알지니[423]	看經轉覺魔
문을 나와서 큰길을 가면서	出門行大路
맨발로 산골 노래를 부르라	赤脚唱山歌

벽하당[424]에게 보이다【환성 지안】
示碧霞堂【喚惺】

동국의 대종장	東國大宗匠
벽하 장로여	碧霞長老其
서강 만 리의 물을	西江萬里水
한입으로 능히 삼키도다[425]	一句[1]能吞之

---

1) 옙『喚醒詩集』에 따르면 '句'는 '口'이다.

벽하당 임종게
碧霞堂終偈

태어나 와서 다른 세상에 머물다	生來寄他界
갈 때는 내 고향으로 돌아가노라	死去[1]歸吾鄕
흰 구름 속에서 오고 가니	去來白雲裡
이 또한 평상한 일이로다	且得事平生[2]

---

1) ㉠ 『東師列傳』에 따르면 '死去'는 '去也'이다.
2) ㉠ 『東師列傳』에 따르면 '生'은 '常'이다. '生'은 운韻에 맞지 않는다.

설봉⁴²⁶의 술회⁴²⁷
雪峰述懷

평소에 소탈하여 거리낌이 없어   平生踈逸無拘檢
술집이며 찻집을 마음대로 다녔지   酒肆茶房信意遊
한나라도 진나라도 받아 주지 않아   漢地不改¹⁾秦不管
또다시 나귀 타고 양주를 지나가노라   又騎驢子過楊州

---

1) ㉦『禪門拈頌』에 따르면 '改'는 '收'이다.

설봉당 임종게
雪峰堂終偈

뜬구름은 오는 곳이 없고	浮雲來無處
갈 때에도 아무 종적이 없어라	去也亦無蹤
구름이 오고 감을 자세히 보면	細看雲來去
단지 하나의 허공일 뿐일세	只是一虛空

일본으로 가는 송운을 보내며 [이식⁴²⁸]
送松雲日本行【李植】

왜적 제압할 좋은 계책이 없어	制敵無長算
산속의 노스님을 나오게 했구려	雲林起老師
행장은 먼 바다 헤쳐서 가고	行裝冲海遠
충성은 하늘도 알고 있으리	肝膽許天知
삼선⁴²⁹의 혀를 놀리면 될 터이니	試掉三寸¹⁾舌
무엇으로 육출의 기계⁴³⁰를 쓰리오	何煩六出奇
돌아와 우리 임금께 보고하고는	歸來報明主
예전처럼 지팡이 짚고 산에 돌아가리	依舊一筇枝

---

1) ㉠『澤堂集』에 따르면 '寸'은 '禪'이다.

또 송운의 시에 차운하다[431] 【지봉 이수광】
又次松雲【芝峰李晬光】

성세에 이름난 장수가 많다지만	盛世多名將
뛰어난 공로는 오직 노스님뿐이라	奇功獨老師
배는 노련의 바다[432]를 지나가고	舟行魯連海
혀는 육생[433]의 말을 쏟아 내겠지	舌凭陸生辭
변덕스런 왜놈은 만족할 줄 모르니	變邪夷無厭
기미[434] 하는 일이 위태할까 두렵구려	羈縻事恐違
허리에 한 자루 장검 차고 있으니	腰間一長鋣
오늘 남아인 것이 부끄럽구려	今日愧男兒

신륵사 주지에게 주다 【점필재 김종직[435]】
贈神勒寺住持【佔畢齋】

보은산 아래 황혼이 물드는데	報恩山下日曛黃
닻줄 매고 승려 찾아 달빛을 밟노라	係纜尋僧踏月光
건물은 이미 새로운 법계를 이뤘지만	棟宇已成新法界
강호는 아직도 옛날의 시심詩心을 일으키네	江湖猶攬舊詩腸
상방에 종소리 나니 여룡이 춤추고[436]	上房鐘動驪龍舞
만규에 바람이 이니 철봉이 나누나[437]	萬竅風生鐵鳳翔
진중한 민 스님은 인사를 갖추느라	珍重旻公亦人事
때로 나물 가지고 강가 배로 찾아오네	時將菜把問舟航

문수사 시에 차운하다[438]【최립[439]】
次文殊寺【崔岦】

문수사 길 이미 십 년 동안 못 가 봤으니	文殊路已十年迷
꿈속에선 아직도 북쪽 성곽 서쪽을 찾는다오	有夢猶尋北郭西
대지팡이 짚고 서면 골짜기들엔 구름이 가득하고	萬壑倚空[1)]雲遠近
문을 열면 봉우리들 위엔 밝은 달이 높았다 낮았다	千峯閉戶月高低
경쇠 소리 잦아들 제 바위 구멍에 새벽 물소리	磬殘石竇晨泉滴
등잔 심지 돋울 때면 솔바람에 사슴의 울음	燈剪松風夜鹿啼
이 경치를 스님과 함께 언제 다시 볼거나	此況共僧那再得
관로는 칠월이라 말발굽이 진창에 빠지누나	官街七日[2)]困泥蹄

---

1) 옌『簡易集』에 따르면 '空'은 '筇'이다.
2) 옌『簡易集』에 따르면 '日'은 '月'이다.

호사 주지의 시에 차운하다[440]【이달[441]】
次湖寺住持【李達】

동호에 노 멈추고 잠시 들렀더니	東湖停棹暫經過
물가 기슭에 버들이 우거졌어라	楊柳依依水岸斜
병든 이 몸 외로운 배엔 명월이 비추고	病客孤舟明月在
늙은 스님 깊은 절에는 낙화가 많구나	老僧深院落花多
봄 시름은 깊어 하늘 저편의 풀에 이어지고	春愁[1]黯黯連天[2]草
고향 꿈은 아스라이 바다 물결에 막혔어라[442]	鄕夢[3]迢迢隔海[4]波
홀로 앉아 관새로 가는 노정 헤아리노라니	獨坐計程關塞[5]外
석양에 우는 갈까마귀 소리 견디지 못하겠네	不堪殘[6]日聽啼鴉

---

1) ㉮ '春愁'는 『蓀谷詩集』에는 '歸心'으로 되어 있다.
2) ㉮ '天'은 『蓀谷詩集』에는 '芳'으로 되어 있다.
3) ㉮ '夢'은 『蓀谷詩集』에는 '路'로 되어 있다.
4) ㉮ '海'는 『蓀谷詩集』에는 '遠'으로 되어 있다.
5) ㉮ '關塞'는 『蓀谷詩集』에는 '雲海'로 되어 있다.
6) ㉮ '殘'은 『蓀谷詩集』에는 '西'로 되어 있다.

성민 상인을 보내며[443]【유몽인[444]】
送性敏上人【柳夢寅】

예전에 아달산[445]에서 내원암 종소리 들었는데	阿達曾聞[1])內院鐘
맑은 날 우레 골짜기에 울리니 옥룡[446]이 방아 찧었지	晴雷殷壑玉龍舂
늙은 박달나무는 요임금 시절을 보았으련만[447]	古檀應閱唐堯曆
남긴 사당을 태백산에서 찾기 어려울 터	遺廟難尋太白峯
부처가 떨어뜨린 서호[448]는 먼 산에 빛나고	佛墮瑞毫輝老石
신선이 남긴 취발[449]은 높은 소나무 덮었으리	仙留翠髮冒高松
부디 스님이 연하세계를 잘라서 가져와 주오	凭渠割取烟霞界
새로 지은 빼어난 시가 검 끝처럼 예리하니[450]	脫穎新詩當釖鋒

---

1) ㉮ '聞'은 『於于集』에는 '聽'으로 되어 있다.

윤 내한의 장춘동 시에 차운하다【연담 유일】[451]
次尹內翰長春洞詩【蓮潭】

가을 바람 부는 남국을 내한이 지나가니	南國秋風內翰過
산수를 실컷 구경하는 건 성상의 은덕일세	飽看山水聖恩波
순수한 용모는 구름을 찌르는 학처럼 맑고	粹容淨似沖霄鶴
오묘한 견해는 우유를 가리는 거위왕[452]처럼 정밀해라	妙解精如擇乳鵝
밝은 달빛 가득 찰 때에는 조수도 크고	明月滿時潮水大
흰 구름이 끊어질 때에는 해산도 많도다	白雲斷處海山多
그대의 시는 강산의 도움[453]을 얻을 줄 알겠구려	知君詩得江山助
나무마다 단풍 들어 비단 산비탈 이뤘으니	萬木丹楓作錦坡

윤 내한의 시에 또 차운하다 [연담]
又次【蓮潭】

말 위에서 졸다 시 읊다 동문을 지나가니	吟鞭和睡[1]洞門過
동백 우거진 그늘 속에 구곡의 시냇물이라	冬栢陰中九曲波
향적454의 가을 국에는 목별455을 삶았고	香積秋羹烹木鼈
이포의 오찬456으로는 상아457를 구웠구나	伊蒲午供[2]灼桑鵝
노승은 선정에 들어 멀리 서쪽으로 돌아가고	老僧入定西歸遠
축객은 누각에 올라 북쪽을 자주 바라본다458	逐客登樓北望多
부끄러워라 나는 기봉이 불인만 못하여	愧我機鋒輸佛印
일전어로 소동파를 제압하지 못하는구려459	難將一轉壓東坡

---

1) ㉥ 『蓮潭大師林下錄』에 따르면 '睦'은 '睡'이다.
2) ㉥ 『蓮潭大師林下錄』에 따르면 '供'은 '饌'이다.

박 어사의 〈제주도에서 배를 타고 돌아오다〉라는 시에 차운하다【연담】[460]

次朴御史自濟洲返旆【蓮潭】

어사께서 제주도에서 돌아왔으니	繡衣返自瀛
며칠 동안이나 바다를 건너오셨소	幾日泛重溟
많은 배들을 타고 창생은 생활하고	百艫蒼生活
삼산[461]에는 성상의 교화가 밝으리	三山聖化明
고씨가 나온 구멍은 있었소, 없었소	有無高氏穴
노인성은 보았습니까, 못 보았습니까	觀否老人星
우스워라 천 년 전의 일은	却笑千年事
한갓 약 캐러 간 사람에서 연유한 것을[462]	徒緣探藥行

유망기를 쓰고 자신에 대해 서술하다【연담】
遺忘記寫了自述【蓮潭】

이 몸이 전생에는 좀벌레가 아니었을까	無乃前身是蠹魚
반평생 넘는 세월 동안 글 속에 몰두했으니	埋頭文字半生餘
노년에는 더욱 아손에게 줄 계책 절실해	暮年尤切兒孫計
늙은 눈으로 창가에서 손수 이 글을 쓰노라	老眼臨窓手自書

묵암 선백의 시에 차운하다【연담】
次默庵先伯【蓮潭】

대숲 속 차가운 샘물은 달빛 아래 우는데	竹裡寒泉月下鳴
홀로 궤안에 기대 듣노라니 귀가 시원해라	獨凭禪几耳根淸
솔개 날고 물고기 뜀에 천기가 움직이고	鳶飛魚躍天機動
물은 파랗고 산은 푸름에 조의가 분명하네[463]	水綠山靑祖意明
지극한 도는 어려움 없어 모두 배울 수 있다는	至道無難皆可學
이 말에 흠이 있으니 서둘러 고쳐야 하리[464]	斯言有玷急須更
묵암 옹이 요즈음 좋은 시구 짓길 좋아하니	默翁近日耽佳句
혹 간담을 시름겹게 해 너무 여윌까 걱정일세	或恐愁肝太瘦生

묵암 대사에 대한 만사【연담】
挽默庵大師【蓮潭】

일흔 성상에다 네 해를 더 사시는 동안　　七十星霜又四年
경전 강론과 병환이 번갈아 서로 이어졌지　　講經吟病遞相連
평생에 박람했고 게다가 총명하셨으니　　　平生博覽爲[1]聰慧
어느 종사가 감히 어깨를 나란히 하리오　　那介宗師敢比肩

---

1) 옌『蓮潭大師林下錄』에 따르면 '爲'는 '兼'이다.

연담 스님께 보이다 [조계 묵암]
示蓮潭師【曹溪默庵】

늙어 가는 나이에 이명증마저 있고	衰暮頹齡耳又鳴
예순 세월에 맑은 정신도 줄었어라	流光六十滅[1]神淸
율의는 질병 때문에 제대로 못 지켰고	律儀因病成踈逸
선학은 생각이 많아서 밝히지 못하였네	禪學多思未發明
부질없이 헛소리나 하며 평생을 보냈고	虛說脫空消百歲
잠에 빠져 깜깜하게 삼경을 지났다오	耽眠昏黑過三更
원컨대 병 속의 거위 꺼낼 약[465]을 가지고	願將出得瓶鵝藥
비방 나눠 주어 생사에서 일으켜 주오	分施刀圭起死生

---

1) ㉠『蓮潭大師林下錄』에 따르면 '滅'은 '減'이다.

추파당[466]의 임종게
秋波堂終偈

납자의 평생에 지닌 강개한 뜻	衲子平生慷慨志
때때로 반야의 칼을 일으켜 세웠지	時時堅起般若刀
오직 일념으로 아미타불을 생각하여	好從一念彌陀佛
곧장 서방 극락세계 다리로 가노라	直徃西方極樂橋

속리산에 노닐며 【추파】
遊俗離山【秋波】

지팡이 짚고 마음대로 산속을 거니노라니　　　一笻隨意好林泉
가는 곳마다 좋은 풍광이 눈앞에 들어오네　　　到底風光入眼前
서리에 물든 시냇가 단풍은 붉은 옥들 모인 듯　　霜着溪楓疑紫玉
푸른 기운 어린 기슭의 버들은 차가운 연기 같아라　嵐浮岸柳似寒烟
어드메서 부는 옥피리는 사람의 잠을 깨우느뇨　　何處玉笛驚人夢
절로 노란 국화가 있어 나그네 짝하여 잠드누나　　自有黃花伴客眠
우리 불문에서 공부하는 스님들에게 이르노니　　寄語空門諸釋子
부디 사구를 가지고 오랜 세월 앉아 있지 마오　　莫將死句坐多年

복천사에 제하다【추파】
題福泉寺【秋波】

소나무는 천년의 색을 띠었고   松帶千年色
바위는 태고의 얼굴을 열었네   嵓開太古顏
이 절에 성인의 자취 있으니   招提聖迹在
자주 보며 눈물을 흘리노라   頻看淚痕斑

심지의 불간을 찬탄하다[467]【추파】
贊心地佛簡【秋波】

대궐에서 생장했지만 일찍 속세 벗어났으니	生長金國[1]早脫籠
근검하고 총명한 자품은 본래 타고난 것이었지	儉勤聰惠自天鍾
뜰에 가득 쌓인 눈 속에서 불간을 찾아내어	滿庭積雪偸神簡
동화사 가장 높은 봉우리 위에 던져 놓았어라	來放桐花最上峰

---
1) ㉡『三國遺事』에 따르면 '國'은 '閨'이다.

설암[468] 종파게
雪嵓宗派偈

처음에는 지리산에 올라 무영을 참방했고   初登方丈叅無影
후일에는 조계산에 들어가 백암을 알현했네   後入曹溪見栢庵
나에게 무슨 종지를 따르는지 묻지 말라   傍人莫問何宗旨
한 제자가 두 스승의 감로에 고루 젖었다오   一子均霑兩乳甘

괄허 임종게
括虛終偈

칠십 평생의 일은	七十年間事
아련한 꿈속의 사람	依俙夢中人
물에 비친 달처럼 담담하니	澹然同水月
어느 것이 오고 가는 몸인가	何者去來身
몽환夢幻 속에 왔다 몽환 따라 가니	幻來從幻去
오고 가는 것이 몽환 속의 사람일세	來去幻中人
몽환 가운데 몽환 아닌 자가 있으니	幻中非幻者
이것이 바로 나의 본래 몸일세	是我本來身

학도에게 보이다 [상월]
示學徒 [霜月]

학자가 만약 반조하는 힘이 없으면 　　　　學者如無返照力
날마다 많은 경문 외운들 이익이 없지 　　　日誦千言無益己
하루 동안 염두에 착실히 공부 못하면 　　　一日念頭不實功
세 때 밥을 먹을 때 어찌 부끄럽지 않으랴 　　三時對飯何無愧

상월 임종게
霜月終偈

물은 흘러 원래 바다로 돌아가지만   水流元歸海
달은 져도 하늘을 여의지 않누나   月落不離天

상봉 임종게
霜峯終偈

눈빛은 구름과 함께 희고　　　　　　　雪色和雲白
솔바람은 이슬을 띤 채 푸르네　　　　　松風帶露靑

율봉 임종게
栗峯終偈

서방의 국토로 가지 않고도	不去西方國
연못에 이미 연꽃이 피었어라	蓮池已出蓮
구름과 안개 모두 다한 곳에	雲烟都盡處
해와 달은 하늘 한복판에 떴구나	日月正當天

초의 대사에게 주다 【추사 김정희】
贈草衣大師【金秋史】

눈앞에서 조주의 차[469]를 공짜로 마시고   眼前白喫趙州茶
손 안에는 범지의 꽃[470]을 가로 들었어라   手裡橫拈梵志華
할을 한 뒤 차를 귀로 차츰 마시니   喝後耳門飮箇蘀
봄바람 부는 어느 곳인들 산가가 아니리오   春風何處不山家

연등 시에 차운하다[471] 【추사】
次燃燈詩【金秋史】

초의 노스님이 먹 참선[472]을 하시니	草衣老衲默[1]叅禪
등 그림자는 마음 마음이요 먹 그림자 둥그네[473]	燈影心心墨影圓
등 불꽃을 베지 않고 일전어를 남기니	不剪燈花留一轉
천연스레 불 속의 연꽃을 떠받쳐 내었어라[474]	天然擎出火中蓮

---

1) ㉠『阮堂集』에 따르면 '默'은 '墨'이다.

〈시질도〉[475]에 차운하다【추사】
次示疾圖【金秋史】

〈비야시질도〉 그림을 그리고 나니　　　　抹却毘耶示疾圖
부처와 조사의 병이 몽땅 하나일세　　　　佛瘡祖病一都盧
법화경 약초는 도리어 둔열하니　　　　　法華藥草還鈍劣
약 캐는 이가 캐어 오지 않았느냐[476]　　不是藥者採來無

차 달이는 법을 보이다 【다산 정약용】
示煎茶法【丁茶山】[1)]

솔숲에 바람 불고 비가 내릴 때	松風檜雨到來初
서둘러 구리 병을 화로 위로 옮기라	急引銅甁移竹爐
온갖 소리들이 다 고요해진 뒤에	待得聲聞俱寂後
한 사발 춘설이 제호 맛보다 좋으리	一甌春雪勝醍醐

---

1) ㉽ 이 시는 나대경羅大經의 〈瀹湯詩〉이다. ㉡ 이 시는 송나라 이종理宗 때의 학자인 나대경羅大經의 『鶴林玉露』에 실려 있는 시로, 조선 시대 다산 정약용의 작품이 아니다.

다품을 채집하는 것을 읊다[477]【신백파[478]】
咏採茶品【申白坡】

초의가 새로 빚은 향긋한 녹차를 마시니	草衣新試綠香烟
곡우 전에 막 딴 작설차가 가늘고 고와라	禽舌初纖穀雨前
단산의 운간월은 아예 손꼽지도 말 것이니	莫數丹山雲間月
잔에 가득한 뇌소차가 수명을 늘려 준다네	滿鐘雷笑可延年

묵란을 읊다[479] 【산운】
咏墨蘭 【山雲】

동토에는 진짜 난초가 없고	東土無眞蘭
난초 비슷한 것이 있을 뿐이거늘	只有似蘭者
세상 사람들이 잘못 알고 좋아해	世人錯相愛[1)]
임하에서 늙어 가지 못하는구나[480]	不得老林下

---

1) ㉠ '相愛'는 『晦亭集』에는 '愛香'으로 되어 있다.

감상에 젖어 스스로 탄식하며 읊다[481] 【연파】
感想自歎吟 【蓮坡】

마의태자는 산을 내려온 적이 없건만	麻衣曾不下山屆
부끄러워라 지금 나는 도를 못 이루었네	慚愧如今道未成
백수자[482] 공부는 그 누가 득력하였는가	栢樹工夫誰得力
연화장 세계는 단지 이름만 들었을 뿐	蓮花世界但聞名
거침없는 노래는 늘 시름겨울 제 부르고	狂歌每向愁中發
맑은 눈물은 대개 술 취한 뒤에 흘린다	淸淚多因醉後零
포단에서 좌선 마치고 나도 모르게 웃노니	坐罷蒲團還失笑
우리 승려를 백성에 넣어 헤아리지 말라	莫將吾輩算天氓

정다산의 시에 화운하다 [초의]
和丁酉山韻【草衣】

아스라한 가을 하늘에 기러기 돌아오니	霜天渺渺鴈回頭
천 리 밖에서 서신 갖고⁴⁸³ 바닷가로 오누나	千里含書碧海秋
남북으로 그리워하는 마음은 늘 막혔으니⁴⁸⁴	南北衿懷常阻展
그 중간에 흐르는 세월 얼마나 바뀌었던가	中間歲月幾翻周
절에서 눈 구경하며 사흘 밤을 보냈고	寺樓賞雪連三夜
소수⁴⁸⁵에서 납량하면서 함께 뱃놀이 하였지	苕水納涼共一舟
아련한 지난 일들을 어이 잊을 수 있으랴	陳跡依俙如何忘
이 시를 주제넘게 보내노라니 더욱 시름겹다오	新詩觸忤更添愁

사천의 절터에서 옛일을 회상하며 [초의][486]
斜川寺懷古【草衣】

가벼운 노을 피어오르고 새벽빛은 맑은데	輕霞冉冉曙光晴
아침 해는 곱게 떠서 적성[487]에 솟아오르누나	旭日娟娟上赤城
조수가 차가우니 안개는 시내 수면에서 일고	潮冷烟從溪面起
기슭이 높으니 사람은 나무 위에서 걸어가네	岸高人在樹巓行
숲이 깊으니 아직도 핀 꽃이 남아 있고	林深尙見餘花發
봄이 다 갔는데도 오히려 좋은 새소리 들린다	春盡猶聞好鳥聲
서글퍼라 용문산 아래 길에	怊悵龍門山下路
옛 절터가 남아 농부들이 밭을 가는구나	寶坊遺興野人耕

풍수설을 읊다【원매⁴⁸⁸】
吟風水說【袁枚】

풍수가에게 이르노니 교만을 떨지 말게	寄語形家莫浪驕
한 부 장경⁴⁸⁹을 몽땅 불태우는 게 좋으리	葬經一部可全燒
분양의 부친 무덤은 조은이 도굴했으나⁴⁹⁰	汾陽祖墓朝恩掘
여전히 네 조정에 걸쳐 영화를 누렸다네	依舊榮華歷四朝

단속사를 창건하고 [이준491]
刱斷俗寺 【李俊】

공명을 다 이루기도 전에 머리털 먼저 세고	功名未已鬢先霜
임금 은총은 비록 많지만 평생토록 분망하네	君寵雖多百歲忙
언덕 저편에 있는 산이 자주 꿈속에 들어오니	隔岸有山頻入夢
맹세코 향화를 가지고 우리 황제 위해 축원하리	誓將香火祝吾皇

월명 스님이 꽃을 뿌리며 부른 도솔가[492]【월명】
月明散花兜率曲【月明】

용루에서 오늘 꽃을 뿌리며 노래하여	龍樓此日散花歌
청운으로 한 조각 꽃을 올려 보내오니	挑[1]送靑雲一片花
은근한 곧은 마음이 시키는 바에 따라	殷重直心之所使
멀리 도솔천의 큰 선인을 맞이하옵니다	遠邀兜率大仙家

---

1) ㉠ '挑'는 『三國遺事』에는 '桃'로 되어 있다.

죽은 누이의 재를 지낼 때 지전을 서천으로 날려 보내며[493]【월명】
妹齋紙錢飛向西天【月明】

바람에 지전 날려 가는 누이 노자 주고　　　　風送飛錢資逝妹
젓대 소리 달빛 흔들어 항아를 머물게 하네　　笛搖明月住姮娥
도솔천이 하늘 멀리 있다고 말하지 말라　　　莫言兜率連天遠
만덕화 한 곡조 노래로 맞이하는 것을　　　　萬德花迎一曲歌

도적 혜릉에게 답하다【영재】
謝賊惠綾【永才】

지팡이 짚고 산에 들어간 뜻 더욱 깊으니	策杖歸山意轉深
비단과 주옥 따위에 어찌 마음이 끌리오	綺紈珠玉豈治心
녹림의 군자들은 이런 것을 주지 마오	綠林君子休相贈
지옥은 뿌리가 없고 작은 재물이 화근일세	地獄無根只寸心[1]

---
1) ㉠ '心'은 『三國遺事』에 따르면 '金'이다.

의침 대사[494]의 시에 차운하다 [유태재[495]]
次義砧大師【柳泰齋】

십 년 동안 남북으로 떨어져 몹시 그리워했는데	十年南北苦相思
유한한 덧없는 인생에서 오래도록 이별하였구려	有底浮生苦別離
어느 날에나 다시 방장을 찾아가서	何日更叅方丈去[1]
향을 사르고 찬찬히 두릉[496]의 시를 읽을거나	焚香細讀杜陵詩

---
1) ㉢ '去'는 『海東雜錄』에는 '會'로 되어 있다.

청계사 벽에 쓰다 【변계량[497]】
題淸溪寺壁 【卞季良】

돌길은 천 길 벼랑에서 끝나고	石路千崖盡
향연이 퍼져 방안이 청량하여라	香烟一室淸
나그네 찾아와 차 한 잔 청하는데	客來求賣茗
스님은 앉아서 홀로 불경만 뒤적이네	僧坐自翻經
나무는 늙었으니 어느 해에 심었는고	樹老何年種
종소리 잦아들어 한밤에 울려 퍼지누나	鍾殘半夜聲
공의 이치 깨우치고 인사는 끊겼으니	悟空人事絶
고상하게 은거하여 무생[498]을 즐기누나	高臥樂無生

청주의 동장에 대한 노래[499]【이승소[500]】
淸州銅檣吟【李承召】

백 척 높이로 우뚝 솟은 이 당간	卓蓋[1]亭亭百尺長
행인들은 손으로 가리키며 한참 바라보누나	行人指似爲彷徨
그 누가 이 구리 기둥을 만계 가에 옮겨 왔나[501]	堆[2]移銅柱蠻溪[3]
아마도 한나라 궁궐에 있던 금경[502]이 아닐는지	恐是金莖漢苑傍
그 뿌리는 깊이 박혀서 지축에 잇닿았고	根入泉源運地軸
정수리는 구름 밖에 솟아 은하 꽂혔어라	頂橫雲表揷天潢
옛사람이 이를 세움은 뜻이 없지 않으니	昔人建此非無意
큰 고을과 함께 한 방면을 진압코자 함일세	要與雄州鎭一方

---

1) ㉩『三灘集』에 따르면 '蓋'는 '立'이다.
2) ㉠ 이 구는 한 자가 누락된 듯하다. ㉩『三灘集』에 따르면 '堆'는 '誰'이다.
3) ㉩『三灘集』에 따르면 '溪' 뒤에 '上'이 누락되었다.

운 공이 『유마경』을 주기에[503] 【강추금[504]】
贈雲公維摩經【姜秋琴】

천상과 인간 세상에 부귀한 신선이니	天上人間富貴仙
몇 겁 동안이나 정명[505]의 선을 수행하였나	修持幾刼淨名禪
지금 법희를 아내로 삼는[506] 날에	如今法喜爲妻日
일만이천 봉우리 금강산 속에 앉았구려	坐擁螺鬟萬二千
아미타불은 귀먹은 사람이 아니건만	阿彌陀佛非聾漢
지성으로 염불하는 그대 어이할 수 있으랴	念念彌陀奈爾何
공산에 눈 내리고 인적이 없는 곳에서	空山雨雪無人境
별안간 서로 만나면 바로 본래 자기일세	驀地相逢是自家

쌍계루에서 포은의 시에 차운하다[507]【기노사】
次雙溪樓圃隱韻【奇蘆史[1]】

등잔불 나눠 주고 자리 빌려준 이는 어느 승려런가	分燈借榻定誰僧
이 암자 누각 지난 일이 꿈속에 들어오곤 하네	往事菴棲[2]入夢能
꾀꼬리 우는 곳에 두 개의 언덕이 합쳐지고	黃鳥啼[3]雙岸合[4]
단풍 숲속에 한 개의 누각 더해졌어라	丹楓叢裡一樓增
눈처럼 흰 암벽이 구름에 닿아 우뚝하고[508]	正疑雪壁雲頭矗
얼음처럼 찬 시내는 게다가 달빛 아래 맑네	更得冰溪月下澄
인간 세상은 점차 요동의 학[509]과 같으니	世人漸如遼州鶴
지팡이 짚고 오르니 예전에 왔을 때와 같지 않네	杖藜非復昔年登

---

1) ㉠ '史'는 '沙'의 오기이다.
2) ㉠ 『蘆沙集』에 따르면 '棲'는 '樓'이다.
3) ㉠ 『蘆沙集』에 따르면 '啼'는 '鳴'으로 되어 있고, 그 뒤에 '邊' 한 자가 누락되었다.
4) ㉮ 이 구 안에 한 자가 누락된 듯하다.

내소사에 제하다 [정지상510]
題來蘇寺 【鄭知常】

적막한 오솔길에는 솔뿌리가 엉켰는데	古經[1]寂寞縈松根
하늘이 가까워 두우성을 손으로 만질 듯	天近斗牛聊可捫
뜬구름 흐르는 물에 길손은 절간에 이르고	浮雲流水客到寺
단풍잎 푸른 이끼에 중은 문을 닫는구나	紅樹蒼苔僧閉門
가을바람 서늘하게 해 질 무렵에 불어오고	秋風微涼吹落日
산의 달은 차츰 훤한데 원숭이 울음 맑아라	山月漸白啼青[2]猿
기이하여라 눈썹 긴 저 늙은 스님은	奇哉尨眉一老衲
시끄러운 인간 세상일랑 평생 꿈조차 아니 꾸네	長年不聞[3]人間喧

---

1) 옝『東文選』에 따르면 '經'은 '徑'이다.
2) 옝『東文選』에 따르면 '青'은 '淸'이다.
3) 옝『東文選』에 따르면 '聞'은 '夢'이다.

개성사에 제하다 【정지상】
題開聖寺【鄭知常】

백 걸음에 아홉 번 꺾이는 산길 오르니	百步九折登巑岏
반공에 높이 걸쳐진 두어 칸 집이 있어라	家在半空唯數間
신령한 샘에선 맑고 시원한 물 떨어지고	靈泉澄淸寒水落
해묵은 어두운 벽엔 푸른 이끼 아롱졌구나	古壁暗淡蒼苔斑
바위 가 늙은 솔엔 한 조각 달이 떠 있고	石頭松老一片月
하늘 끝 나직한 구름 아래 천 점 산이라	天末雲低何處[1)]山
세간의 홍진 만사 여기에 이르지 못하니	紅塵萬事不可到
은거한 스님 홀로 일평생 한가롭게 지내누나	幽人獨得長年閒

---

1) ㉯『東文選』에 따르면 '何處'는 '千點'이다.

〈장원정〉에 차운하다[511]【정지상】
次長源亭【鄭知常】

아스라한 정자가 강가에 솟아 있으니	岧嶤[1]雙闕枕江濱
맑은 밤중에 한 점 티끌조차 없어라	淸夜都無一點塵
바람이 돛배를 보내니 조각조각 구름인 듯	風送客帆雲片片
이슬이 궁궐 기와에 맺히니 반짝반짝 옥인 양	露凝宮尾[2]玉鱗鱗
푸른 버들 속에는 문 닫은 여덟아홉 집	楊柳[3]閉戶八九屋
밝은 달 아래 발을 걷는 두서너 사람	明月捲簾三四人
아득한 봉래산은 그 어느 곳에 있는고	縹緲蓬萊在何許[4]
꿈 깨어 보니 봄날에 꾀꼬리 우는구나	夢瀾[5]黃鳥囀天[6]春

---

1) 옝『東文選』에 따르면 '岧'는 '嶢'이다.
2) 옝『東文選』에 따르면 '尾'는 '瓦'이다.
3) 옝『東文選』에 따르면 '楊柳'는 '綠楊'이다.
4) 옝『東文選』에 따르면 '許'는 '處'이다.
5) 옝『東文選』에 따르면 '瀾'은 '闌'이다.
6) 옝『東文選』에 따르면 '天'은 '靑'이다.

해붕당[512] 자술
海鵬堂自述

만 리 황금의 나라요	萬里黃金國
천 층 백옥의 누각이라	千層白玉樓
온통 천지가 가무하니	渾天地歌舞
온 세계가 다 풍류로세	盡世界風流

화담[513]의 꿈을 읊은 시
華潭夢吟

나는 이제 여래의 성품을 아노니	我今解了如來性
여래는 지금 내 몸 속에 있어라	如來今在我身中
나와 여래가 조금도 다르지 않으니	我與如來無差別
여래가 바로 나의 진공이로세	如來卽是我眞空

영산당 구결
影山堂口訣

사방에 한 가지 일도 없으니	四方無一事
온 천하가 태평한 봄이로구나	天下太平春
산 안개는 아침에 밥이 되고	山霞朝作飯
송라에 뜬 달은 밤에 등잔불 되네	蘿月夜爲燈

영산찬 구결
影山贊口訣

그림자는 영산의 그림자요	影是影山影
산은 영산의 산이로세	山是影山山
산과 그림자가 둘이 아닌 곳에	山影無二處
온통 다 바로 영산이로다	都盧是影山

침명당 영찬
枕溟堂影贊

팔을 굽혀 베고서 남쪽 바다에 누워 曲肱爲枕卧南溟
글 짓는 문단에서 꿈을 깨지 못했지 翰墨場中夢未惺
명성은 끝내 허망한 것인 줄 아노니 名號終知非實事
문을 나선 목상이 어찌 참된 형체랴 出門木像豈眞形

송광사 벽에 쓰다 【인파】
題松廣寺壁【仁坡】

우뚝 솟은 조계산은 천추의 빛이요	曹溪山屹千秋色
푸르른 송광사의 솔은 사철 봄빛이라	松廣松靑四節春
장부의 한 번 승낙은 저처럼 굳으니	丈夫一諾堅如彼
어찌 평생토록 녹록한 사람이 되리오	肯作平生碌碌人

기봉의 불사를 읊다[514]【인파】
次奇峰化行【仁坡】

법계에 장엄하였던 송광사를	法界莊嚴松廣寺
팔인이 하룻밤 사이에 짊어지고 갔네[515]	八人負去一宵間
일흔 살 기봉 스님이 기발한 계책을 내어	奇峰七十生奇計
천고의 조계산에 달이 다시 둥글어졌어라	千古曹溪月再彎

백파에게 준 선화【조계 기봉】
贈白坡禪話【曹溪奇峯】

이리저리 뭉쳐서 글자 덩어리를 만들어 　　逐旋捏合成怪[1]字
삼키고 뱉으며 제호인 양 남에게 주누나 　　吞吐與人作醍醐
글자 없는 도장이 도리어 글자 있는 도장 됐으니 　無文印字還文印
남의 눈을 멀게 하고 알묘[516]하는 이들이 많네 　割却人[2]眼捏[3]苗多

---

1) ㉘『少林通方正眼』에 따르면 '怪'는 '塊'이다.
2) ㉘『少林通方正眼』에 따르면 '割却人'은 '因盲活'이다.
3) ㉘『少林通方正眼』에 따르면 '捏'은 '揠'이다.

울다라 선인에게 보이다[517]
示欝多羅仙人

항상 신행을 잘 단속하여	常當攝心[1]行
도둑질이나 음행을 하지 말며	而不殺盜婬
두 말이나 나쁜 말을 하지 말며	不兩舌惡口
거짓말이나 꾸미는 말을 하지 말며	妄語及綺語
마음속에 모든 탐욕 부리지 말며	心不貪諸欲
성내거나 나쁜 생각 하지 말며	無嗔恚惡想
모든 삿된 견해를 버릴지니	捨離諸邪見
이것이 바로 보살행이라네	是爲菩薩行
살가죽을 벗겨 종이를 삼고 **뼈**를 부러뜨려 붓을 삼고 피를 내어 먹물로 삼기 때문에	剝皮折骨血墨故[2]

---

1) ㉠『賢愚經』과『禪門拈頌』에 따르면 '心'은 '身'이다.
2) ㉠ 이 구절은 『賢愚經』에는 없다. 따라서 이 구절은 연문衍文이거나 전후로 오탈誤脫이 있다고 판단된다.

『원각경』을 읽고 【설당 행사】
讀圓覺經【雪堂行師】

마른 나무에는 구름이 잎이 되고	枯樹雲充葉
시든 매화에는 눈이 꽃이 되누나	凋梅雪作花
대통을 두드려 목탁에 비기고	伻桐成[1]木響
눈을 녹인 물로 동과를 먹는다	蘸雪喫冬瓜
긴 하늘과 가을 물에	長天秋水
외로운 따오기와 저녁 노을이로세[518]	孤鶩落霞

---

1) ㉠『密菴和尙語錄』에 따르면 '伻桐成'은 '擊筒方'이다.

원등사 잠구【해봉 김성근】
遠燈寺箴句【海峯金聲根】

나는 전생에 늘 원암산에서 살았거늘	我昔常遊遠燈[1]山
그림자가 한양에 떨어져 재상의 몸 되었지	影落漢陽作宰身
갑오년 이전에는 해봉 중이었고	甲午以前海峯僧
갑오년 이후에는 김성근이라네	甲午以後金聲根

---

1) 역)『東師列傳』에 따르면 '燈'은 '巖'이다.

경허당 자술
鏡虛堂自述[1]

홀연 소 콧구멍 없다는 말을 듣자	忽聞[2]人語牛無孔[3]
문득 삼천세계가 나임을 깨달았노라	頓覺三千是吾[4]家
유월이라 연암산 아래 길에	六月鷰[5]嵓山下路
농부들이 한가로이 태평가를 부르네	野人無事太平家[6]

---

1) ㉘ 이 시와 p.460의 〈自述〉과 중복된다.
2) ㉕ 『鏡虛集』에 따르면 '門'은 '聞'이다.
3) ㉕ '牛無孔'은 『鏡虛集』에는 '無鼻孔'으로 되어 있다.
4) ㉕ '吾'는 『鏡虛集』에는 '我'로 되어 있다.
5) ㉕ 『鏡虛集』에 따르면 '鷲'는 '鷰'이다.
6) ㉕ 『鏡虛集』에 따르면 '家'는 '歌'이다.

방학산 자술
方鶴山自述

생각을 잊고 다시 몸뚱이마저 잊었으니	念頭忘却還忘身
바로 한평생 동안 멍청한 사람이로세	便是一生痴獃人
문득 얼굴을 펴고 미소 짓는 곳에	到得破顔微笑處
시방의 모든 현상이 나와 둘이 아니로세	十方現色摠吾親

또 같은 제목으로 읊다【방학산】
又【方鶴山】

뜬구름 다 걷히고 동쪽 하늘 열리더니	捲盡浮雲已坼東
표연히 한 줄기 맑은 바람이 불어오누나	飄然一陣自淸風
작은 암자 아름다운 경치를 누구와 보나	數間美景任誰領
지기의 벗 두세 사람과 손잡고 구경하노라	知己二三携手同

정악을 예찬하다[519]【익재 이제현】
贊正樂【李益齋】

옛날 신라의 처용이란 분은　　　　　　　新羅昔日處容翁
바다를 건너왔다고들 하는데　　　　　　見說來從碧海中
흰 이빨 붉은 입술로 달밤에 노래하고　　貝齒赤唇歌夜月
솔개 어깨 자주 소매로 봄바람에 춤췄지　鳶肩紫袖舞春風

증명법사께 드리다 【강회백】
呈證明法師 【姜淮伯】

인심은 매미 날개처럼 수시로 변하고   人情蟬翅隨時變
세상일은 쇠털처럼 매일 같이 생겨나네   世事牛毛逐日新
생각건대 우리 스님은 좌복에 앉아서   想得吾師禪榻下
푸른 동해 반짝이는 물결을 보고 계시리   坐看東海碧鱗鱗

소요산에 노닐며 【무능 이능화】
遊逍遙山【李能和號無能】

우뚝 솟은 바위산은 조화의 자취라	矗矗嵓巒造化痕
원효대 위에서 신령한 근원을 찾노라	曉公臺上訪靈源
산이 북쪽 모서리로 도는 곳에 깊은 절을 감추고	山回北角藏深寺
역참이 동쪽을 가리키는 곳에 먼 마을이 가려져 있네	驛指東頭隔遠村
구름 위 푸른 봉우리는 오래 꿈속에 보였고	雲想[1]翠華成舊夢
바람은 누른 잎에 불어 가을의 넋을 움직이네	風吹黃葉動秋魂
이곳에 노니는 게 양주학520 탄 것보다 나으니	玆遊勝似楊州鶴
나도 모르게 황혼이 질 때까지 소요하노라	不覺逍遙趁夕昏

---

1) ㉠ '想'은 문리상 '上'의 오자인 듯하다.

유점사 53불[521]에 예불하며 【이능화】
禮榆岾五十三佛【李能和】

도솔천 여의지 않고 비람풍을 타고 내려왔으니	不離兜率降毘嵐
철종을 타고 왔다는 말을 아예 하지 말라	乘鐵鐘來且莫論
풀밭에 결가부좌한 채 보리수에 기댔고	結坐草田依道樹
느릅나무에 현신하여 큰 가람을 세웠지	現身榆岾建伽藍
구름을 보는 길손은 푸른 봉우리로 돌아가니	看雲客自歸靑嶂
눈을 부비는 사람은 응당 푸른 못을 향하리	撈目人應向碧潭
처음으로 금강산 이 견고한 땅에 와서	始到金剛堅固地
네다섯 분 선지식을 일시에 참방했다오	三五知識一時叅

태고사의 탑에 예배하며 【이능화】
禮太古寺塔【李能和】

흰 구름은 걷혀 흐린 날씨 개니	白雲飛盡晝陰移
고요하기가 마치 태곳적과 같아라	寂靜還如太古時
오직 우공[522]이 와서 종조가 되니	唯有愚公來作祖
늘어선 뭇 산들은 자손이 되었구나	諸山羅列是兒孫

유자가 불교를 배척하는 것을 조롱하다 【이능화】
嘲儒子斥佛 【李能和】

실달타는 진리 찾아 선인을 참방하고	悉達求法叅仙人
중니는 예를 배우려 노자에게 물었지	仲尼學禮問老子
목은[523]은 글을 올려 이단을 배척했지만	牧隱上書抑異端
백련사 염불 수행을 누가 비루하게 여기랴	蓮社念佛誰敢鄙
율곡[524]은 출가하여 불교에 빠졌었지만	栗谷出家耽釋敎
성균관에서 공자 배알한 건 부끄러워하지 않았지	泮宮謁聖不爲恥
혜화문[525]에는 북쪽으로 가는 사람 지나가고	惠化門通北去人
탕평비[526] 아래에는 동쪽으로 물이 흘러가는 것을	蕩平碑下東流水

성 북쪽의 서중관[527]을 방문했다가 비로 길이 막혀 머물며【이능화】
訪城北徐中觀滯雨【李能和】

물외에 마음을 두니 이 몸이 청량하더니	捿心物外覺身淸
꽃 아래 그대를 만나 한바탕 회포 푼다오	花下逢君一暢情
티끌세상 시비는 보는 사람 소견에 달렸고	塵世是非由我見
산림 속의 경제는 백성 생활이 족하여라	山林經濟足民生
멀리 펼친 명주 자락처럼 뵈는 것은 오문[528]의 색	遙看匹練吳門色
문득 나는 호가 소리 들리는 건 한나라 변새[529]의 소리	忽聽飛笳漢塞聲
고맙게도 낭선[530]이 나의 벗이 되어 주니	賴得浪仙爲伴侶
봄비로 길이 막혀 동성에 머문들 어떠리	不妨春雨滯東城

이해석을 보내며 [금봉]
送李海石【錦峯】

물 북쪽 봄 등잔불에 몇 번이나 가서 어울렸나	水北春燈幾徃從
성 남쪽 내 낀 나무에는 그저 꽃이 만발했어라	城南烟樹只芳濃
빗속에 해질녘까지 함께 술 마시고	相酬落日雨中酒
구름 저편 이름난 동산을 찾아가 노닐었지	行訪名園雲外峯
늙어 가며 어찌 감개가 많은 적이 있으랴	老去何嘗多感慨
한가로우니 더욱 게으름 피운들 어떠리	閒來不妨轉踈慵
하늘과 바다는 아스라이 잇닿았는데	海天縹渺成連去
어느 곳 쌍교531에서 다시 서로 만날거나	底處雙橋又更逢

선암사에 제하다 [침굉532]
題仙嵓寺【枕肱】

들건대 이 절이 번성하던 시절에는	傳聞此寺全盛時
절 앞에 만물이 다 생색을 띠었다지	寺前萬物生顔色
어느 해 어느 시대에 처음 지었는가	經始何年何代中
신라의 대각 스님이 처음 주석하셨다네	新羅大覺初憇錫

초승달을 읊다【의문태자533)】
咏新月【懿文太子能】

옛날에 엄릉이 낚싯바늘 잃었는데	昨日嚴陵失釣鈎
그 누가 푸른 구름 위로 옮겨 왔는가	誰人移上碧雲頭
비록 둥근 모습이 되지는 못했지만	雖然來¹⁾得團圓相
그래도 맑은 빛은 구주534)를 두루 비추네	也有淸光遍九州

---

1) 웹『元明事類鈔』와『草木子』에 따르면 '來'는 '未'이다.

또 같은 제목으로 읊다【태손 윤문[535]】
又【太孫允炆】

누가 옥 손톱을 가지고서　　　　　　　誰將玉指甲
푸른 하늘을 긁어 상처를 내었나　　　　搯[1]作天上[2]痕
그림자가 강호 안에 떨어졌지만　　　　影落江湖裡[3]
교룡도 감히 삼키지 못하네　　　　　　蛟龍不能呑

---

1) 영 '搯'는 『御定淵鑑類函』에는 '抓'로 되어 있다.
2) 영 『元明事類鈔』와 『草木子』에 따르면 '作天上'은 '破碧天'이다.
3) 영 '裡'는 『御定淵鑑類函』에는 '上'으로 되어 있다.

혜일 스님에게 복사꽃을 읊은 시를 바치다【각해 법인】
呈惠日咏桃【法因】

바위 가에 복사꽃이 피었으니	嵓上桃花開
저 꽃은 어느 곳에서 왔는고	花從何處來
영운 스님이 한 번 보고는	靈雲纔一見
고개 돌려 삼대 춤[536]을 추었지	回首舞三臺

달마의 사리 하나를 동토에 전하다 [무능 이능화]
達摩舍利一枚傳東土 [無能]

푸른 눈에 구레나룻 얼굴 검은 노스님	碧眼旋毛黑老胡
달마는 원래 선후가 다르지 않다네[537]	達摩元不後先殊
구 년 동안 면벽하여 심인을 전하였고	九年面壁傳心印
하룻밤 등루에서 사리를 남겼어라	一夜燈樓付骨珠
우리 동토에 불광은 인연상에 있고	東土佛光緣上有
서쪽에서 온 조사의 뜻은 교학 중에 없어라	西來祖意敎中無
총림에서 이로부터 좋은 미담이 되리니	叢林從此成佳話
응당 쌍쌍이 그림으로 그리리라	也合雙雙載畫圖

해인사 시에 차운하다[538]【경허 성우】
次海印寺【宋鏡虛】

웅장한 장경각이 선산仙山을 마주하였나니   依依[1]經閣對仙巒
지난 일들은 모두 한바탕 꿈일레라   往事無非一夢間
마침 건곤을 삼키고 토하는 길손이   適有乾坤吞吐客
구광루 위에서 천 봉우리를 저울질하노라   九光樓上秤千山

---

1) ㉠ '依依'는 선학원본 『鏡虛集』에는 '猗猗'로 되어 있는데, '猗'는 측성이므로 맞지 않다. 김태흡金泰洽의 〈人間鏡虛〉에는 '巍巍'로 되어 있는데, '巍巍'가 뜻에는 가장 맞다.

불사증명청에 차운하다[539]【경허】
次佛事證明請【鏡虛】

산사의 봄날 꽃은 싸락눈처럼 지고[540]	上方春日花如霰
새들은 우는데 달콤한 낮잠을 즐기노라	異鳥聲中午夢甘
만덕과 통광[541]을 증명할 수 없는 곳에	萬德通光無證處
하늘에 꽂힌 맑은 봉우리가 쪽빛보다 푸르네	揷天晴[1]嶂碧於藍

―――――
1) ㉠ '晴'은 『鏡虛集』에는 '曉'로 되어 있다.

두견새를 읊다 【경허 육언시】[542]
咏子規詩【鏡虛六言】

본래 태평한 천진불이	本太平天眞佛
밝은 달빛 속 나무에서 우네	月明中樹上啼
공적한 산에 밤 깊고 인적은 고요한데	山空夜深人寂
오직 네 소리만 동쪽 서쪽에서 들리누나	唯有爾音東西

자술【경허】
自述【鏡虛】

홀연 소 콧구멍 없다는 말을 듣자	忽聞人語牛無孔[1]
문득 삼천세계가 나임을 깨달았노라	頓覺三千是我家[2]
유월이라 연암산 아래 길에	六月燕嵒山下路
농부들이 한가로이 태평가를 부르네	野人無事太平歌

---

1) ㉭ '牛無孔'은 『鏡虛集』에는 '無鼻孔'으로 되어 있다.
2) ㉭ 앞에 나오는 〈鏡虛堂自述〉과 중복된다. '我家'는 〈鏡虛堂自述〉에는 '吾家'로 되어 있다.

또 같은 제목으로 읊다[543]【오언시】
又【五言】

도인의 은거를 늘 보호하여	長護至人隱
푸른 산은 깊고도 깊어라	碧山深復深
복사꽃 살구꽃은 괜스레 일이 많아	桃杏還多事
붉은 꽃 토하니 고불의 마음일세	吐紅古佛心

법어[544][경허]
法語【鏡虛】

신령한 빛이 툭 트인 길손이	神光豁如客
금정산에서 한가로이 노니노라	金井做淸遊[1]
허름한 소매엔 하늘을 감추고	破袖藏天極[2]
짧은 지팡이는 땅을 쪼갠다	短筇打[3]地頭
외로운 봉우리는 먼 산에서 일고	孤雲生遠峀
흰 새는 긴 물가에 내려앉누나	白鳥下汀洲
천지에 그 누가 꿈속의 사람 아니랴	大塊雖[4]非夢
난간에 기대 하릴없이 유유자적하노라	憑欄謾自愁[5]

---

1) ㉻『鏡虛集』에 의거하여 이 구를 제3구에서 제2구로 옮겼다.
2) ㉻『鏡虛集』에 의거하여 이 구를 제5구에서 제3구로 옮겼다.
3) ㉻『鏡虛集』에 따르면 '打'는 '劈'이다.
4) ㉻『鏡虛集』에 따르면 '雖'는 '誰'이다.
5) ㉻『鏡虛集』에 따르면 '愁'는 '悠'이다.

임종게[545]【경허】
臨終偈【鏡虛】

마음 달이 홀로 둥그니	心月孤圓
그 빛이 만상을 삼키도다	光吞萬像
빛과 만상이 다 없어지면	光像俱亡
다시 이 무슨 물건인가	復是何物

【그리고 원상을 그렸다.(畵圓相)】

사부가 [부설 거사]
四浮歌 [薛居士]

매일 같이 홍진 길에서 분주하다가	朝朝役役紅塵路
작위가 높아지자 머리털 세었구나	爵位纔高已白頭
염라왕은 고관대작 두려워 않으니	閻王不怕金魚帶
생각해 보면 헛되고 덧없는 일이로세	思量也是虛浮浮

또
又

금은옥백 재물을 산처럼 쌓아 놓고　　　　　　金銀玉帛積如丘
하인과 권속들이 삼대처럼 많아도　　　　　　奴婢眷屬森如麻
임종할 땐 외로운 넋 홀로 가나니　　　　　　臨終獨作孤魂逝
생각해 보면 헛되고 덧없는 일이로세　　　　思量也是虛浮浮

또
又

가사 설법을 구름과 비처럼 잘하여서　　　　　假使說法如雲雨
하늘에서 꽃비 내리고 돌이 고개 끄덕여도[546]　感得天花石點頭
마른 지혜로는 생사를 면치 못하니　　　　　　乾惠未能免生死
생각해 보면 헛되고 덧없는 일이로세　　　　　思量也是虛浮浮

또
又

뱃속에 가득한 문장을 거침없이 펼치니 　　　錦心繡肚風雷溢[1]
천 수의 시를 지어 만호후도 가볍게 보지만 　　詩千首兮經萬區[2]
다생 동안 아상 인상의 뿌리만 자랄 뿐이니 　　多生增長人我本
생각해 보면 헛되고 덧없는 일이로세 　　　　思量也是虛浮浮

---

1) ㉭ '溢'은 '舌'의 오기이다.
2) ㉭ '兮經萬區'는 '輕萬戶侯'의 오기이다.

염불게
念佛偈

생멸이 다 멸한 곳을	生滅滅盡處
이름하여 극락국이라 하니	名曰極樂國
가고 오는 모습이 없으면서	其無去來相
자성의 연꽃을 피우느니라	因開自性蓮
어묵동정 중에 언제나	語默動靜中
생각마다 저 부처님 생각할지니	念念念彼佛
생각하여 생각이 없는 곳에 이르면	念到無念處
필경 이 누구인고	畢竟是阿誰

홍류동[547]【매천 황현】
紅流洞【黃梅□[1)]】

푸른 벼랑에 붉은 각자刻字 날로 많아지니　　蒼崖丹刻日紛紛
이는 그저 하사[548]의 명성을 알릴 수 있을 뿐　　此事惟堪下士聞
참으로 변치 않는 이름 인간 세상에 있으니　　別有人間眞不朽
지금까지도 바위 골짝에 온통 고운이로세[549]　　頭流[2)]嵌壑盡孤雲

---

1) 역 '□'는 '泉'이다.
2) 역 『梅泉集』에 따르면 '頭流'는 '至今'이다.

압록⁵⁵⁰을 지나며 【김남파⁵⁵¹】
過鴨綠【金南坡】

석양이 뉘엿뉘엿 내 발길을 재촉하는데	斜暉冉冉我行催
외로운 객점 사립문은 강가 향해 열렸어라	孤店荊門向岸開
말 위에 보는 푸른 산은 세 군에 걸쳐 솟았고	馬上靑山三郡出
오리 앞에 흐른 흰 물결은 두 강이 오는 것일세	鳧前白浪二江來
아들은 대나무 목책에 올라 물고기를 꿰뚫어 잡고	兒登竹柵穿魚立
아버지는 땔감 실은 수레 끌며 송아지 벗 삼아 돌아온다	翁擔柴車伴犢回
예서부터 고향이 가까워 점점 마음이 기뻐지네	漸喜鄕園從此近
집집마다 사리 탱자와 귤을 울타리 가에 심었구나	家家橙橘擁籬栽

송광사를 방문하여【기생 향□】
訪松廣【妓香□】

구불구불한 돌길 지나 작은 시내 건너니 　　石逕逶迤細澗通
가벼운 치마 느린 걸음에 절로 바람이 이네 　　輕裙緩步自生風
산문에 이르러 보니 봄이 벌써 저물어 　　纔到山門春已晚
한쪽 산에 꽃 피니 양쪽 산이 붉어라 　　一山花發兩山紅

안중근[552]【김창강[553]】
次[1)]安重根【金滄□[2)]】

평안도의 장사가 한 쌍의 눈을 부릅뜨고서	平安壯士目雙張
양을 죽이듯 쉽사리 나라의 원수 죽였어라	快殺邦讎似殺羊
죽지 못한 이 몸이 좋은 소식을 듣고서	不[3)]死得聞消息好
국화 곁에서 노래 부르며 미친 듯 춤추노라	狂歌亂舞菊花傍

---

1) ㉠ '次'는 연자衍字인 듯하다.
2) ㉠ '□'는 '江'이다.
3) ㉠ 『韶濩堂詩集』에 따르면 '不'은 '未'이다.

길 떠나는 벗에게 부치다[554]【조계 기룡】
寄故人行【曹溪騎龍】

산은 용두산이요 절 이름은 동사라	山號鳳頭寺號桐
명승지의 경치 우리 동방의 으뜸일세	名區品物冠吾東
푸른 송라 아래엔 한 조각 저녁 구름	暮雲一片靑蘿下
흰 달빛 가운데 몇 소리 새벽종	晨鐘數聲白月中
산수에 빼어난 곳 많을 뿐 아니라	非但溪岑多勝界
뛰어난 스님이 현묘한 설법을 하네	更奇衲子說玄空
시가 이루어지면 꽃비를 거둬야겠네	詩成且欲收花雨
어부가 붉은 꽃잎 보고 찾아올지 모르니[555]	恐有漁郞認得紅

세태 변화를 탄식하다[556]【서구 영평[557]】
嘆世變【書九永平】

만 리 서양 바람이 한강 물가를 흔드니	萬里洋風動漢濱
요사한 말과 거짓 학문이 인륜을 망치누나	妖言僞學敗人倫
걸출한 선비들은 영화를 탐내 후일 계책 엉성하고	豪士貪榮踈後[1]策
부유한 늙은이는 재물 지키느라 눈앞의 일을 모른다	富翁守貨暗[2]前塵
오경에 별이 싸우니 군사는 유방酉方에 채워지고	五更星戰兵先[3]酉
시월에 우레가 우니 황제가 진방辰方에서 나온다	十月雷鳴帝出辰
산도 아니고 들도 아니니 어느 곳으로 갈거나	非山非野歸何處
오직 늦은 봄에 궁궁만이 있을 뿐일세[558]	唯有弓弓月暮春

---

1) 옌 '後'는 『茶松詩稿』에는 '杖'으로 되어 있다.
2) 옌 '暗'은 『茶松詩稿』에는 '騰'으로 되어 있다.
3) 옌 『茶松詩稿』에 따르면 '先'은 '充'이다.

또
又

하늘 저편에서 해가 솟아 서쪽에 져 싸늘하고 　天邊日出沒西冷
오시 미시에는 광명하고 유시 술시에는 기우네 　午未光明酉戌傾
허름한 옷은 때가 많아 마치 금 갑옷처럼 두껍고 　弊衣多垢如金匣
담장도 없는 낡은 집이 곧 쇠로 만든 성이로세 　破屋無墻便鐵城
가운데도 아니요 아래도 아니요 위도 아니니 　非中非下非爲上
오직 지혜롭고 오직 어질고 오직 성실해야 하네 　獨智獨賢獨在誠
백 번을 빗질해도 오히려 머리에 이가 생기니 　百梳猶有餘生虱
많은 사람들 중에서 가장 큰 명성이 되지 말라 　莫作群中最大名

또
又

토정559은 용사년560 벽두에 잠시 꾸짖었나니	土丁¹⁾暫呵龍巳頭
꽃이 지는 3월에 세상이 시름에 잠기리라고	落花三月世皆愁
종이 움직이는 곳에 시사는 분분하고	時事紛紛鐘動處
새가 거둬지는 가을에 강산은 적적하리	江山寂寂鳥收秋
금수에 꽃이 피니 사람들 함께 사랑하고	錦水花開人共愛
완산에 해 나오니 눈물을 같이 흘리네	完山日出淚同²⁾
산에서나 물에서나 남은 땅이 없으니	於山於水無餘地
천 리 청구 땅 안팎이 두루 하나로세	千里靑邱表裡周

---

1) ㉮ '土丁'은 '土亭'의 오기이다. '土丁'은 『茶松詩稿』에는 '南門'으로 되어 있다.
2) ㉯ 이 구는 한 자가 누락된 듯하다. ㉮『茶松詩稿』에 따르면 '同' 뒤에 '流'가 누락되었다.

또
又

　　해는 본래 동쪽에서 나와서 서산에 잠기나니　　日本東出西山沒
　　오시 미시에는 몹시 빛나다가 신시 유시에 지지　午未盛光申酉移
　　양이 가을 울타리 들이받으니[561] 사람은 이미　　羊觸秋藩人已動
움직였고
　　원숭이는 봄 나무에서 우니 귀신은 알기 어려워라　猿啼春樹鬼難知
　　닭이 운 뒤에 온 하늘에 비바람이 가득하고　　　一天風雨鷄鳴後
　　개가 짖을 때 모든 나라에 전란이 먼지 일리라　　萬國腥塵犬吠時
　　세상에서 살 수 있는 곳을 알고자 하는가　　　　欲識世間生活處
　　우거진 숲에서 놀란 새는 엉성한 울타리로　　　　叢林驚鳥下踈籬
내려앉느니라

삿된 귀신을 쫓는 시
逐邪詩[1]

  왕은 이르노라 삼천 도깨비 귀신들은   王曰三千諸魍魎
  숲속으로 물러나 숨고 내 글을 들으라   退藏林藪聽吾書
  죄를 받아 죽은 간신의 넋이 너희가 되었고   奸臣被罪魂爲爾
  형벌을 당해 죽은 난적의 넋이 너희가 되었으니   亂賊當刑鬼作渠
  삿된 기운이 어찌 바른 기운을 범할 수 있으랴   邪氣烏能干正氣
  음산한 저승 귀신은 양명한 이승을 범할 수 없느니라   陰居莫敢犯陽居
  내 명령대로 떠나지 않고 끝내 명령을 어긴다면   如令不去終違命
  복숭아나무 회초리로 칠 뿐 아니라 범을 시켜 제거하리 非但桃笞使虎除

---

1) ㉮ 이 시 이하 네 편은 저본의 난외欄外에 있으나 편자가 이곳에 옮겨 놓았다.

역대의 전법傳法에 대한 게송
傳鉢歷代頌

석가모니 28대 만에 달마가 왔고	釋迦四七達麽來
혜가 10대 만에 임제가 돌아왔어라	慧可二五臨濟廻
고봉 17대 만에 석실이 열렸고	高峯十七石室闢
태고 6대 만에 부용이 피었네	太古二三芙蓉開
부휴에는 일곱 번 풍암의 나무 물들고	浮休七染楓嵓樹
응암에는 여섯 번 금련대가 나타났어라	應菴六現金蓮坮
만약 석가모니 몇 대인지 묻는다면	若問牟尼幾世子
76대 후손 금명회[562]라 말하리라【다송자】	七旬六代錦溟洄【茶松子】

소새를 지나며 【문휘정】
過小塞吟【文徽亭】

이 지역에는 삼한의 나라 둠직하니	此間可置三韓國
국경 밖에 원래 오랑캐 나라들 없어라	以外元無百越蠻
절름발이 자라는 평생 주변에 오지 못하고	跛鱉平生邊未到
나는 새들은 종일 힘이 다해 돌아가누나	飛禽終日力窮還

소매가 입산할 때 지은 시
小梅入山作

여윈 중으로 선정에 들어 끝내 산을 나오지 않고　　入定枯僧終不出
흰 구름 같은 누더기는 긴 소나무에 걸어 두리라　　白雲如衲掛長松

주

1 반야다라般若多羅: 선종禪宗에서 인도의 27대 조사祖師로 28대 조사인 보리달마菩提達磨에게 전법傳法했다고 한다.
2 진단震旦은 비록~수밖에 없네: 진단은 중국의 이칭이다. 고대 인도에서 중국을 동쪽의 해 뜨는 곳에 있는 나라라 하여 이렇게 부른 것이다. 중국 땅은 넓지만 교화하려면 오직 심인心印을 전하는 한 가지 방법만이 있을 뿐이니, 전법傳法한 제자들의 힘으로 교화할 수밖에 없다는 뜻이다.
3 황금 닭이~줄 알리라: 황금 닭은 금주金州를 뜻하므로 이는 금주 사람인 남악 회양南岳懷讓을 가리킨다. 한 톨의 쌀은 마조 도일馬祖道一을 가리킨다. 시방十方은 마조 도일이 출가한 한주漢州 시방현十方縣 나한사羅漢寺를 가리킨다. 즉 남악 회양이 마조 도일에게 전법하여 선禪이 크게 번성할 것임을 예언한 것이다.
4 가는 길~양을 만나고: 인도에서 길을 가서 바다를 건너가서 양 무제梁武帝를 만날 것이라는 뜻이다. 양梁의 독음이 양羊과 같다.
5 쓸쓸하게 홀로~몰래 건너가리: 양 무제를 만났으나 인연이 맞지 않아 양자강을 건너 북위北魏로 갈 것임을 예언한 것이다.
6 해 아래~쌍의 상마象馬: 해 아래(日下)는 도성(城)을 뜻하고, 상마는 당시의 용상대덕龍象大德인 보지공寶志公과 부대사傅大士라는 고승을 뜻한다. 즉 도성에서 이 두 사람을 만날 것이라는 예언이다.
7 두 그루~오래 무성하리: 두 그루 나무는 '林' 자를 이르고, 어리다(嫩)는 것은 '少' 자를 이르니, 바로 소림사少林寺를 뜻한다. 즉 소림사에서 불법을 크게 펼 것이라는 예언이다.
8 임제 의현臨濟義玄이 입적할 때 읊었다는 전법게傳法偈이다. 이 게송을 읊은 뒤 "내가 죽은 뒤에 내 정법안장正法眼藏이 소멸되지 않도록 하라."라고 하니, 상수上首 제자인 삼성三聖이 "어찌 감히 스님의 정법안장을 소멸되도록 하겠습니까."라고 하였다. 임제가 "후일에 누가 내 정법안장을 물으면 뭐라고 하겠느냐."라고 하니, 삼성이 할喝을 하였다. 임제 "내 정법안장이 이 눈먼 놈에게서 멸망하고 말 줄 누가 알았으랴."라고 하고 이 게송을 읊었다 한다. 『臨濟錄』의 탑기塔記에 의하면 이때가 서기 867년 정월 10일이다.
9 강 뗏목은~물결 가르고: 강은 흐름(流)을 뜻하고 뗏목은 버팀(支)을 뜻하며, 옥 같은 물결(玉浪)에서 옥玉은 삼三과 같고 랑浪은 독음이 장藏과 같다. 즉 유지삼장流支三藏을 뜻하는 말이니, 달마를 독살했다고 하는 보리류지菩提流支를 가리킨다. 이 시는 누가 음식에 독을 넣었는지 묻는 데 대해 달마가 게송으로 답한 것이다.
10 햇불이 금 자물쇠를 연다: 햇불은 빛남(光)을 뜻하고 금 자물쇠는 통통統을 뜻한다. 즉

보리류지와 모의하여 달마를 독살했다고 하는 율사律師 광통光統을 비유한 것이다.

11 **오五와 구口는~내가 없으리** : '五' 자와 '口' 자는 합하면 '吾' 자가 되고, '九' 자와 '十' 자는 '卒' 자가 된다. 즉 보리류지가 나(달마)와 함께 불법을 펴고 마침내 피아彼我가 없게 될 것이란 뜻이다.

12 소융 선사紹隆禪師가 호구사虎丘寺에 주석하면서 달마達摩, 백장百丈과 개산조開山祖 명교明敎 등의 영정을 모시고 찬贊을 썼다.

13 **호구 소융虎丘紹隆(1077~1136)** : 원오 극근圓悟克勤의 문하에서 20년 동안 시봉하고 그의 선법禪法을 이었다.

14 소융 선사가 호구사의 개산조인 명교 스님의 영정에 쓴 찬이다. 명교는 법명은 설숭契嵩(1007~1072)으로 균주筠州 동산 효총洞山曉聰의 선법을 이었다. 송宋나라 인종仁宗의 칙명으로 가우嘉祐 4년에 자가사紫袈裟와 명교대사明敎大師라는 호를 받았고, 희령熙寧 5년 6월 항주杭州 영은사靈隱寺에서 66세로 입적하였다. 저술로는 유儒·불佛의 근원이 같다는 뜻을 밝힌 『原敎孝論』과 『禪宗定祖圖』, 『傳法正宗記』, 『傳法正宗論』 등이 있다.

15 안민安民은 강사로 성도成都에서 『楞嚴經』을 강의할 때 소각사昭覺寺에 주석하던 원오 극근 선사를 찾아가서 교외별전敎外別傳의 뜻을 물었으나 선禪의 이치를 알음알이로 이해하는 데 그쳤다. 원오 선사가 촉蜀에서 나와 호북湖北 협산夾山의 영천원寧泉院에 주석할 때 안민은 『楞嚴經』 강의를 그만두고 찾아가서 원오 선사의 법문을 듣고 그제야 대오大悟하였다. 이에 원오 선사는 그를 선방의 제일수좌第一首座로 임명하고 법상에 올라 이 게송을 읊어 칭찬하였다.

16 **구름(雲頭)을 잡아 누르고** : 구름은 식심識心을 비유한 것이다. 『禪要』에 "만약 종과 상전을 판별하지 못하며 보리와 콩을 분간하지 못한다면 부득이 구름을 잡아 누르고 허공 속을 향해서 하나의 본이 되는 상대인上大人을 써서 사람들로 하여금 그 모본을 의지해서 고양이를 그려 가게 하리라.(若是奴郞不辨。菽麥不分。抑不得已。按下雲頭。向虛空裏。書一本上大人。敎諸人依樣畵猫兒去。)"라고 하였다.

17 **양 좌주가~친견했던 일** : 양 좌주는 본래 대강사大講師였는데, 마조 도일을 찾아왔다. 마조가 "무엇으로 강의하는가?"라고 물으니, 양 좌주가 "마음으로 강의합니다."라고 대답하였다. 마조가 "마음은 광대와 같고 의식은 광대의 놀이에 장단을 치는 것과 같으니, 그것으로 어떻게 강의할 수 있겠는가?"라고 하였다. 양 좌주가 언성을 높여 "마음이 강의하지 못한다면 허공이 강의합니까?"라고 하니, 마조가 "허공이 오히려 강의할 수 있다."라고 하였다. 양 좌주가 수긍하지 않고 밖으로 나가는데 마조가 "좌주!" 하고 부르니, 양 좌주가 머리를 돌리는 순간 대오大悟하였다. 양 좌주는 절로 돌아와 강의를 그만두고 문하생들을 해산한 다음 서산西山으로 들어가 종적을 감추었다. 『傳燈錄』 9권 「亮座主章」.

18 덕교 스님이~찾아간 뜻 : 덕교는 덕산 선감德山宣鑑(782~865)을 가리킨다. 덕산은 원래『金剛經』강사였는데 용담 숭신龍潭崇信 스님을 찾아가 문답하고 나오는데 캄캄한 밤중이라 용담 선사가 용심지에 불을 붙여 건네주다가 불을 끄는 순간에 선리禪理를 깨닫고 평생 방봉을 사용하여 납자를 제접하였다.

19 벽암碧巖 : 원오 극근이 주석하던 호북 협산 영천원의 방장실 편액이다.

20 봄은 봄조차~봄이 아니요 :『楞嚴經』에 "봄을 볼 때에 봄은 봄이 아니다. 봄은 봄까지도 여의었으니 봄으로도 미치지 못한다.(見見之時。見非是見。見猶離見。見不能及。)"라고 하였다.

21 팔환八還을 다~것이 없어라 : 팔환은 여덟 종류의 변화變化한 상相이 모두 제각각 그 근본으로 돌아가는 것으로,『楞嚴經』에 "밝음은 태양으로 돌아가고, 어두움은 흑월黑月로 돌아가고, 통함은 창문으로 돌아가고, 가려 막힘은 담장으로 돌아가고, 인연은 분별로 돌아가고, 형상이 없는 것은 텅 빈 데로 돌아가고, 막혀 답답함은 먼지로 돌아가고, 청명함은 갬으로 돌아간다.(明還日輪。暗還黑月。通還戶牖。壅還牆宇。緣還分別。頑虛還空。鬱埻還塵。淸明還霽。)"라고 한 데서 온 말이다.『楞嚴經』에서는 이 대목을 이어 "모든 돌려보낼 수 있는 것은 자연히 네가 아니지만 돌려줄 수 없는 것은 네가 아니면 누구이겠는가?(諸可還者。自然非汝。不汝還者。非汝而誰。)"라고 하였다. 흑월은 1개월 중 뒤의 15일을 말한다.

22 벽력이 진동하여~귀머거리가 되었어라 : 백장百丈이 두 번째로 마조馬祖를 뵈니 마조가 불자拂子를 세웠다. 백장이 "이것에 나아가(卽) 작용합니까, 이것을 여의고(離) 작용합니까?"라고 하니, 마조가 불자를 본래 자리에 걸어 두거늘, 백장이 양구良久하였다. 마조가 묻기를 "그대는 훗날 무엇으로 중생들을 이롭게 하려는가?"라고 하자 백장이 불자를 가져다 제자리에 세웠다. 마조가 묻기를 "이것에 나아가 작용하는가, 이것을 여의고 작용하는가?"라고 하니, 백장도 불자를 제자리에 걸어 두었다. 이에 마조가 벽력같은 할喝을 하니, 백장이 3일 동안 귀가 먹었다.『百丈錄』.

23 응암應庵 : 법명은 담화曇華(1102~1163)이며, 남송南宋 시대 스님으로 응암은 호이다. 호구 소융의 선법을 이었다. 그가 개당開堂할 때 시중법어示衆法語를 대혜 종고가 보고 극구 칭찬하여 이 게송을 써 주었다.

24 대혜 종고大慧宗杲(1089~1163) : 송나라 때 임제종臨濟宗 양기파楊岐派 원오 극근의 법사法嗣로, 경산徑山 능인선원能仁禪院에서 선풍禪風을 크게 떨쳐 임제 의현의 재흥再興이라 일컬어졌다. 시호는 보각선사普覺禪師이다.

25 양기楊岐 : 임제종 양기 방회楊岐方會(992~1049)의 법맥을 말한다.

26 대수大隋 : 대수사大隋寺에 주석하던 남당 원정南堂元靜(1065~1135)을 가리킨다.

27 석두 자회石頭自回는 대대로 석공 집안의 아들로『法華經』을 외는 소리를 듣고 마음속으로 외우다가 출가하여서도『法華經』을 외우며 석공 일을 하였다. 그러다가 남당 원

정으로부터 조주감파趙州勘婆 화두를 받아 정진하던 중 망치가 돌에 부딪쳐 불꽃이 이는 것을 보고 문득 대오하고 남당 원정에게 이 게송을 바쳤다.

28 삼군이 출동하지도~마각馬脚을 드러내었는데 : 조주 선사趙州禪師(778~897)를 찾아 그가 주석하는 오대산을 찾아가는 선승禪僧들이 오대산 입구의 주막집 노파에게 길을 물으면, 그 노파는 "곧바로 가세요(驀直去)."라고 일러 주고 그 스님이 가르쳐 준 대로 몇 걸음 걸어가면 "훌륭한 스님이 또 이렇게 가는구나!"라고 하였다. 이 사실을 들은 조주 선사가 "내가 그대들을 위해 그 노파를 감파勘破하겠다."라고 하고 선승들과 똑같이 물으니, 노파도 똑같이 일러 주었다. 조주 선사가 돌아와 대중에게 "내가 그대들을 위해 노파를 감파하였다."라고 하였다. 선승들에게 '곧바로 가라'고 이른 노파를 두고 선승들을 속이려는 마각을 드러냈다고 한 것이다.

29 회암 이광晦庵邇光(?~1155) : 민현閩縣 사람으로 원오 극근, 불심 본재佛心本才 등 선지식들을 참방하다가 광인사廣因寺에 주석하던 대혜 종고의 문하에서 대오하고 이 게송을 바쳤다.

30 동산 양개洞山良价가 "무정물無情物이 설법을 하면 누가 들을 수가 있습니까?"라고 물으니, 운암 담성雲巖曇晟(782~841)이 "무정물이 듣지."라고 대답했다. 그러자 동산이 "스님은 들으실 수가 있습니까?"라고 물으니 운암은 "만일 내가 듣는다면 너는 나의 설법을 듣지 못할 것이다."라고 했다. 동산이 "저는 화상의 설법을 듣지 못합니다."라고 하자 운암이 불자拂子를 들고 "이 소리를 듣는가?"라고 물었다. 이에 동산이 다시 "듣지 못합니다."라고 대답했다. 그러자 운암이 "너는 나의 설법도 알아듣지 못하는데, 하물며 생명 없는 사물의 설법을 듣겠는가?"라고 하고 "아미타경에 물과 새와 나무가 모두 염불念佛하고 염법念法을 한다는 말을 읽어 보지 못했는가?"라고 하니, 동산은 깨닫고 이 게송을 지어 바쳤다고 한다.

31 동산 양개洞山良价(807~869) : 속성은 유兪씨이고, 절강성浙江省 회계會稽 사람으로 운암 담성의 법을 이었다. 중국의 오가칠종五家七宗 가운데 조동종曹洞宗의 개조改組이다.

32 동산이 "화상께서 별세하신 뒤에 어떤 사람이 스승의 참모습을 그릴 수 있느냐고 물으면 어떻게 대답해야 하겠습니까?"라고 하니, 운암이 "단지 그에게 '바로 이것이다'라 하라."라고 하였는데, 동산이 그 뜻을 알 수 없었다. 동산이 그 후에 물을 건너다가 물에 비친 자기 그림자를 보고 깨닫고 이 게송을 읊었다.

33 당唐 측천무후則天武后가 당대의 고승인 혜안 국사惠安國師(582~709)와 신수 대사神秀大師의 법력을 시험하기 위해 목욕을 시키면서 궁중의 미녀에게 시중을 들게 하였는데, 혜안 국사만이 태연하게 동요하지 않았다. 이에 측천무후가 탄복하여 이 게송을 읊어 찬탄했다고 한다.

34 한 명제漢明帝 때 불법佛法이 중국에 처음 들어왔다. 영평永平 14년(서기 71년) 정월 15

일에 백마사白馬寺 남문에 불교 경전과 도교 경전을 모아 놓고 태웠는데 도교 경전은 다 타고 불교 경전만 타지 않고 남았기에 후인들이 그곳에 분경대焚經臺를 세웠다고 한다. 이 시는 『翻譯名義集』에 실려 있고 당 태종이 지은 것이라 하지만 후인의 위작僞作으로 보는 것이 타당할 듯하다.

35 푸른 소가~부질없이 말하지만 : 춘추시대 진秦나라 때 푸른 소를 탄 노자老子가 함곡관函谷關을 지나다가 함곡관령函谷關令인 윤희尹喜에게 『道德經』을 써 주고 떠났다고 한다. 『史記』 권63.

36 흰 말은~땅에서 왔어라 : 후한後漢의 명제明帝 때 인도의 가섭마등迦葉摩騰과 축법란竺法蘭이 황제가 보낸 사신의 요청으로 『四十二章經』을 백마에 싣고 와서 불법을 중국에 처음 전파하였고, 이에 백마사라는 절을 지었다고 한다. 『洛陽伽藍記』 권41 「白馬寺」.

37 법안法眼 : 법안 문익法眼文益(885~958). 절강성 여항餘杭 출신으로, 7세에 출가하여 20세에 구족계를 받았다. 희각希覺 율사 밑에서 계율을 익히고, 유학과 문학을 배웠으며, 나한 계침羅漢桂琛을 만나 깨침을 얻고는 선법을 이어받았다. 오가칠종의 하나인 '법안종法眼宗'을 창시하고 종풍을 떨쳤다.

38 숭혜崇慧(?~779) : 당 측천무후 때의 승려로 우두산牛頭山 위 선사威禪師의 법사法嗣이며 천주사天柱寺에 주석하였다.

39 당나라 때 이원李源이 승려 원관圓觀과 교분이 두터웠다. 두 사람이 형강荊江으로부터 삼협三峽으로 오르다가 동이로 물을 긷고 있는 한 여인을 보고는 원관이 "이 여인이 내가 몸을 맡길 곳이다. 12년 후 항주杭州 천축사天竺寺 밖에서 그대와 서로 만나자."라고 하고는 그날 밤에 죽었다. 그리고 12년 후 이원이 원관과 약속한 장소에 가니 한 목동이 이 노래를 불렀다고 한다.

40 구당瞿塘 : 중국 사천성四川省 봉절현奉節縣과 호북성湖北省 의창현宜昌縣 사이에 있는 삼협三峽의 하나로, 양쪽 언덕이 절벽이고 강의 흐름이 급하다.

41 투자投子(819~914) : 당나라 때 선사禪師로 법명은 대동大同이다. 속성이 유劉로서 서주舒州 회령현懷寧縣 출신이다. 취미 무학翠微無學에게 참학參學하였고 투자산投子山에 은거하였다. 투자산은 지금의 안휘성安徽省 동성현桐城縣에 있는 산이다.

42 양걸楊傑(?~?) : 송宋나라 무위군無爲軍 사람으로 자는 차공次公, 호는 무위자無爲子이다. 선禪에 조예가 깊고 만년에는 정토淨土 수행을 하였다. 신종神宗 말년에 태상太常으로서 예악禮樂의 일을 의논하는 데 참여하였는데, 예부 시랑 범진范鎭과 논의가 맞지 않았다. 저서로 『無爲集』, 『樂記』 등이 있다.

43 외짝 신발에~장의 소가죽 : 영정에 그려진 투자의 모습을 형용한 것이다. 한 짝 신발만 신고 소가죽을 걸친 모습이었을 듯하다.

44 한밤중에 기름~영감이 웃으니 : 조주 종심趙州從諗이 투자를 찾아갔을 때 투자는 기름을 짜서 파는 일을 하고 있었다. 투자가 기름 단지를 들고 오는 것을 보고 "투자의

명성을 들은 지 오래인데 막상 와 보니 단지 기름 장수 영감이구려."라고 하니, 투자가 "그대는 기름 장수 영감만 보고 투자는 알지 못하는구려."라고 하였다. 이에 조주가 "어떤 것이 투자요."라고 하니, 투자가 기름병을 들고 "기름이요, 기름이요!"라고 하였다.

45 요원了元은 송나라 선사로 법호는 불인佛印(1020~1086)이고 40년 동안 운거산雲居山에 은거하다가 여산廬山 금산사金山寺에 주석하였다. 동파東坡는 북송北宋의 문호文豪인 소식蘇軾(1037~1101)의 호이다. 동파가 황주黃州로 귀양 와서 요원과 교유하였다. 당唐나라 때 조왕趙王이 조주 종심趙州從諗을 찾아가자 조주는 걸상에서 일어나지도 않고 맞이하였고 조왕이 보낸 신하가 오자 산문 밖까지 나가서 맞이하였다. 동파가 금산사로 찾아갈 때 동파는 미리 편지를 보내 조주가 했던 것처럼 자기를 맞이해 달라고 요청하였다. 그러나 동파가 금산사에 가니 요원은 이미 산문 밖에 나와 있었다. 이에 동파가 웃으며 "스님의 공부가 조주 스님에 미치지 못하는군요."라고 하니, 요원이 웃으며 이 게송으로 답하였다.

46 금산金山 : 금산사에 주석하고 있던 요원 자신을 가리킨다.

47 백시伯時는 송나라 이공린李公麟(1049~1106)의 자字이다. 만년에 용면산龍眠山에 살면서 자호自號를 용면거사龍眠居士라 하였다. 박학博學하고 서화書畫에 능했는데, 특히 인물화와 말(馬) 그림을 잘 그렸다. 동파 소식과 친했다. 이공린이 요원의 화상을 그려 주는데 요원이 웃는 모습을 그려 달라고 하였다. 그리고 화상이 다 그려지자 요원이 자찬自贊으로 이 시를 화상에 썼다.

48 천상天上의 석기린石麒麟 : 남조南朝 양梁나라의 문인 서능徐陵이 나이 겨우 두어 살 되었을 적에 고승 보지공寶誌公이 그의 정수리를 어루만지면서 말하기를, "천상의 석기린이로구나.(天上石麒麟也)"라고 한 데서 온 말로, 문재文才 뛰어난 남의 자제를 칭찬하는 말로 쓰인다. 『陳書』 권26 「徐陵傳」.

49 운거도자雲居道者 : 운거는 은거와 같은 뜻이다. 즉 은거하여 도를 닦는 사람이란 말로, 요원 자신을 가리킨다.

50 꽃을 들어서~밝히지 않고 : '大事'는 도道를 깨닫는 일을 가리킨다. 석가가 영산회상靈山會上에서 꽃을 들어 보임으로써 심인心印을 전했던 것처럼 하지 않는다는 뜻이다.

51 법운 만회法雲萬回(632~711) : 당나라 때 승려이다. 고종高宗 때 득도得度하여 승려가 되었고, 측천무후가 금의錦衣를 하사하고 법운공法雲公이란 법호를 주었다. 경운景雲 2년에 입적하니, 세수가 80세이다. 사도괵국공司徒虢國公이 추증되었다.

52 황룡黃龍(1025~1100) : 황룡 혜남黃龍慧南의 법사法嗣인 황룡 조심黃龍祖心을 가리킨다. 법호는 회당晦堂이고 시호는 보각普覺이다.

53 세 벌의 납의 : 승려가 일에 따라 달리 입는 대가사大袈裟, 칠조가사七條袈裟, 오조가사五條袈裟의 세 가지 가사를 가리킨다. 이를 삼사의三事衣 또는 삼의三衣라 한다.

54 영남의 노능盧能 : 육조六祖 혜능慧能을 가리킨다. 혜능은 중국의 오령五嶺 남쪽인 영

남 사람으로, 5조 홍인弘忍으로부터 의발衣鉢을 전수받은 뒤에도 시기하는 자들을 피해서 허름한 차림으로 숨어 살았다. 여기서는 행색이 허름하면서 도道가 있는 은자隱者를 뜻하는 말로 썼다.

55 법연法演(1024~1104) : 송나라 때 임제종 양기파의 오조 법연五祖法演을 가리킨다.

56 원조元照(1049~1116) : 송나라 때 율종律宗의 승려로 처음에는 혜감慧鑑 율사에게 계율을 배우고, 후에 신오 처겸神悟處謙에게서 천태天台의 교학敎學과 지관止觀을 배웠다. 늘 베옷을 입고 석장을 끌며 발우를 들고 시가에서 걸식했다고 한다. 시호는 대지大智이다.

57 양무위楊無爲 : 송나라 양걸楊傑을 가리킨다. 그의 호가 무위자無爲子이다. 주 42 참조.

58 장천각張天覺(1043~1121) : 송나라 장상영張商英의 자가 천각天覺이고 호는 무진거사無盡居士이다. 원우元祐 6년에 장상영이 강서江西 조운사漕運使로 분녕分寧 지방을 지날 때 도솔 종열兜率從悅 등 다섯 선사禪師가 그를 맞이하였다. 이에 장상영이 이 게송을 지어서 다섯 선사에게 거양擧揚하도록 하였는데, 도솔 종열의 답이 가장 뛰어났다.

59 도솔 종열兜率從悅(1044~1091)은 임제종 황룡파黃龍派의 고승으로 시호는 진적선사眞寂禪師이다. 장상영이 도솔 종열을 찾아가 문답하다가 "천칠백공안千七百公案 중 덕산탁발화德山托鉢話에만 의심이 납니다."라고 하니, 도솔 종열이 "덕산탁발화에 의심이 난다면 다른 것들도 알음알이로 안 것입니다. 어찌 크게 안락한 경지에 이르겠습니까."라고 하였다. 하루는 장상영이 새벽에 요강을 발로 차서 엎는 순간 덕산탁발화를 깨닫고 이 게송을 지어 보였다. 덕산탁발화는 다음과 같다. 당나라 때 선사 덕산 선감德山宣鑑(782~865)이 하루는 발우를 들고 오는데 제자 설봉雪峯이 "노스님이 종도 치지 않고 북도 울리지 않았는데 발우를 들고 어디로 가십니까?"라고 하니, 덕산이 바로 자기 방으로 돌아갔다. 설봉이 이 일을 암두巖頭에게 말하니, 암두가 "대단하신 덕산이 말후구末後句를 모른다."라고 하였다. 덕산이 이 말을 듣고 시자를 시켜 암두를 불러 놓고 "자네가 나를 긍정하지 않는가?"라고 하니, 암두가 덕산에게 귓속말로 들리지 않게 말하자 덕산이 고개를 끄덕였다. 그다음 날 덕산이 법상에 올랐는데 과연 보통 때와 달랐다. 암두가 법문하는 승당僧堂 앞에서 손뼉을 치며 큰소리로 웃으며 말하기를 "기쁘다, 노스님이 말후구를 알았으니, 이후 천하의 누구도 그를 어찌하지 못할 것이다. 그러나 단지 3년만 세상에 살 것이다."라고 하였다.

60 이 시는 '내전행內前行'이라는 제목으로 『고문진보전집古文眞寶前集』에 실려 있는데 송나라 휘종徽宗 대관大觀 4년(1110)에 장상영이 재상이 된 것을 축하해 당경唐庚이란 사람이 지은 것이다. 원래는 12구句로 되어 있는데, 여기에는 앞의 4구만 수록되어 있다.

61 선마宣麻 : 당·송 시대에 장상將相을 임명할 때에 흰 마지麻紙에 조서詔書를 써서 공포하는 것을 말한다. 즉 재상의 임명장을 말한다.

62 중사中使 : 궁중에서 보낸 사자使者이다.

63 문창대文昌臺 : 상서성尙書省의 이칭이다. 당나라 때 측천무후가 상서성의 명칭을 문창대로 고쳤다.

64 청료淸了(1089~1151) : 송나라 때 조동종曹洞宗의 승려인 진헐 청료眞歇淸了로 단하 자순丹霞子淳의 법사法嗣이다. 그가 지은 「無盡燈記」라는 글의 말미에 혹자의 말을 가설하여 "지금 일상생활 중의 견문각지見聞覺知가 필경 등燈인가, 등이 아닌가? 필경 거울인가, 거울이 아닌가?"라고 묻고 이 시로 자답自答하였다.

65 목암 법충이 행각하던 중에 몇 아름 되는 큰 고목이 들불에 타고도 한 길 넘게 남아있는데 그 안이 텅 비고 깨끗한 것을 보고 그 속에 들어가 열흘이 넘도록 앉아 있으니, 원근의 사람들이 많이 몰려와 구경하기에 이 게송을 남겼다.

66 목암 법충牧庵法忠(1084~1149) : 송나라 때 승려로 임제종 양기파 용문 청원龍門淸遠의 법사法嗣이다.

67 단산丹山 : 『山海經』에 나오는 전설상의 산 이름으로 이곳의 굴에 봉황이 사는데 그 깃털이 오색五色이라 한다.

68 뭇 별들이~것 같네 : 『論語』「爲政」에서 공자孔子가 "덕으로써 정치하는 것이 비유하자면 북신이 제자리에 있으면 뭇 별들이 그곳으로 향하는 것과 같다.(爲政以德。譬如北辰居其所而衆星共之)"라고 한 것을 차용하였다. 북신은 하늘의 북쪽 축으로, 이 북신에 가장 가까운 별이 북극성이다. 뭇 별들이 마치 신하가 임금을 공경하듯이 북극성을 중심으로 선회하는 것을 말한다. 여기서 북신을 밝은 달로 바꾼 것은 운韻을 맞추기 위해 고려한 것으로 보인다.

69 보암 인숙普庵印肅(1115~1169) : 송나라 때 승려로 임제종 양기파의 목암 법충에게서 심인心印을 얻었고 『華嚴合論』을 읽다가 대오大悟했다고 한다. 시호는 보암적감묘제정각소황선사普庵寂感妙濟正覺昭貺禪師이다.

70 이 게송은 『華嚴合論』을 읽다가 지은 게송이 아니라 어느 날 방장실의 서쪽 벽에 쓴 게송이다.

71 비가 왔다~구름 생기거늘 : 비가 오고 날이 개고 구름이 생기는 현상들이 마음이라는 보배 구슬에 비친 형상들이라는 뜻이다.

72 구슬 잃은 : 황제黃帝가 적수赤水 북쪽을 노닐다가 돌아오는 길에 현주玄珠라는 구슬을 잃어버렸는데, 아무도 찾지 못했고 상망象罔이 찾아냈다는 이야기가 있다. 현주는 진리를 비유하고 상망은 무심無心을 비유한 것이다. 『莊子』「天地」.

73 가관 대사可觀大士(1092~1182) : 송나라 때 고승인 일념해공존자一念解空尊者이다. 그의 이름이 가관可觀이고 자는 의옹宜翁이며 호는 죽암竹庵이다. 송나라 효종孝宗 건도乾道 7년(1171)에 승상 위기魏杞의 요청을 받고 북선천태사北禪天臺寺로 와서 주석하게 되었는데, 절에 들어온 날이 바로 중구절인 9월 9일이라 법좌法座를 가리키며 이 게송을 읊었다.

74 금金나라 장종章宗 승안承安 2년(1197)에 큰 가뭄이 들고 도적이 일어나자 장종이 특별히 만송萬松을 불러 앙산仰山에 주석하게 했는데, 만송이 승당升堂하여 이 게송을 읊었다. 만송은 남송南宋 때 조동종의 고승인 행수行秀(1166~1246)의 호이다. 만송노인萬松老人으로 일컬어진다. 저서로 『從容錄』이 있다.

75 성탕成湯은 넓고~그물을 펼치시고 : 어진 성군聖君의 정사를 비유한 것이다. '넓고 넓은 하늘 그물'은 『老子』 73장의 "하늘의 그물은 넓고 넓어서 성글지만 놓치지 않는다.(天網恢恢。疎而不失。)"에서 온 말이다. 성탕은 상商나라를 개국한 임금인 탕湯을 이르는 말로 여기서는 장종을 성탕에 비겼다. 어떤 사람이 그물을 사면四面으로 쳐 놓고 천지 사방의 금수禽獸들을 모두 자기 그물로 들어오게 해 달라고 축원하는 것을 보고, 탕이 그 그물의 삼면三面을 터 버리고 다시 축원하기를, "왼쪽으로 갈 놈은 왼쪽으로 가고, 오른쪽으로 갈 놈은 오른쪽으로 가고, 내 명을 따르지 않는 놈은 내 그물로 들어오너라."라고 했더니, 제후들이 이 사실을 듣고 그의 성덕을 찬양하였다 한다. 『史記』 권3 「殷本紀」.

76 여망呂望은 달~일 드무네 : 훌륭한 인재가 조정에 등용되어 태평한 세상이 되었음을 뜻한다. 그의 본성은 강씨姜氏인데 그의 선대가 여呂에 봉해졌기 때문에 여상呂尙이라 했다. 노년에 위수渭水의 북쪽에서 낚시하며 은거하고 있었는데, 문왕文王이 사냥을 나갔다가 만나 보고는 크게 기뻐하여 "우리 태공이 그대를 바란 지 오래이다.(吾太公望子久矣)"라고 했으므로 태공망太公望이라 불리고 여망이라고도 불리게 되었다. 강태공姜太公으로 더 알려져 있다. 『史記』 권32 「齊太公世家」.

77 이 시의 원제목은 '고의古意'이고 『古文眞寶前集』에 실려 있다.

78 퇴지退之 : 당나라 때 문호文豪 한유韓愈의 자이다. 당송팔대가唐宋八大家의 첫째로 일컬어진다.

79 『大方等大集經』의 긴 게송에서 앞의 네 구句만 인용하였다.

80 금金나라 세종제世宗帝 : 금나라 5대代 군주로 이름은 완안옹完顔雍(1123~1189)이다.

81 이고李翶(774~836) : 당나라 때 문장가이다. 그가 낭주자사朗州刺史로 있을 때 약산 유엄藥山惟儼(745~826)을 방문하여 "무엇이 도道입니까?"라고 물으니, 약산이 "구름은 하늘에 있고 물은 병에 있다."라고 대답하였다. 이에 이고가 이 게송을 지었다.

82 규산圭山 : 규봉 종밀圭峰宗密(780~841)이다. 그는 사천성四川省 과주果州 출신으로 속성은 하何씨이다. 어려서부터 유학을 공부했는데, 28세에 과거시험을 보러 가다가 도원道圓 화상의 법석에 참여한 인연으로 출가하였다. 그는 당시에 유행하던 여러 학파의 사상을 종합적으로 정리하고, 기존의 유교나 도교를 비판적으로 수용하고 정리한 사상가였다. 828년에는 문종으로부터 자의紫衣와 대덕大德이라는 호를 받았으며, 배휴裵休의 귀의를 받았다. 특히 원각경에 밝았으며, 『圓覺經科文』·『圓覺經纂要』·『圓覺經大疏』·『圓覺經大疏鈔』를 저술하였다.

83 불등 수순佛燈守珣(1079~1134) : 송나라 때 임제종 양기파의 승려로 태평산太平山 지해사智海寺의 불감 혜근佛鑑慧懃 회상에서 49일 동안 용맹정진하다가 혜근이 법상에 올라 "삼라만상이 모두 한 법이 도장 찍은 것이다."라고 한 말을 듣고 개오開悟하였다. 수순이 자신의 견처見處를 말하자 혜근이 당나라 때 영운 지근靈雲志勤이 복사꽃을 보고 견성한 일을 들어서 "영운이 '복사꽃을 한 번 본 뒤로 지금까지 다시는 의심하지 않는다.'라고 하였는데, 무엇이 그가 의심하지 않은 곳인가?"라고 물었다. 수순이 "화상께서 노파심이 간절함을 깊이 알겠습니다."라고 하니, 혜근이 수긍하였다. 이에 수순이 이 게송을 지어 혜근에게 바쳤다.

84 이 게송의 작자는 남당 원정(1065~1135)의 법사法嗣인 우구 거정愚丘居靜이다. 이 게송은 우구 거정이 대중에게 설법하기를 "참학參學의 지극한 요체는 선사先師이신 남당南堂이 말씀하신 최초구最初句 및 말후구末後句를 벗어나지 않으니, 이것을 투과透過하면 일생의 일을 마칠 것이다. 혹여 그렇지 못하면 다시 그대들에게 십문十門을 나누어 보여 주겠다. 첫째는 모름지기 교외별전教外別傳이 있음을 믿어야 하며, 둘째는 모름지기 교외별전이 있음을 알아야 하며, 셋째는 모름지기 무정설법無情說法과 유정설법有情說法이 둘이 아님을 알아야 하며, 넷째는 모름지기 자기 성품을 손바닥 안의 물건을 보듯이 또렷하고 분명하게 보아 모든 전지田地에 평온하고 주밀周密해야 하며, 다섯째는 모름지기 법안法眼을 갖추어 결택決擇해야 하며, 여섯째는 모름지기 조도鳥道와 현로玄路를 갈 수 있어야 하며, 일곱째는 모름지기 문文과 무武를 겸비해야 하며, 여덟째는 모름지기 사邪를 꺾고 정正을 드러내야 하며, 아홉째는 모름지기 대기대용大機大用을 갖추어야 하며, 열째는 이류異類 속에 갈 수 있어야 한다."라고 하였다. 이에 한 학자學者가 이 십문에 각각 게송을 지어 거정居靜에게 드리니, 거정이 이 게송을 읊어 보여 주었다.

85 작자作者 : 높은 경지에 오른 대가大家를 뜻한다.

86 간당 행기簡堂行機(1113~1180) : 절강성 태주台州 출신으로 속성은 양楊씨이다. 호국 경원護國景元의 법을 이었다.

87 만년창萬年倉 : 송나라 때 요응룡饒應龍이 만든 큰 곡식 창고이다.

88 대사로부터 심인을 전수받을 때부터 : 배휴가 홍주洪州에 있는 황벽黃蘗을 청하여 고안高安의 황벽에 머물게 하였다.

89 문희 대사文喜大師 : 당나라 때 선사禪師인 무착 문희無着文喜(821~900)를 가리킨다. 무착 문희가 오대산으로 문수보살을 친견하러 갔을 때 문수보살의 시자인 균제 동자均提童子가 이 게송을 읊어 주었다고 한다.

90 원우元祐 : 송나라 때 선사禪師 운거 원우雲居元祐이다. 여산廬山에 노닐다가 남강 태수南康太守의 청을 받아 옥간사玉澗寺에 주석할 때 서왕徐王이 그의 명성을 듣고 조정에 상주上奏하여 자색紫色 가사를 하사하게 되자 이 시를 써서 사양하였다.

91 수산首山 : 오대五代 말엽에서 송나라 초엽에 임제종 풍혈 연소風穴延沼의 법사法嗣인 수산 성념首山省念(925~993)이다.

92 장무진張無盡 : 주 58 참조.

93 무봉탑無縫塔은 이음새가 없는 탑이라는 말이다. 당나라 때 숙종肅宗 황제가 국사國師인 남양 혜충南陽慧忠에게 문병하면서 "스님께서 돌아가신 뒤에 필요한 것이 무엇이오?"라고 하니, 혜충이 "무봉탑을 만들어 주십시오."라고 하였다. 숙종이 "탑의 모양을 말해 주십시오."라고 하니, 혜충이 한참 동안 가만히 있다가 "이제 아시겠습니까?"라고 하였다. 숙종이 "모르겠습니다."라고 하니, 혜충이 "저의 법제자法弟子로 탐원耽源이란 이가 있는데 그가 뜻을 알 것입니다."라고 하였다. 혜충이 입적한 뒤 숙종이 탐원을 불러 그 뜻을 물으니, 탐원이 이 게송을 읊었다.

94 응진應眞 : 당나라 때 남양 혜충의 법사法嗣인 탐원 응진耽源應眞이다.

95 유리 궁전~선지식이 없어라 : 국사國師인 혜충이 이제 궁궐에 없다는 말이다. 즉 온 우주가 그대로 혜충의 무봉탑이니, 궁궐에 혜충이란 국사가 따로 없다는 뜻이다.

96 용계龍溪 : 송나라 우문허중宇文虛中의 호가 용계거사龍溪居士이고 자는 숙통叔通이다. 그는 질병 없이 108세 장수하고 가부좌를 한 채 이 임종게를 쓰고 세상을 떠났다 한다.

97 당시의 주장이~인연이 있어라 : 송나라 휘종徽宗 때 동관童貫 등이 여진女眞과 연합하여 거란을 협공하자고 건의하는 것을 우문허중이 극력 반대한 일을 회상하고, 지금이 불성佛性의 작용에 다른 인연이 있어 세상을 떠난다는 뜻인 듯하다.

98 불조佛照 : 송나라 임제종 대혜 종고의 제자인 육왕 덕광育王德光(1121~1203)의 사호賜號이다.

99 정주 보조鄭州普照 : 금金나라 승려로 정주鄭州 보조사普照寺에 주석한 불광 도오佛光道悟를 가리킨다.

100 송원松源 : 송나라 원오 극근의 5세 법손法孫인 송원 숭악松源嵩嶽(1139~1203)이다.

101 이 시는 『別譯雜阿含經』에 보인다.

102 건문군建文君 응능應能 호號 노불老佛 : 명明나라 혜종惠宗 건문제建文帝는 태조 주원장朱元璋의 장손長孫으로 2대代 황제의 자리에 올랐으나 숙부인 연왕燕王 영락제永樂帝에게 황위를 빼앗겼다. 그의 최후에 대해서는 여러 가지 이야기가 있다. 연왕의 군사가 남경南京을 포위했을 때 궁궐에 불을 질렀는데 그 불에 타 죽었다는 설이 있고, 남경을 빠져나와 양자강에 투신했다는 설이 있고, 도사道士가 되었다는 설이 있다. 가장 많이 알려져 있는 설은 승려가 되어 중국 곳곳을 다니다가 영락제의 증손자인 정통제正統帝 정통正統 5년(1440)에 이르러 신분이 알려져 북경에 돌아가서 살다가 1445년에 죽었다고 한다. 그가 승려일 때 법명이 응능이고 법호가 노불이었다 한다. 이 시는 그가 북경의 궁궐에 돌아갈 때 읊은 것이라 한다.

103 아육왕이 만들기~찾아왔던 것이지 : 『三國遺事』에 다음과 같은 고사가 기록되어 있다. 신라 진흥왕眞興王 때 황룡사皇龍寺를 지은 뒤 얼마 안 있어 하곡현河曲縣의 사포絲浦, 즉 지금의 울주蔚州 곡포谷浦 바다에 한 큰 배가 나타나 정박했기에 살펴보니 첩문牒文이 있는데 그 내용을 보니 인도의 아육왕阿育王(아소카 왕)이 황철黃鐵 5만 7천 근斤과 황금 3만 푼을 모아 석가삼존상釋迦三尊像을 주조하려다가 이루지 못하고 배에 실어 바다에 띄우며 "바라건대 인연 있는 나라 땅에 이르러 장륙丈六의 존용尊容을 이루시기를 바란다."라고 축원한 것이었다. 이와 함께 한 부처님과 두 보살님의 존상尊像도 함께 배에 실려 있었다. 고을의 아전이 이 사실을 조정에 보고하니, 그 고을의 성 동쪽 넓은 곳에 동축사東竺寺를 짓게 하고 그 삼존불을 모셔 안치하였다. 그리고 그 황철과 황금은 수도인 경주로 가져와 대건大建 6년(574) 3월에 장륙존상丈六尊像을 주조하게 하였다. 일은 신속하게 진행되었다. 아육왕이 보낸 배는 인도와 중국 등 많은 곳을 두루 거쳤으나 불상을 만들지 못했는데, 신라에 와서 불상이 잘 조성되었다. 그 후에 자장慈藏이 중국에 가서 오대산에서 문수보살을 친견했는데, 문수보살이 "너희 나라 황룡사는 바로 석가와 가섭불이 강의하던 곳으로 연좌석宴坐石이 아직도 남아 있다. 그래서 천축의 무우왕無憂王(아소카 왕)이 황철을 모아 바다에 띄웠는데, 1천 3백여 년 뒤에야 너희 나라에 이르러서 불상이 이루어져 그 절에 모셨다."라고 하였다.

104 연좌석宴坐石 : 황룡사에 있던 바위로 높이는 5~6척이고 둘레는 세 아름쯤 되며 그 윗부분이 평평한데, 과거 세상에 가섭불迦葉佛이 앉았던 곳이라 한다.

105 천옥대天玉帶 : 천사옥대天賜玉帶의 준말이다. 『三國遺事』에 의하면, 신라 진평왕眞平王 원년에 하늘에서 사자使者가 내려와 옥황상제가 하사하는 옥대玉帶를 주었다고 한다.

106 내일 아침에는~섬돌을 만들어야겠네 : 『三國遺事』에 다음과 같은 고사가 있다. 신라 진평왕은 신장이 11척이나 되는 거구였다. 진평왕이 하루는 궁궐에 있는 절인 내제석궁內帝釋宮에 행차하여 섬돌을 밟는 순간 돌 세 개가 함께 부러졌는데, 왕이 좌우의 사람들에게 "이 돌들을 다른 곳으로 옮기지 말고 그대로 두어, 후세 사람들이 볼 수 있게 하라."라고 하였다. 이것이 신라 도성 안에 있던 다섯 개의 부동석不動石 중의 하나이다.

107 신라 경덕왕景德王 때 한기리漢岐里에 사는 희명希明이란 여자 아이가 태어난 지 5년 만에 갑자기 눈이 멀었는데 그의 어머니가 이 아이를 안고 분황사 좌전左殿 북쪽 벽에 그려진 천수관음千手觀音 앞에 가서 시력을 회복하게 해 달라는 뜻을 담은 노래를 지어 부르게 했더니, 멀었던 눈이 밝아졌다고 하는 고사를 읊은 것이다.

108 고운顧雲(?~894) : 당나라 학사學士로 자는 수상垂象이며, 874년 고운孤雲 최치원崔致遠과 같은 해에 과거에 급제하여 회남 절도사淮南節度使 고변高駢의 종사관이 되

었다. 최치원이 신라로 돌아갈 때 이 시를 지어 주었다.

109 화살 한~대책을 맞추었네 : 과거에 급제했음을 뜻한다. '금문金門'은 '금마문金馬門'의 준말이다. 한나라 미앙궁未央宮의 문으로 학사들이 대조待詔하던 곳이다. '대책을 맞춘다'는 한나라 때 과거에서 인재를 뽑을 때 경서經書의 의의疑義와 시무時務에 대한 문제의 답안을 책책策에 써서 올리게 하여 그 사람의 우열을 결정하는 제도이다.

110 소뿔 위에~삼매경을 펼쳤고 : 원효가 왕명을 받아 『金剛三昧經』의 소疏를 쓸 때 소를 타고 다니면서 소의 두 뿔 사이에 벼루와 붓을 놓고 길거리를 다니면서 저술했다 한다.

111 문 닫힌~돌아보는 그림자뿐 : 원효가 세상을 떠나자 그의 아들인 설총薛聰이 생전의 모습 그대로 소상塑像을 만들어 분황사에 모셔 두었는데, 설총이 예배하자 소상이 고개를 돌려 보았고 그 모습 그대로 남아 있었다 한다.

112 꽃들 따고~같은 봄빛이로세 : 꽃을 따서 모은다는 것은 『華嚴經』을 공부하여 진리를 터득했음을 비유한 것이다. 종남산終南山은 중국 당나라 수도인 장안長安의 남쪽 산으로 의상義湘이 유학했던 지상사至相寺가 이 산에 있었다. 의상이 신라에 돌아와 태백산 부석사에 주석했다. 즉 중국 종남산에서 지엄知儼에게 화엄학을 배워 신라에 와서 태백산에서 교학을 폈음을 비유한 것이다.

113 일찍이 청량산淸凉山에~다 터득했어라 : 청량산은 『華嚴經』에 나오는 화엄의 성지로 중국 오대산을 가리킨다. 칠편七篇과 삼취三聚는 모두 계법戒法을 말한다. 자장慈藏이 중국 오대산에 가서 문수보살을 친견하고 계법을 받아 돌아왔음을 비유한 것이다.

114 승속 의복을~같이 만들었네 : 자장이 상주上奏하여 신라의 복식服飾을 중국과 같이 바꾼 것을 말한다.

115 이 시는 밀본 법사密本法師를 예찬한 것으로 『三國遺事』 5권 '밀본최사密本摧邪'에 보인다. 내용과 제목이 맞지 않다. 밀본 법사는 신통력이 대단하였으며 은둔하여 거사居士로 살고 있었는데, 김유신金庾信이 이 거사와 교분이 두터웠다. 김유신 집안 사람인 수천秀天이란 사람이 오랫동안 악질에 시달렸는데 김유신이 이 거사를 보내어 진찰하게 하였다. 그런데 수천秀天의 친구인 인혜因惠라는 스님이 찾아와 거사를 보고 멸시하며 신통력을 부려 향로를 들고 주문을 외니 오색구름이 피어나고 하늘에서 꽃비가 내렸다. 이에 거사가 인혜를 앞에 세워 놓고 손가락을 한 번 가볍게 튕기자 인혜가 공중에 거꾸로 한 길 높이로 솟아올라 오랫동안 그대로 멈추어 있다가 천천히 거꾸로 내려와 머리를 땅에 박고 말뚝처럼 우뚝 서서 사람들이 잡아당겨도 움직이지 않았다. 인혜는 그대로 거꾸로 서서 밤을 새웠고 수천이 청하여 김유신이 거사를 보내 풀어 주게 하니, 인혜가 다시는 재주를 부리지 않았다.

116 홍자紅紫색이 분분하여~주색을 어지럽히니 : 그럴듯한 사도邪道가 정도正道인 척하는 것을 말한다. 주朱는 정색正色이고 홍자는 간색間色이다. 『論語』 「陽貨」에 공자가

"자색이 주색을 빼앗는 것을 미워한다.(惡紫之奪朱也)"라고 하였고, 『孟子』「盡心」下에 "자색을 미워하는 것은 그것이 주색을 어지럽힐까 염려해서이다.(惡紫。恐其亂朱也。)"라고 하였다.

117 이 시는 제목과 내용이 맞지 않다. 이 시의 고사는 『三國遺事』 '賢瑜伽'에 보인다. 유가종瑜伽宗의 조사祖師인 대현大賢이 8세기 전반 경주 남산 용장사茸長寺에 살았다. 당시 절에는 미륵彌勒의 장륙석상丈六石像이 있었는데, 대현이 이 장륙석상을 돌면 장륙석상이 대현을 따라 얼굴을 돌렸다고 한다. 그리고 경덕왕景德王 12년(753)에 가뭄이 심하여 대현을 불러 『金光經』을 강설하여 기우제를 지내게 할 때 궁궐의 우물이 다 말랐는데, 대현이 향로를 들고 묵묵히 있자 우물의 물이 일곱 길이나 솟아올랐다. 그래서 그 우물을 금광정金光井이라 하였다.

118 이 이야기는 『三國遺事』 3권 '金官城婆娑石塔'에 보인다. 금관가야金官伽倻의 시조 수로왕首露王의 왕비인 허황후는 이름이 황옥黃玉이고 본래 인도 아유타국阿踰陀國의 공주였는데, 부모의 명을 받아 바다를 건너 동쪽으로 가다가 수신水神이 노하여 파도가 거세게 일기에 되돌아왔다. 왕이 탑을 하나 주면서 싣고 가라고 하여 배에 싣고 무사히 금관가야의 남쪽 바다에 도착하였다. 그 배에는 붉은 돛과 붉은 깃발을 세웠고 탑 외에도 많은 주옥珠玉을 싣고 왔다고 한다. 수로왕이 황옥을 황후로 맞아 나라를 다스린 지 150년이었고 남쪽의 왜구도 진압하였다.

119 이 시의 고사는 『三國遺事』 '海華嚴'에 보인다. 경덕왕 13년(754) 여름에 화엄종華嚴宗의 대덕大德인 법해法海를 불러 황룡사에서 『華嚴經』을 강론하게 하면서 "지난 해 여름에 대현 법사大賢法師를 불러 『金光經』을 강론하게 했더니, 우물물이 일곱 길이나 솟았다."라고 하니, 법해가 "이는 작은 일이니, 일컬을 게 있겠습니까. 바닷물을 기울여 동악東嶽을 잠기게 하고 서울을 떠내려가게 하는 것도 어렵지 않습니다."라고 하였다. 오시午時에 강론할 때 법해가 향로를 들고 가만히 있으니, 잠시 후에 대궐의 관리가 달려와 "동쪽 연못이 넘쳐 내전內殿 50여 칸이 떠내려갔습니다."라고 하였다. 왕이 망연자실하자 법해가 "이는 동해물을 기울이려고 먼저 수맥水脈을 불어나게 한 것일 뿐입니다."라고 하였다. 이튿날 감은사感恩寺에서 사람이 와서 "어제 오시에 바닷물이 넘쳐 불전佛殿 계단 앞에까지 밀려왔다가 포시晡時에 도로 빠져나갔습니다."라고 하였다.

120 김삼광金三光은 저본에 '김이원金二元'으로 되어 있는데, 교감하여 고쳤다. 김유신의 아들이다. 문무왕 6년 병인년(666) 2월에 고구려를 정벌하기 위해 병력을 요청하려고 그와 한림漢林을 사신으로 당나라에 보냈다. 당나라 고종이 그를 불러 좌무위익부 중랑장左武衛翊府中郞將을 삼고 숙위宿衛하였다. 무진년(668) 6월 신라로 돌아올 때 고종이 이 시를 써서 증별贈別하였다.

121 이 이야기는 『三國遺事』 4권 '萬佛山'에 보인다. 신라 경덕왕이 당나라 대종代宗 황제

• 495

를 위해 만불산이란 가산假山을 만들어 보냈는데 그 솜씨가 지극히 정묘精妙하였기에 대종이 보고 탄복하여 이 시를 지었다고 한다.

122 모량리牟梁里의 가난한 여인 경조慶祖가 아이를 낳고 대성大城이라고 이름을 지었다. 대성은 집이 너무 가난하여 부자인 복안福安의 집에 들어가 품팔이를 했는데, 그 집에서 밭 몇 이랑을 나눠 주어 겨우 먹고 살 수 있었다. 당시 고승 점개漸開가 흥륜사興輪寺에서 육륜회六輪會를 열고자 하여 보시를 받으러 복안의 집에 왔기에 대성은 베 50필을 보시하였다. 점개가 축원하기를 "하나를 보시하면 1만 배로 보답을 받을 것이다."라고 하니, 대성은 기뻐서 자기 밭을 모두 보시하였다. 그리고 얼마 뒤 대성은 세상을 떠났다. 그가 죽던 날 밤 재상 김문량金文亮의 집에 하늘에서 "모량리에 살던 대성이란 아이가 이제 너희 집에 태어날 것이다."라고 외치는 소리가 들렸다. 김문량의 아내가 임신해서 아이를 낳으니, 갓난아이가 왼손을 꼭 쥐고 있다가 이레 만에 펴니 '대성大城' 두 글자를 새긴 금간자金簡子가 쥐어져 있었다. 그래서 이름도 그대로 대성이라 하고, 그 어미도 집으로 모셔 와 함께 봉양하였다. 후일에 김대성은 현생의 부모님을 위해서는 불국사佛國寺를 세우고, 전생의 부모님을 위해서는 석불사石佛寺, 석굴암石窟庵을 세웠다. 석불石佛을 조각하고자 큰 돌 하나를 다듬어 감실龕室의 덮개를 만드는데 갑자기 돌이 세 조각으로 쪼개졌다. 대성이 안타깝게 여기다가 어렴풋이 잠들었는데, 밤중에 천신이 내려오더니 감개를 다 만들어 놓고 돌아갔다. 대성은 잠자리에서 일어나자마자 남쪽 고개로 급히 올라가 향나무를 태우며 천신에게 공양하였다. 그래서 그 고개를 향령香嶺이라 이름하였다.

123 안향安珦(1243~1306) : 초명은 유유裕이고 자는 사온士蘊, 호는 회헌晦軒이다. 고려 말엽에 주자학朱子學을 처음으로 우리나라에 보급한 학자이다.

124 고려 명종明宗 15년(1185) 병마사兵馬使 유자량庾資諒(1150~1229)이 동굴 앞에서 예불할 때 청조靑鳥가 꽃을 물고 날아와 갓 위에 떨어뜨리니, 유자량이 감동하여 이 시를 지었다고 한다. 청조는 파랑새인데 원래 선녀仙女인 서왕모西王母의 사자使者라고 한다. 여기서는 청조를 관음보살의 사자로 본 것이다.

125 원경圓鏡은 고려의 왕자로서 출가한 승려로 당대의 명필이었다. 그의 글씨가 회암사檜巖寺 여러 곳에 남아 있어 금나라 사신이 회암사에 들러서 그 글씨를 보고 이 시를 지었다. 『東國輿地勝覽』 권11 「京畿道楊州牧檜巖寺」.

126 왕자의 고량~거의 없어라 : 원경의 글씨는 왕자의 기상이 넘쳐 산중의 채식하는 승려의 글씨와는 다르다는 뜻이다.

127 미친 장지張芝와~도리어 한스럽구나 : 장지는 후한後漢 때 명필로 초서를 잘 써서 초성草聖이라 일컬어졌으며, 회소懷素는 당나라 승려로 초서를 잘 썼던 서예가이다. 장지와 회소는 초서만 잘 써서 글씨에 골격이 약했고 원경의 글씨는 골격이 있어 그들보다 뛰어난데, 출가하여 승려가 되도록 내버려 둔 게 아쉽다는 뜻이다.

128 원효가 반고사에서 공부할 때 그곳에서 멀지 않은 영취산에 낭지朗智가 머물고 있었다. 낭지가 원효로 하여금 「初章觀文」과 「安身事心論」을 짓게 했는데, 원효가 이 두 글을 완성하여 스승인 낭지에게 보내면서 이 시를 함께 보냈다고 한다. 『三國遺事』 8권에 이 이야기가 보인다.

129 속세를 멀리~기뻐할 만하지만 : 『新增東國輿地勝覽』 권30 「晉州牧雙溪寺」를 보면, 이 시는 고운이 쌍계사에 있으면서 호원 상인에게 부친 시라고 전해진다고 하였다.

130 사해가 매우~도안道安을 생각한다오 : 진晉나라 고승高僧 도안이 형주荊州에 와서 명사인 습착치習鑿齒를 만나, "나는 미천 석도안彌天釋道安이요."라고 하자, 습착치는 "나는 사해 습착치四海習鑿齒요."라고 답하며 서로 친해졌다는 고사를 차용하였다. 미천은 하늘에까지 닿았다는 말로, 지기志氣가 높음을 비유한 것이고 사해는 지기가 드넓음을 비유한 것이다. 여기서는 어지러운 세상에서 자신의 마음을 알아 주는 호원 대사를 그리워한다는 말이다. 『晉書』 권82 「習鑿齒列傳」.

131 호리병 속 별천지別天地 : 후한後漢 때 호공호公이라는 선인仙人이 시장에서 매일 약을 팔다가 석양이 되면 점포 머리(肆頭)에 달아 놓은 병 속으로 뛰어들어 가곤 하였다. 그것을 본 비장방費長房이 한번은 그를 따라 병 속으로 들어가 보니, 하나의 별천지가 있더라는 고사에서 유래한 것으로, 한 구역의 경치가 아름다운 곳을 형용하는 말이다. 『後漢書』 권72 下 「費長房列傳」.

132 넷째 수는 당나라 엄유嚴維의 작품이고 원제목은 '금화산에 들어가는 사람을 보내며(送人入金華)'이다.

133 제목에 착오가 있다. 이 시의 제목은 '연기 조사의 영정에 예배하며(禮緣起祖師影)'로 화엄사를 창건한 연기 조사를 읊은 것이다.

134 원제목은 '삼각산 인수사에서 문수보살의 성상에 예배하며(三角山仁壽寺禮文殊聖像)'이다.

135 청학 선생靑鶴先生 : 조선 중기의 도류道流로 백우자百愚子 이혜손李惠孫의 제자인 청학산인靑鶴山人 위한조魏漢祚를 지칭한다. 그는 함경도 갑산甲山 사람으로 자는 중염仲炎인데, 지리산 청학동에 살았고, 1603년(선조 36) 1월 15일 새벽에 일어나 대란산大蘭山으로 들어가 다시는 돌아오지 않았다고 한다.

136 백림거사栢林居士 한식韓湜 : 고려 때의 도류道流이다.

137 화표華表라 천~눈물 뿌리노라 : 진晉나라 도연명陶淵明의 『搜神後記』에 "정영위丁令威는 본래 요동遼東 사람으로 영허산靈虛山에서 도를 배워 신선이 되었는데, 그가 뒤에 학으로 화하여 성문 앞의 큰 기둥인 화표華表에 앉아 있었다. 이때 어떤 소년이 활로 쏘려고 하자 학이 날아서 공중을 배회하며 말하기를, '새여, 새여. 정영위로다. 집을 떠난 지 천 년 만에 이제야 돌아오니, 성곽은 예와 같은데 백성은 그때 사람이 아니로구나. 어찌하여 신선술神仙術을 배우지 않아 무덤만 즐비한고.'라고 하고는 날아

가 버렸다."라고 한 고사를 차용하였다.
138 그 누가 동빈洞賓을 알리오 : 동빈은 당나라 때 팔선八仙의 하나인 여동빈呂洞賓을 가리킨다. 동빈은 자이고 이름은 암巖이며 호는 순양자純陽子이다. 그는 신선이 되어서 바람을 타고 세상을 마음대로 다녔다 한다. 그의 시에 "세 번 악양루에 올라도 사람들이 알지 못하니, 낭랑하게 시를 읊으며 동정호를 날아 지났네.(三上岳陽樓人不識。朗吟飛過洞庭湖。)"라고 하였다.
139 능호能浩 : 조선 시대의 승려로 호는 우송友松이다.
140 평산 처림平山處林(1279~1361) : 임제 의현臨濟義玄(787~866)의 18대 법손이다. 〈示懶翁〉은 항주杭州 정자사淨慈寺에서 나옹 혜근에게 법을 전하며 지은 게송이다.
141 혜문惠文 : 고려 시대 선승禪僧으로 속성은 남씨南氏, 자는 빈빈彬彬이고 호는 월송月松이다. 1232년(고종 19) 전후(추정)에 화악사華嶽寺에 주석하였고, 1232년 운문사雲門寺로 옮겨 주석하다가 1234년에 입적하였다. 시를 잘 지어 이인로李仁老, 이규보李奎報, 최종선崔宗善, 유충기劉冲基 등 당대의 명사들과 교유하였다.
142 공공空空 : 고려 후기 유가파瑜伽派의 승려로, 자는 공공이며 법명은 경조景照이다. 시문詩文에 능하였으며 삼중대사三重大師를 역임하였다. 이 시는 경조가 충남 논산의 돌미륵을 예찬한 시이다. 『補閑集』 참조.
143 유장원庾壯元 : 유석庾碩(?~1250). 고려 후기의 문신으로 안동 도호부사安東都護副使 등을 역임하였다. 이 시는 유석이 중도中道(충청도)의 안찰사가 되어 지나다가 공공의 시 〈贊彌勒像〉을 보고 미륵을 대신하여 쓴 것이다. 『補閑集』 참조.
144 이 이야기는 『三國遺事』 '사복불언蛇福不言'에 보인다. 신라의 수도 경주 만선북리萬善北里에 있는 과부가 남편도 없이 아이를 낳았는데 나이 12세가 되어도 말을 못하고 일어나지 못하므로 사람들이 사복蛇卜이라 불렀다. 어느 날 그의 어머니가 죽자 사복이 원효元曉를 찾아와서 "그대와 내가 옛날에 경經을 싣고 다니던 암소가 이제 죽었으니 나와 함께 장사 지내자."라고 했다. 이에 원효가 사복의 어머니 시신 앞에서 바로 다음에 보이는 〈사복의 어머니를 장사 지낼 때의 법문〉을 읊은 다음 원효와 사복 두 사람은 상여를 메고 활리산活里山 동쪽 기슭으로 갔다. 사복이 이 게송을 읊고 띠풀을 뽑으니, 그 아래에 칠보로 장식한 연화장 세계가 나타났고 사복이 어머니의 시체를 업고 그 속에 들어가니 땅이 닫혔다고 한다.
145 태어남과 죽음이 괴롭고 괴로워라 : 원효가 사복의 시신 앞에서 위 두 구절을 법문으로 읊자 사복이 "말이 많다."라고 하면서 줄여서 "생사가 괴롭다.(生死苦兮)"라고 했다고 한다. 여기서는 사복의 말을 원효의 법문 뒤에 이어 붙여 놓았다.
146 조계曹溪 목우자牧牛子 : 고려 보조국사普照國師 지눌知訥(1158~1210)의 호가 목우자이다.
147 「普照國師碑銘」에 의하면, 보조국사가 임종하던 날 날이 밝을 무렵에 "오늘이 무슨

날인가?"라고 묻자 "3월 27일입니다."라고 대답하니, 법복法服을 갖추어 입은 다음 손을 씻고 양치하고, "이 눈은 조상의 눈이 아니요, 이 코는 조상의 코가 아니요, 이 입은 어머니에게 받은 입이 아니요, 이 혀는 어머니에게 받은 혀가 아니다.(這箇眼不是祖眼。這箇鼻不是祖鼻。這箇口不是孃生口。這箇舌不是孃生舌。)"라고 하고는 대중을 모아 놓고 설법하고 문답한 다음 주장자를 두어 차례 내려치고 "천 가지 만 가지가 모두 여기에 있다."라고 하고 선상禪床에 앉은 채 숨을 거두었다 하였다. 이 시에는 내용을 축약하고, 할喝과 같이 꾸짖을 때 쓰는 말인 돌咄 자를 덧붙였다.

148 이 시는 1205년 가을 보조국사 지눌이 강진 월출산 아래 백운암白雲菴에 주석할 때 혜심이 선승 몇 사람과 함께 찾아가며 읊은 것이다. 『曹溪眞覺國師語錄』에는 기起·승承 두 구句와 전轉·결結 두 구가 바뀌어 있다.

149 진각국사 혜심이 지눌에게 〈보조 스님께 드리다(呈普照師翁)〉 게송을 보이니, 지눌이 크게 웃으며 그에게 부채(扇子)를 건넸다. 이에 혜심이 부채를 받고 다시 지은 게송이다. 『曹溪眞覺國師語錄』 참조.

150 불향천佛香天 : 불경에 나오는 나라인 중향국衆香國을 가리킨다. 향적국香積國이라고도 하는 이 나라에는 누각과 정원에 모두 향기가 나고 그 향기는 시방세계에 두루 퍼진다고 한다.

151 호리병 속 별천지 : 주 131 참조.

152 『無衣子詩集』에는 제목이 '법을 구하기에 서암瑞巖의 주인공 화두를 들어서 게송을 짓다(求法擧瑞巖主人公話作偈)'로 되어 있고, 제목 아래에 "해양의 청신사 10여 명이 암자에 와서 설법을 청하기에 서암의 주인공 화두를 들어 설법하고 이어 일곱 게송을 설하다.(海陽信士十餘人到庵求法。擧瑞巖主人公話因說七偈。)"라는 자주自註가 붙어 있다. 서암의 주인공 화두란 당나라 때 서암이란 승려가 매일 스스로 자문자답하기를, "주인공아!", "예!", "깨어 있느냐?", "예!"라고 하였다는 것이다.

153 십악十惡 : 살생殺生·투도偸盜·사음邪淫·기어綺語·망어妄語·악구惡口·양설兩舌·탐貪·진嗔·치癡를 말한다.

154 떨어진 시루 : 후한後漢 때 맹민孟敏이라는 사람이 등에 시루를 지고 가다가 발을 헛디뎌 시루가 땅에 떨어져 깨졌지만 뒤도 돌아보지 않고 가 버렸는데, 이 광경을 본 곽태郭泰가 그 까닭을 묻자 맹민이 "이미 시루가 깨졌는데 돌아본들 무슨 소용이 있는가."라고 했다는 고사에서 온 말로, 부질없는 일을 뜻한다. 『後漢書』 권68 「郭符許列傳」.

155 통발을 잊음(忘筌) : 『莊子』 「外物」에 보이는 득어망전得魚忘筌의 준말로, 본래는 '물고기를 잡으면 통발을 잊는다'는 것으로, 도를 얻으면 그 수단을 버린다는 뜻이다. 여기서는 사업事業을 이루는 데 필요한 문장을 불문佛門에 들어오면 잊어야 하는 게 한스럽다는 뜻이다.

156 『無衣子詩集』에는 제목이 "진일 상인이 와서 말하기를 '저는 타고난 성품이 산란한데 이를 다스리지 못하여 고요한 곳에서 마음을 억누르면 곧 혼침에 빠집니다. 이 두 가지 병이 근심거리이니, 청컨대 법계를 얻어 대치對治하는 처방을 삼고자 합니다.'라고 하였다.(眞一上人來言曰。某乙賦性散亂。未能調攝。或於靜處捺伏則便落昏沈。惟此二病是患。請得法偈。爲對治方。)"로 되어 있다.

157 그림자를 쉰다 : 『莊子』「漁父」에 "어떤 사람이 자기 그림자를 두려워하고 자기 발자국을 싫어하여 그것을 떨쳐 내려고 달아났는데, 발을 자주 들수록 발자국은 더욱 많아졌고, 빨리 달릴수록 그림자가 더욱 몸에서 떨어지지 않기에 자신이 달리는 것이 아직 더디다고 생각해서, 쉬지 않고 질주하다가 마침내 힘이 다하여 죽고 말았다. 그는 그늘에 가서 쉬면 그림자가 사라지고 고요히 멈추면 발자국도 쉰다는 것을 몰랐으니, 매우 어리석은 것이다.(人有畏影惡迹而去之走者。擧足愈數而迹愈多。走愈疾而影不離身。自以爲尙遲。疾走不休。絶力而死。不知處陰以休影。處靜以息迹。愚亦甚矣。)"라고 한 데서 온 말이다.

158 석존의 사리가~일체임을 보였다지 : 신라 자장 율사慈藏律師가 당나라에서 귀국하면서 가지고 온 불사리佛舍利를 황룡사탑皇龍寺塔, 태화사탑太和寺塔, 통도사 금강계단金剛戒壇에 각각 나누어 봉안하였는데, 황룡사탑이 벼락을 맞아 불탈 때 통도사 금강계단의 불사리를 모신 부도에도 불탄 흔적이 생겨서 아직도 남아 있다고 한다. 이는 황룡사탑의 불사리와 금강계단의 불사리가 탈 때 일체로 상통함을 뜻한다고 한다.

159 석존의 가사 : 신라 자장 율사가 당나라에서 귀국할 때 석가모니가 입었던 금란가사金襴袈裟를 가져와 통도사에 봉안했다고 한다. 이 가사는 지금도 통도사 관음전에 보관되어 있다.

160 간신도諫臣圖 : 원제목은 '간신거국도諫臣去國圖'로 그림의 의미는 왕에게 직간直諫하던 충직한 신하가 도성을 떠나는 모습을 그린 그림이다. 그림 속의 주인공은 고려 의종毅宗과 명종明宗 때 충신으로 벼슬이 좌정승左政丞에 이른 문극겸文克謙이다. 문극겸이 의종에게 직간하다가 관직을 벗고 고향인 전라도 나주로 내려갈 때 백의 필마로 충청도 공주公州 유구역維鳩驛을 지나다가 역사驛舍 벽에 시 한 수를 남겼다. 문극겸이 그 시를 유구역에 남긴 지 10여 년 뒤 명종 3년(1173) 겨울에 유구의 역사를 새롭게 수리하고 화공畵工을 시켜 벽에 채색을 할 때 화공 박씨朴氏가 그 시를 보고는 침실 서쪽 벽에 한 폭의 그림을 그렸다. 그 그림은 흰옷을 입은 한 사람이 삿갓을 쓰고 말고삐를 늘어뜨린 채 말을 타고 산길을 천천히 가고 그 뒤를 종들이 손을 잡고 힘없이 따라가는 모습을 그린 것이었다. 이 그림을 그린 지 50년이 지나도록 그 의미를 사람들이 알지 못했는데, 진각국사 혜심이 유구역을 지나다가 보고는 간신거국도라 하고 시를 써서 그림 곁에 붙였다고 한다. 『補閑集』.

161 곡돌曲堗하라고 한~소용 있으랴 : 곡돌은 화재를 예방하려고 굴뚝을 굽게 내는 것

이다. 머리 태운다는 것은 불을 끄다가 이마를 데는 것이다. 옛날에 한 나그네가 묵고 있던 집의 굴뚝이 곧게 나 있고 그 곁에 땔나무가 쌓여 있는 것을 보고 집주인에게 화재가 날 수 있으니 굴뚝을 굽게 내고 땔나무를 먼 데로 옮기라고 권했다. 주인이 그 말을 듣지 않았는데, 과연 화재가 났다. 이웃 사람들이 달려와 불을 꺼 주었는데, 주인은 감사의 보답으로 잔치를 크게 베풀고서 이마 덴 사람을 가장 윗줄에 앉히고 나머지는 각각 공로에 따라 차례로 앉히면서, 굴뚝을 굽게 내라고 말한 사람은 아예 입에 올리지도 않았다고 한다. 여기서는 문극겸이 의종에게 직언했는데, 의종이 따르지 않다가 결국에 무신武臣의 난亂을 당한 것을 비유하였다. 『漢書』 권68 「霍光傳」.

162 벽에 가득한~자를 흥기시키누나 : 문극겸을 절개를 지킨 백이伯夷에 비겼다. 맹자孟子가 "백이의 풍도를 들은 자는, 완악한 이는 청렴해지고 나약한 이는 흥기하게 된다.(聞伯夷之風者。頑夫廉。懦夫有立志。)"라고 하였다. 『孟子』「萬章」下.

163 굴원屈原 : 전국시대 초楚나라의 충신으로, 회왕懷王에게 직간直諫하다가 조정에서 축출되어 도성을 떠나 『離騷』를 읊고 상강湘江의 지류인 멱라수汨羅水에 몸을 던져 자결하였다.

164 미자微子 : 은殷나라의 왕자로 기자箕子, 비간比干과 함께 삼인三仁이라 일컬어진다. 『詩經』〈有客〉에 "나그네여, 나그네여, 백마를 타고 왔네.(有客有客。亦白其馬。)"라고 하였는데, 이는 미자가 주周나라 때 송宋나라에 봉해진 뒤에 주나라에 조회하러 가면서 흰말을 타고 간 사실을 읊은 시이다. 주나라는, 은나라가 흰색을 숭상하였기 때문에 미자로 하여금 흰옷을 입고 백마를 타게 하였다.

165 임금 잘못 바로잡지 못하고 : 『孟子』「離婁」上에 "오직 대인이라야 임금의 잘못된 마음을 바로잡는다.(惟大人。爲能格君心之非。)"라고 하였다.

166 주운朱雲이 난간 부러뜨린 : 주운은 한漢나라 성제成帝 때의 직신直臣이다. 주운이 "상방참마검尙方斬馬劍을 내려 주면 간신 한 사람을 참수하여 나머지 사람들을 경계하겠다."라고 하기에 성제가 누구냐고 묻자 주운은 바로 '안창후安昌侯 장우張禹'라고 대답하였다. 장우는 바로 성제의 사부師傅였기에 성제가 대노하여 사람들을 시켜 그를 끌어내리자 그가 어탑御榻의 난간을 잡고 매달려 난간이 부러졌다고 한다. 후일에 성제가 주운의 말이 옳음을 깨닫고 그 난간을 고치지 말고 그대로 쓰도록 하여 직간하는 신하의 본보기로 삼게 했다고 한다. 성어로 주운절함朱雲折檻이라 하여 강직한 신하의 표상으로 삼는다. 『漢書』 권67 「朱雲傳」.

167 원앙袁盎이 임금에 맞선 : 원앙은 한나라 문제文帝 때 직신이다. 문제는 신부인愼夫人을 몹시 총애하였는데 하루는 문제와 황후, 신부인이 함께 상림上林에 행차했을 때 신부인이 황후와 나란히 앉아 있었다. 이에 원앙이 "이미 황후를 세웠으면 신부인은 첩이 되는데 첩이 어떻게 황후와 자리에 나란히 앉을 수 있겠습니까. 이는 후일에 화

• 501

란禍亂을 일으키는 단서가 됩니다."라고 하였다. 이에 문제가 기뻐하였으며, 신부인도 자신을 깨우쳐 주어 고맙다고 하며 금 50근을 내렸다. 『漢書』권49 「袁盎傳」.

168 내 몸은~묘화의 뜻이여 : 『圓鑑國師集』에는 "서방의 묘희존자妙喜尊者는 국왕이 세 차례나 불렀는데도 나아가지 않았다. 이에 왕이 사람을 보내 또 부르면서 '만약 오지 않으면 왕이 목을 벨 것이다.'라고 말하게 했는데, 존자가 '목을 벨 테면 베어라. 나의 몸은 움직이지 않을 것이다.'라고 하였다. 왕이 이 말을 전해 듣고 훌륭하게 여겨 더욱 예우하였다."라는 자주自註가 달려 있다.

169 목을 늘여~신로信老의 뜻이여 : 신로는 선종禪宗의 4조祖인 도신道信을 가리킨다. 당나라 황제 태종이 도신의 명성을 듣고 만나고 싶어 네 차례 조서詔書를 내려 불렀으나 도신이 표表를 올려 사양하였다. 네 번째에는 태종이 사자에게 명령하여 "과연 자리에서 일어나지 않거든 목을 베어 오라."라고 하였다. 사자가 도신에게 조서를 내리자 도신이 태연히 칼날 앞에 목을 늘이고 나아갔다. 이에 사자가 돌아가 그 사실을 아뢰니 태종이 도신을 더욱 흠모하였다. 『五燈會元』1권.

170 나찬懶瓚은 형산衡山에~답하지 않았고 : 당나라 때 고승 명찬明瓚의 이칭이다. 명찬의 천성이 게으르고 남이 먹다 남긴 음식을 먹기 때문에 나잔懶殘 또는 나찬으로 일컬어졌다. 그는 형산의 석굴石窟에 살고 있는데, 덕종德宗이 그의 명성을 듣고 칙사를 보냈다. 나찬은 콧물을 길게 흘리면서 소똥에 토란을 구워 먹다가 칙사가 콧물을 닦으라고 권하자 "내가 너희 속인들을 위해 콧물을 닦으리오."라고 하고 나가지 않았다. 『林間錄』下.

171 노능盧能은 조계산에~올려 사양하였지 : 노능은 속성俗姓이 노씨盧氏인 육조六祖 혜능慧能을 가리킨다. 중사中使는 궁중의 내시內侍를 가리킨다. 당나라 중종中宗이 내시 설간薛簡을 보내 부르니 혜능이 병을 칭탁하여 사양하였다. 이에 덕종이 가사와 발우 등을 하사하였다. 『宋高僧傳』8권.

172 『圓鑑國師集』에는 제목이 '무인년 11월 6일에 대중을 거느리고 산을 나가 이튿날 장경을 나누어 짊어지고 돌아와 게송을 읊다(戊寅十一月六日。率衆出山。明日分負藏經迴。有偈。)'로 되어 있다.

173 『圓鑑國師集』에는 제목이 '조계산 누교樓橋를 지나면서 원주院主 신공信公이 퇴락한 다리를 다시 보수한 것을 보고 감탄을 이기지 못하여 시를 지어 찬미하다(過曹溪樓橋。見院主信公。修葺起廢。不勝嘉歎。作句以美之。)'로 되어 있다.

174 『圓鑑國師集』에는 '상국相國 농서공隴西公(尊庇)은 천금과 같이 귀한 두 아들을 두었는데, 한 아들은 숙위宿衛의 선발에 뽑혀서 약관에 조정에 들어갔고, 한 아들은 조계산의 공문空門에 들어와 열 살의 나이에 삭발하였다. 상국이 한편으로는 기쁘고 한편으로는 슬퍼서 시를 지어 부쳐 왔기에 재삼 읽어 보고 감탄을 이기지 못하여 삼가 그 시에 차운次韻하여 화답하는 시 두 편을 지어 각하閣下에 부쳐 드린다(相國隴西公尊

庀。有二千金之嗣。其一充宿衛之選。弱冠入朝。其一詣曹溪之空。十齡被剃。相國且喜且悲。作詩見寄。伏讀再三。不勝感歎。謹依元韻。和成二篇。寄呈閣下。)'라는 제목이 있고 그 아래에 두 수의 시가 있는데, 그중에서 첫 번째 시로 이존비의 맏아들에 대해 읊은 것이다.

175 숭악嵩嶽의 규공이~떠난 때일세 : 『圓鑑國師集』에는 이 시의 끝에 "숭악의 규珪 선사는 속성이 이씨로 어린 나이에 출가하였고 후에 노안 국사老安國師를 참알參謁하여 곧 진종眞宗으로 현묘한 선지禪旨를 돈오頓悟하였다. 염관진국鹽官鎭國 해창원海昌院의 제안 선사齊安禪師는 속성이 이씨로 태어날 때 신령한 빛이 방안을 비추었고, 신이神異한 승려가 이르기를 '무승당無勝幢을 세워 불일佛日을 빛낼 이는 어찌 그대가 아니겠는가.'라고 하기에 마침내 운종 선사雲宗禪師를 의지하여 삭발하였는데, 대적 선사大寂禪師가 그를 한 번 보고는 남다른 인재로 여겨 입실入室하게 하고는 은밀히 왕법王法을 보여 주었다.(嵩嶽之珪禪師。姓李氏。幼歲出家。後謁安國師。即о眞宗。頓悟玄旨。鹽官鎭國海昌院安禪師。姓李氏。生時神光照室。復有異僧謂之曰。建無勝幢使佛日廻照者。豈非汝乎。遂依雲宗禪師落髮。大寂一見異之。乃命入室。密示王法云云。)"라는 자주가 달려 있다.

176 틈새 지나는 망아지 : 세월이 매우 빨리 흘러감을 비유하는 말이다. 장자가 "사람이 천지간에 살아가는 것은 마치 흰 망아지가 틈을 지나가는 것과 같다.(人生天地之間。若白駒過隙。)"라고 하였다. 『莊子』 「知北遊」.

177 은빛 궁궐 : 밝은 달을 비유한 말이다. 송나라 소식蘇軾의 〈중추에 달을 보며 자유의 시에 화답하다(中秋見月和子由)〉라는 시에 "한 잔의 술 다 마시기 전에 은빛 궁궐이 솟구치니, 어지러운 구름들 마치 파도처럼 흩어지누나.(一杯未盡銀闕涌。亂雲脫壞如崩濤。)"라고 하였다.

178 잠공岑公: 이름은 도원道願. 강릉인江陵人으로 수隋나라 말기에 만주滿洲 대강大江의 남쪽 산골로 피신하여 선도仙道를 닦은 결과 피부가 빙설氷雪같이 투명해지고 마침내 시해尸解하여 떠났다고 하는데, 당송唐宋 간에 충묘 대사沖妙大師 허감 진인虛鑑眞人의 호號가 가해졌다. 그가 은거하던 곳을 잠공동岑公洞이라고 하여 시문에서 신선의 동천洞天으로 많이 비유한다.

179 나는 본래~밖의 사람 : 『圓鑑國師集』에는 "황룡黃龍 단斷 화상이 설두雪頭를 방문하여 지은 시에 '나는 본래 사람 밖의 사람이니, 사람 밖의 경계를 찾아왔노라.(我本人外人。來尋人外境。)'라 하였다."라는 자주가 달려 있다.

180 천 리에~곧 친구라 : 옛날에 "천 리에는 풍속이 같지 않다.(千里不同風)"라는 말이 있는데, 여기서는 천 리 안에 풍속이 다 같으니 유자儒者와 불자佛者가 서로 달라도 친구가 된다는 뜻으로 말하였다.

181 용두회龍頭會 : 고려 때 문과文科에서 장원 급제한 사람들의 모임을 일컫는 말이다.

182 십 년~어찌 생각했으랴 : 원감국사가 오랫동안 인물을 만나지 못하다가 염 상국을 만나 기쁘다는 말이다. 당나라 선자船子 스님은 법명은 덕성德誠으로 약산藥山의 문하에서 개오開悟하여 절강浙江 화정華亭에서 작은 배 한 척을 띄워 뱃사공 노릇을 하여 협산 선회夾山善會를 만나 전법傳法한 뒤 배를 엎어 버리고 떠났다고 한다. 그래서 화정선자華亭船子라 일컬어졌다.『祖堂集』권5. 당나라 때 재 상인 배휴裵休가 황벽 희운을 극진히 모셔 완릉宛陵으로 초청하여 법문을 듣고『宛陵集』을 편찬하였다.『宋高僧傳』권6.

183 궁자窮子 :『法華經』「信解品」에 한 장자長者의 아들이 어릴 때 집을 떠나 사방을 떠돌며 궁핍하게 살다가 아버지의 눈에 띄어 가업을 물려받는다는 얘기가 나온다. 궁자는 바로 이 아들로, 여기서는 원감국사 자신을 비유한 것이다.

184 파음巴音을 가지고 영가를 잇는 : 자신이 높은 법통法統을 이어받아 부끄럽다는 뜻을 비유로 말한 것이다. 파음은 〈下俚〉와 〈巴人〉을 가리키는 말로 수준이 낮은 노래를 뜻하고, 영가郢歌는 〈陽春〉과 〈白雪〉을 가리키는 말로 고상한 노래를 뜻한다. 어떤 사람이 초나라 수도인 영郢 땅에서 처음에 〈下俚〉와 〈巴人〉이란 노래를 부르자 그 소리를 알아듣고 화답하는 사람이 수천 명이었고, 〈陽阿〉와 〈薤露〉를 부르자 화답하는 사람이 수백 명으로 줄었고, 〈陽春〉과 〈白雪〉을 부르자 화답하는 사람이 수십 명으로 줄었다고 한다. 송옥宋玉의「對楚王問」이란 글에 보인다.『文選』.

185『조백론棗栢論』: 당나라 이통현李通玄의『新華嚴論』을 가리킨다. 이통현이 10년 동안 매일 발우에 대추와 잣나무 잎만 담아서 먹고 살았으므로 조백 대사棗栢大士라 일컬었다.

186 발길로 마갈다국을~급고독원을 움켜쥐었어라 : 이통현의『新華嚴論』이『華嚴經』의 이치를 자유자재로 풀이하였음을 비유하였다. 화엄칠처설華嚴七處說에 의하면, 불타가 일곱 장소에서『華嚴經』을 설했다고 하는데, 첫째 장소가 성도成道한 마갈다국이고 마지막 일곱째 장소가 급고독원이라 한다.

187 일백 성~두루 참방했고 :『華嚴經』「入法界品」에서 선재동자善財童子가 110성城을 두루 다니면서 다양한 선지식을 참방한 것을 말한다.

188 아홉 차례~지금도 엄연해라 :『新華嚴論』에서는 불타가『華嚴經』을 일곱 장소에서 아홉 차례 설법했다고 한다. 즉 불타가『華嚴經』을 설하던 당시의 회상會上이 지금도 엄연히 그대로 눈앞에 있다는 뜻이다.

189 여러분들의 손에~할 뿐 : 전신錢神은 돈을 비유한 말로 진晉나라 노포魯褒의「錢神論」에 "돈이 있으면 귀신도 부릴 수 있는데 하물며 사람이야 말할 나위 있으랴.(有錢可使鬼。而況于人乎。)"라고 하였다. 돈을 가지고 가서 술을 사 마신 제자들에게 장난삼아 시로 꾸중한 것이다. 즉 자네들은 돈으로 술을 사 마셔 얼굴에 봄기운이 가득한데 나는 요즘 사람들과 달리 그저 재미없는 설법이나 할 뿐이라는 뜻이다.

190 『圓鑑國師集』에는 제목이 '원소암 벽에 옛날에 누가 써 놓은 시가 있기에 보고 베껴 둔다(圓炤庵壁上有舊題。見而錄之。)'로 되어 있는 것으로 보아 원감국사가 지은 시가 아니라 예전에 다른 사람이 지은 시임을 알 수 있다.

191 매복梅福의 연못 : 매복은 자는 자진子眞으로 한漢나라 때 은사隱士이다. 왕망王莽이 나라를 찬탈하여 전횡專橫하자 은거하여 신선이 되었다고 한다. 그래서 매선梅仙으로 일컬어지기도 하는데 못에 연蓮을 심어 길렀기에 그 못을 매복지梅福池 또는 풍우지風雨池라 한다. 『太平寰宇記』 권106.

192 뿌리는 화산~옮겨 왔어라 : 한유韓愈의 〈古意〉에 "태화산 봉우리 위 옥정의 연꽃은, 꽃이 피면 너비가 열 길이요 뿌리는 배만큼 크다네.(太華峯頭玉井蓮。開花十丈藕如船。)"라고 하였다. 『韓昌黎集』 권3.

193 강사江使 : 거북이를 은유한 청강사자淸江使者의 준말로 『莊子』 「外物」에 "거북이 청강을 위해 하백의 처소로 사신 갔다.(爲淸江使河伯之所)"라고 한 데서 유래하였다.

194 태선胎仙 : 학鶴의 이칭이다. 학은 선금仙禽으로 조류 중에서 유독 태생胎生이라는 전설에서 온 말이다.

195 차기는 눈과~맛보아 부끄러워라 : 선대의 국사國師가 이 연을 심었는데, 자신이 와서 먹으니 부끄럽다는 뜻이다. 『太平寰宇記』 권29에 "〈華山記〉에 '산꼭대기에 천엽연화千葉蓮花가 나는데 이 꽃잎을 먹으면 우화등선羽化登仙한다.'고 하였다."라고 하였고, 한유의 〈古意〉에 "차기는 눈서리 같고 달기는 꿀과 같으니 한 조각 입에 넣으면 고질병이 낫는다네.(冷比雪霜甘比蜜。一片入口沈痾痊。)"라고 하였다.

196 물거품 허깨비 같은 : 『金剛般若波羅密經』 사구게四句偈에 "일체유위의 모든 것은 꿈 같고 허깨비 같고 물거품 같고 그림자 같으며, 이슬 같고 또한 번개 같나니, 응당 이와 같이 관찰해야 한다.(一切有爲法。如夢幻泡影。如露亦如電。應作如是觀。)"라고 하였다.

197 칼로 베고~마음 달라지랴 : 『大涅槃經』에서 인용한 것으로, 한 사람은 와서 칼로 나의 한쪽 손을 베고 한 사람은 와서 나의 한쪽 손에 향을 발라 주더라도 미워하거나 고마워하는 생각을 일으키지 않고 무심無心하다는 말이다.

198 육대六代의 의발을~다투었던 것을 : 육대는 중국 선종禪宗의 육조六祖를 가리킨다. 5조 홍인弘忍의 의발衣鉢을 혜능慧能이 받아서 몰래 떠나자 홍인 문하의 승려들이 의발을 빼앗고자 다투어 혜명이란 승려는 대유령大庾嶺까지 추격하였던 일을 가리킨다.

199 비람풍毘嵐風 : Ⓢ vairambhaka. 우주가 종말을 맞을 때 분다는 맹렬한 폭풍으로 이 바람이 불면 모든 것이 파괴된다고 한다.

200 북쪽 새~몸이 변했으니 : 『莊子』 「逍遙遊」에 "북해에 크기가 수천 리나 되는 곤鯤이라는 물고기가 변하여 붕鵬이란 새가 되는데, 이 새가 남쪽 바다로 갈 때 구만 리를 날아올라 여섯 달을 가서야 쉰다."라고 하였다.

201 궐리闕里 : 궐리는 공자孔子가 살던 마을로 여기서는 원감국사와 만연선로萬淵禪老

• 505

모두 유학儒學을 수학하였음을 의미한다.

202 봄기운 못~같은 몸 : 자신이 노쇠했음을 비유한 말이다.

203 이 시는 원감국사가 41세 때 김해현金海縣 감로사甘露社의 주지로 있을 때 한 선덕禪德의 청을 받아 읊은 것으로 『圓鑑國師集』 부록에 보인다.

204 용두龍頭 : 문과에 장원급제한 사람을 가리킨다. 고려 때 문과에 장원급제한 사람들의 모임을 용두회龍頭會라 일컬었다.

205 각엄 국사覺儼國師 : 송광사 수선사修禪社 16국사 중 제13세 국사로 속성은 이씨李氏이고, 호는 무능수無能叟 또는 무언수無言叟이다. 10세 때 조계산曹溪山의 천영天英 밑에서 출가하고 구족계를 받았고 천영이 입적하자 수선사 제12세 자각국사慈覺國師 도영道英의 문하에 들어가 수학하였다. 고려 충정왕忠定王의 왕사王師가 되어 각엄존자覺儼尊者라는 호를 받았고, 1352년 공민왕恭愍王 때 왕사에 책봉되고 전라남도 영광군 불갑사佛岬寺에 주석하였다. 1355년에 백암사白巖寺로 옮겨 주석하다가 그 해 7월 27일에 임종게臨終偈를 남기고 입적하였다.

206 강서江西의 늙은이 : 마조 도일馬祖道一을 가리킨다. 부처가 무엇인지 물으면 마조가 어떤 때에는 "마음이 곧 부처이다."라고 하고 어떤 때에는 "마음도 아니고 부처도 아니다."라고 하였다.

207 혜감은 조계산 수선사 10세 국사로 법명은 만항萬恒이다. 이 임종게는 익제益齊 이제현李齊賢이 쓴 「海東曹溪山修禪社第十世別傳宗主重繼祖燈妙明尊者贈諡慧鑑國師碑銘幷序」에 의하면, "오온이 툭 틔어 맑으니 진여의 비춤이 무궁하도다. 생사의 출몰이 달이 허공에 구르는 것 같아라. 내 이제 발을 내딛으니 누가 그 현묘한 자취를 알리요. 너희 제자들에게 고하노니 부질없이 허공을 더듬지 말라.(廓淸五蘊。眞照無窮。死生出沒。月轉空中。吾今下脚。誰辨玄蹤。告爾弟子。莫謾捫空)"라는 게송을 읊고, 경호景瑚가 떠남과 머묾의 뜻을 묻자 "어느 곳에서든 만나지 않으랴, 강을 건널 때 뗏목이 필요 없어라.(何處不相逢。渡河不用筏。)"라고 한 것으로 되어 있다. 『東文選』 권118.

208 이 시와 다음 쪽의 시는 고려 때 대량원군大良院君 순詢이 천추태후天秋太后와 김치양金致陽이 자신을 살해하려 하자 삼각산 신혈사神穴寺에 숨어 살 때 지은 시라고 한다. 대량원군이 후일에 즉위하여 현종顯宗이 된다.

209 황룡의 뱃속~사이가 인역이로세 : 금강산은 황룡의 형상이고 그중에서 내금강 표훈사表訓寺의 암자인 마하연摩訶衍이 황룡의 복장腹藏, 즉 뱃속에 해당한다고 한다. '인성人城'은 '인역仁域'으로 보인다. 인역은 인수지역仁壽之域의 준말로, 천수天壽를 다하며 살 수 있는 태평한 지역을 뜻한다. 『漢書』 권22 「禮樂志」에 "한 세상의 백성들을 몰아서 인수의 지역으로 인도하면 풍속이 어찌 성왕成王·강왕康旺 때처럼 되지 않겠으며, 수명이 어찌 고종 때처럼 되지 않겠는가.(驅一世之民。濟之仁壽之域。則俗何以不

210 이규보李奎報의 『東國李相國集』에는 제목이 '8월 20일에 능가산 원효방에 제하다(八月二十日題楞迦山元曉房)'로 되어 있고, 여기에 인용된 시 뒷부분에 "우리 스님은 원효의 높은 자취 이어 짧은 갈포 입고 이곳에 와 사시네. 둘러보면 팔 척쯤 너비 작은 방에 한 쌍의 신발만 놓여 있을 뿐일세. 시봉하는 제자도 한 사람 없이 홀로 앉아 아침저녁 보내시네. 원효 스님이 다시 세상에 나오셨으니 감히 허리 굽혀 절하지 않으리오.(吾師繼高蹤。短葛此來寓。環顧八尺房。惟有一雙屨。亦無侍居者。獨坐度朝暮。小性復生世。敢不拜傴僂)"라는 8구句가 더 있다.

211 보각국사普覺國師는 『三國遺事』를 지은 일연一然을 가리킨다. 일연이 청도靑陶 운문사雲門寺에 주석할 때 충렬왕忠烈王이 보낸 시이다.

212 밀전密傳을 어찌~특별한 일일세 : 1282년에 충렬왕이 일연을 불러 선법禪法을 듣고 77세의 선사를 개경 광명사廣明寺에 주석하게 한 일을 가리킨다. 밀전은 은밀히 전수한다는 말로 이심전심以心傳心, 즉 마음으로 마음을 전하는 선법을 뜻한다. 선법은 자기 마음을 깨닫는 도리이니 굳이 스승을 모시고 설법을 들을 필요는 없지만 스님을 초청하여 설법을 들은 것도 특별히 좋은 일이라 한 것이다.

213 연 공련公璉 : 송나라의 고승 회련懷璉(1009~1090)을 가리킨다. 송 인종仁宗이 회련을 궁궐로 불러 불법佛法을 묻고 크게 공경하여 대각大覺이라는 법호를 내렸다. 고려 충렬왕이 일연을 연공처럼 대접하고 싶다는 뜻이다.

214 낭풍閬風 : 신선이 산다는 곤륜산 꼭대기에 있는 봉우리로, 낭풍전閬風巓 또는 낭풍대閬風臺라고 한다. 굴원屈原의 〈離騷經〉에 "아침에는 내 백수를 건너고 낭풍에 올라서 말고삐를 매려네.(朝吾將濟於白水兮。登閬風而緤馬。)"라고 하였다.

215 비단으로 싼 신묘한 필적 : 옛날에 귀인과 명사가 지어 벽에 걸어 놓은 시문을 청사靑紗로 덮어서 오래도록 보존하였는데, 여기서는 예종 자신이 임금이 되기 전에 영명사永明寺에 와서 써 놓은 시를 가리킨다. 당나라 왕파王播가 어린 시절 가난하여 양주揚州 혜소사惠昭寺 목란원木蘭院에서 잿밥을 얻어먹고 있으니 중이 싫증을 내어 마침내는 재齋가 파한 뒤에야 종을 쳤다. 그리고 20년 뒤에 왕파가 양주 태수揚州太守로 나가 지난날 지은 시의 '밥 먹으러 가자 사람들 이미 흩어져 동서로 갔으니, 스님이 밥 먹은 뒤 종 친 것이 부끄럽구나.(上堂已散各西東。慙愧闍黎飯後鍾。)'라는 글귀를 찾아보니 중들이 소중히 대우하여 푸른 비단으로 감싸 놓았다. 그래서 왕파는 마지막 구를 지어 달기를 '이십 년 만에 오니 티끌이 얼굴에 부딪쳐, 지금에야 비로소 벽사롱을 얻었구나.(二十年來塵撲面。而今始得碧紗籠。)"라고 하였다. 『唐摭言』.

216 곽여郭輿(1058~1130) : 자는 몽득夢得이고 본관은 청주淸州이다. 계해년(1083, 문종 37)에 문과에 급제하여, 합문지후閤門祗候, 홍주 목사洪州牧使, 예부 원외랑禮部員外郎을 역임했다. 사직한 뒤에는 금주金州에 은거하였고, 시호는 진정眞靜이다.

217 현릉玄陵 : 고려 31대 왕인 공민왕의 능호陵號로, 공민왕을 가리킨다.
218 회당晦堂 : 원오국사圓悟國師 천영天英(1215~1286)의 법호이다. 송광사 수선사 5세 국사이고, 이 시에서 막 출가하는 이존비의 아들은 후일에 제13세 각진국사覺眞國師가 되는 복구復丘(1270~1355)이다.
219 쓴 오얏~많이 달렸기로 : 진晉나라 왕융王戎이 어렸을 때 여러 아이들과 길가에서 장난을 하고 놀다가 오얏나무에 열매가 많이 달려 있는 것을 보고 다른 아이들은 그것을 따려고 달려가는데 왕융만 혼자 달려가지 않기에 그 까닭을 묻자 왕융이 "오얏나무가 길가에 있는데 열매가 많이 달려 있으니, 필시 맛이 쓴 오얏일 것이다.(樹在道邊而多子。必苦李也。)"라고 하였다. 그래서 그 오얏을 따서 맛보니 참으로 맛이 좋지 않았다고 한다. 여기서는 자기 자식들을 오얏에 비유하였다.『晉書』권43「王戎傳」.
220 충성을 옮기는~신하의 본분이요 : 부모에 대한 효성을 옮겨 임금에게 충성하는 것으로 『孝經』「廣揚名章」에 "군자는 어버이를 모심이 효성스럽다. 그러므로 효심을 옮겨 임금에게 충성할 수 있는 것이다.(君子之事親孝。故忠可移於君。)"라고 한 데서 온 말이다.
221 임천臨川 : 진나라 명필인 왕희지王羲之를 가리킨다. 송나라 증공曾鞏의「墨池記」에 "왕희지가 일찍이 못물이 다 까맣게 되도록 못가에서 글씨를 연습했던 장지張芝의 일을 사모하여, 그 또한 임천의 묵지墨池에서 글씨를 연습했다."라고 한 데서 온 말이다.
222 조과瑂戈 : 조과는 문양을 아로새긴 창으로, 천자天子가 원훈 대신元勳大臣에게 내리는 하사품이다. 한漢나라 때 부풍扶風에서 고정古鼎을 발견했는데, 그 고정에 주周나라 대전大篆으로 새겨져 있기를, "왕이 일을 주관한 신하에게 명하여 이르기를, '너에게……조과를 내리노라.' 하였다.(王命主事之臣曰賜爾……瑂戈)"라고 한 데서 온 말로 전서篆書를 뜻한다.
223 연경이 눈 안에 있으니 : 연경은 북경으로 고려의 서울인 개경開京을 가리킨다. 즉 늘 개경의 임금을 잊지 않는다는 뜻이다.
224 침계루枕溪樓 : 송광사 경내에 있는 누각으로 삼청루三淸樓라고도 한다.
225 숲속에 비~힘이 약해지네 : 비가 지나가니 꽃이 젖어서 아래로 드리워지고 바람이 휘도니 폭포에서 떨어지는 물이 흩날려 그 힘이 약해진다는 뜻이다.
226 회당심晦堂心 : 황룡 혜남黃龍慧南의 법사法嗣인 회당 조심晦堂祖心(1025~1100)을 가리킨다. 시호는 보각普覺이다. 주 52 참조.
227 여동빈呂洞賓 : 당나라 말기의 도사 여암呂巖의 자가 동빈洞賓이고 호는 순양자純陽子이다. 종리권鍾離權에게 신선술을 배웠으며 도교 팔선八仙 중의 한 사람이다.
228 육신六神 : 옛날에는 사람의 심장, 폐장, 간장, 신장, 비장, 쓸개에 각각 주관하는 신이 있다고 하여 이를 육신이라 하였다.『雲笈七籤』권32에 "무릇 사람이 누울 때 머리 곁에 화로를 두어 육신이 편안하지 못하게 하지 말라.(凡人臥頭邊。勿安火鑪。令六神不

安.)"라고 하였다.

229 표주박과 전대~거문고도 부수노니 : 표주박은 물을 떠 마시는 도구이고 전대는 양식을 넣고 다니는 도구로 떠돌아다니는 나그네가 휴대하는 필수품이며, 거문고는 가지고 다니는 악기이다. 즉 여동빈이 더 이상 신선이 되려고 강호를 떠돌아다니지 않겠다는 것이다.

230 이 시부터 이어지는 5수는 신라 경덕왕 때 경상남도 창원 백월산白月山 무등곡無等谷에서 노힐부득努肹夫得은 미륵불을 염불하고 달달박박怛怛朴朴은 아미타불을 염불하며 두 사람이 각각 따로 암자를 지어 수행하는데 관음보살의 화신인 묘령의 낭자가 찾아와 성불하게 된다는 전설을 읊은 것이다. 『三國遺事』권3 〈塔像〉 '南白月二聖'.

231 한 쌍의 아기 : 즉 미륵불이 된 노힐부득과 무량수불이 된 달달박박을 가리킨다. 관음 낭자가 산기가 있다고 하면서 물을 데워 달라고 하여 목욕하고 노힐부득에게 목욕하라고 하니 그 물에 목욕하고 노힐부득은 미륵불이 되었고, 노힐부득을 찾아온 달달박박도 그 물에 목욕한 뒤 무량수불이 되었다고 한다.

232 여종 욱면郁面 : 신라 경덕왕景德王 때 강주康州에서 남자 수십 명이 서방정토西方淨土에 왕생할 것을 발원하여 미타사彌陀寺를 세우고 만일萬日을 기약하여 염불하였는데, 아간阿干 귀진貴珍의 집에 욱면이라는 여종이 있었다. 욱면이 주인을 따라 사찰에 가서 마당에 서서 스님을 따라 염불하니, 주인이 분수에 맞지 않는 짓이라고 미워하여 사찰에 갈 때마다 곡식 두 섬을 주고는 하룻저녁에 다 찧으라고 맡겼다. 욱면은 이를 초저녁에 다 찧어 놓고 사찰에 가서 염불하되 뜰 좌우에 긴 말뚝을 세우고 손바닥을 뚫어 노끈으로 꿰어 말뚝 위에 매어 두고서 합장하여 일심으로 염불하니, 하늘에서 "욱면 낭자는 불당에 들어와 염불하라."라는 소리가 들렸다. 스님들이 욱면 낭자를 불당으로 맞아들였고, 욱면 낭자는 부지런히 염불하다가 하늘로 날아올라 가 부처님의 몸으로 변하여 연화대蓮化臺에 큰 광명을 비추며 서쪽으로 갔다. 『三國遺事』권7 「感通」 '郁面婢念佛西昇'.

233 관기觀機와 도성道成 : 신라 때 승려로 두 사람이 지금의 대구광역시 비슬산인 포산包山에 은거하여 관기는 남쪽 산기슭에 암자를 지어 살고 도성은 북쪽 굴에 살아 서로 거리가 10리쯤 되었는데, 도성이 관기를 부르고자 하면 산속의 수목들이 모두 남쪽을 향해 허리를 굽혀 관기를 맞이하는 형상을 하고 관기가 도성을 부르고자 하면 산속의 수목들이 모두 북쪽을 향해 허리를 굽혀 도성을 맞이하는 형상을 하였으므로 서로 자기를 부르는 줄 알고 찾아가곤 하였다. 어느 날 도성이 뒷산 바위 위에서 좌선하다가 허공으로 날아가 자취를 감추었고 관기도 뒤를 따라 떠났다. 『三國遺事』권5 「神呪」.

234 금강산 유점사 53불 : 고려 때의 문사文士가 쓴 「楡岾寺記」에 의하면, 53구의 불상이 월지국月支國에서 무쇠 종을 타고 바다를 건너 안창현安昌縣 포구에 닿아 내렸는데

• 509

현감 노춘盧偆이 그 소식을 듣고 그들을 찾다가 산속에서 들려오는 종소리를 따라 들어가니 여러 불상이 못가의 느릅나무에 종을 걸어 놓고 앉아 있기에 예배하고 돌아와 왕에게 보고하고 그 자리에 절을 창건하여 유점사라 이름했다고 한다. 『新增東國輿地勝覽』권45 「高城郡」.

235 『牧隱集』에는 이 구 뒤에 "시기와 사적을 살펴보면 참으로 믿기 어려워 그 전설은 해괴하고도 황당하기만 하지만(考時按籍信難信。事出詭怪仍荒唐。)"이라는 두 구가 더 있다.

236 『牧隱集』에는 이 구 뒤에 "동방 사람은 어린아이 때부터 염불할 줄 아니 늙은이야 그 누가 서방의 불법을 찾지 않으랴.(東人口乳已梵唄。白頭誰不求西方。)"라는 두 구가 더 있다.

237 『牧隱集』에는 이 시의 말미에 "금강처럼 파괴되지 않는 내 본성이 있으니 세계가 괴멸하여도 금강산은 공중에 감춰 있으리.(金剛不壞有我性。世界毀滅山向空中藏。)"라는 두 구가 더 있다.

238 무애지無礙智 계응戒膺 : 대각국사 의천義天의 수제자로 호는 태백산인太白山人이고 시호는 무애지국사無碍智國師이다. 경북 의성 태백산에 각화사覺華寺를 창건하였는데, 전국에서 천백여 명의 승려 및 학자들이 몰려들어 성황을 이루었다고 한다.

239 보요 선사普曜禪師 : 신라 때 고승이다. 대장경을 중국 남월南越에서 가지고 오는데 갑자기 풍랑이 일어 배가 위태하기에 보요 선사가 "신룡이 대장경을 이곳에 머물게 하려는 것인가 보다."라고 하고 주문으로 축원하여 신룡을 함께 데리고 왔다는 전설이 있다. 『三國遺事』권4 '前後所將舍利'.

240 팽조적彭祖逖 : 원元나라 때 학사學士로 공민왕비恭愍王妃 노국공주魯國公主가 고려에 들어올 때 호위하여 와서 고려에 정착하여 용강 팽씨龍崗彭氏의 시조가 되었다. 이인로李仁老의 『破閑集』에 "학사 팽조적은 책을 몹시 좋아하는 성벽性癖이 있었다."라고 하였다.

241 설암雪巖은 설암 조흠雪巖祖欽(1216~1287)이다. 설암이, 나타那吒 태자가 살을 베어서 어머니에게 돌리고 뼈를 깎아서 아버지에게 돌린 뒤에 연꽃 위에서 본래의 몸을 나타내어 어머니를 위해 설법했다는 얘기를 거론해서 설법하는 것을 듣고 소경이 이 게송을 지어 설암에게 드렸다. 『續指月錄』권6.

242 소경紹瓊 : 임제종臨濟宗 양기파의 고승으로 몽산 덕이蒙山德異의 제자이며 법호는 철산鐵山이다. 고려 충렬왕 때 국빈으로 대우를 받고 고려로 와서 3년 동안 머물며 회암사檜巖寺에 주석하였다.

243 한 줄기~전각 나투었으니 : 세존께서 대중들과 함께 길을 가시다가 한 조각의 땅을 가리키면서 "여기에 절을 지어라."라고 하니, 제석帝釋이 풀 한 줄기를 갖다 땅에 꽂고 "절을 세웠습니다."라고 하자, 세존이 빙그레 웃었다는 고사를 인용하였다. 『禪門拈頌』27칙則 「建刹」.

244 백화구百花毬 : 온갖 꽃들이 바람에 날리는 것을 축국蹴鞠할 때 쓰는 털로 만든 공에 비긴 것이다. 장빈張蠙의 궁사宮詞에 "햇살이 주렴에 비쳐 드니 면류관이 보이는데 육궁의 여인들은 다투어 백화구를 쫓누나.(日透珠簾見冕旒。六宮爭逐百花毬)"라고 하였다.

245 삼청三淸 : 옥청玉淸 · 태청太淸 · 상청上淸으로, 신선이 살고 있다는 전설의 세계이다.

246 진秦나라 동자 : 방사方士 서복徐福이 진시황秦始皇에게 글을 올려 삼신산三神山에 신선이 살고 있다고 하고, 불로초를 구해 오겠다며 동남동녀童男童女 3천 명을 거느리고 바다로 들어가 돌아오지 않았던 고사에서 나오는 동남동녀를 가리킨다. 『史記』 권6「秦始皇本紀」.

247 삼현三玄 : 임제종에서 말하는 선법禪法의 요체로 현중현玄中玄, 구중현句中玄, 체중현體中玄을 말한다. 임제 의현臨濟義玄이 "일구一句의 말에 모름지기 삼현문三玄門을 갖추어야 하고 일현문一玄門마다 모름지기 삼요三要를 갖추어야 하니, 권도權道도 있고 작용도 있다."라고 한 데서 온 말이다.

248 다른 사람들이~이전을 투과했다네 : 1399년에 나옹懶翁이 신광사神光寺에서 전법傳法의 의미로 제자 무학無學에게 불자拂子를 주자 사람들이 무학을 시기하였다. 이에 나옹이 "전법에 있어 의발衣鉢이 언구言句만 못하다."라고 하고 "한가한 중들이 피아彼我를 구분하는 마음을 일으켜 함부로 시비를 말하니, 매우 옳지 않다. 산승이 네 구절의 게송으로 훗날의 의심을 끊어 주리라."라고 하고 이 게송을 지어 주었다. 변계량卞季良의「朝鮮國王師妙嚴尊者塔銘幷序」참조.

249 중국 송나라 황룡 혜남黃龍慧南 문하의 나암 도추懶菴道樞가 영안난야永安蘭若의 벽상壁上에 써 놓은 시인데, 나옹의 시로 잘못 알려졌다.

250 태조 이성계가 무장武將일 때 설악산 계조암繼祖菴에서 기도하였는데, 3년에 500번 재를 지내어 소원을 성취했다는 전설이 있다.

251 독성獨聖이 허공으로 날아가지 않았다면 : 독성은 나한羅漢의 이칭이다. 독성이 허공을 날아간다는 것은 나한이 신통력이 있음을 뜻한다.

252 이성계가 함경도 안변安邊에서 꿈속에서 온 고을에 닭 울음소리가 들리고 집집마다 다듬이 소리가 들리고 꽃이 떨어지는데 자신이 허물어져 가는 집에서 서까래 세 개를 지고 나오다가 거울이 깨지는 소리에 꿈을 깼다. 해몽하려고 설봉산雪峯山에 은거하여 수도하던 무학無學 스님을 만나니, 무학이 왕이 될 길몽이라 하고 3년 동안 절을 지어 오백나한을 모시고 기도해야 소원을 성취할 것이라 하였다.

253 제목의 '지공指空'은 잘못 들어간 것이다.「普濟尊者語錄序」에 의하면, 나옹이 중국의 평산 처림平山處林을 찾아가니 평산이 물었다. "대덕大德은 어디에서 왔는가?"라고 하자 나옹이 "대도大都에서 왔습니다."라고 하였다. 평산이 "누구를 만났는가?"라고 하자 나옹이 "서천西天 지공을 뵈었습니다."라고 하였다. 평산이 "지공의 일용日用이

어떠한가?"라고 하자 나옹이 "하루에 천 검千劍을 씁니다."라고 하였다. 평산이 "지공의 천 검은 그만두고 너의 한 검을 가져오라."라고 하였다. 나옹이 좌구座具를 들어 평산을 치니 평산이 쓰러지면서 큰 소리로 "이 도적놈이 사람을 죽인다!"라고 하였다. 나옹이 "저의 검은 사람을 죽이기도 하고 살리기도 합니다."라고 하고 평산을 부축하여 일으키니, 평산은 크게 웃으면서 나옹의 손을 잡고 방장에 들어가서 인가하였다.

254 황제의 어전에서 공부를 선택했지 : 공민왕의 왕사王師가 되어 어전에서 설법하고 임금의 공부를 점검한 일을 가리킨다.

255 오산五山 차천로車天輅의 『五山說林』에 의하면, 방번芳蕃과 방석芳碩의 난亂으로 태조가 함흥咸興에 가 있을 때, 옛날 태조의 고향 친구였던 한 노인이 닭 두 마리와 말술을 가지고 와서 위로하자 태조가 술을 마시고 이 시를 지었다 한다.

256 북해의 물고기 날아올랐다 : 이성계 자신이 제왕의 자리에 오른 것을 비유하였다. 『莊子』「逍遙遊」에 "북해에 크기가 수천 리나 되는 곤鯤이라는 물고기가 변하여 붕鵬이란 새가 되는데, 이 새가 남쪽 바다로 갈 때 구만 리를 날아올라 여섯 달을 가서야 쉰다."라고 하였다.

257 풍패豐沛에 노래하러 : 풍패는 제왕의 고향을 가리키는 말이다. 한漢 고조高祖 유방劉邦이 천하를 평정하여 천자가 된 뒤에 그의 고향 풍패에 들러 부로父老들을 모아 주연을 베풀고 자리에서 일어나 대풍가大風歌를 불렀다 한다.

258 당唐 명황明皇의 촉도난蜀道難 : 명황은 당나라 현종玄宗의 시호이다. 안녹산安祿山이 반란을 일으켰을 때 현종이 험난한 길을 따라 서촉西蜀 지방으로 몽진蒙塵한 일을 말한다.

259 정명국사靜明國師(1205~1248) : 천태종 만덕산 백련사白蓮社의 제2세로 법명은 천인天因이고, 정명국사는 시호이다.

260 부상扶桑 : 동해 바다 해 뜨는 곳에 있다는 신목神木으로 일본을 가리킨다.

261 눈 속에~잃을 뻔했구나 : 소림사로 달마達摩를 찾아가 눈 속에 서 있었던 혜가慧可를 가리킨다. 해동에 산악들이 빼어나고 부상에 해가 뜨는 것이 모두 본지풍광本地風光 아님이 없는데, 혜가는 이를 모르고 달리 진리를 찾았기 때문에 이렇게 말한 것이다.

262 무릉가武陵歌 : 무릉도원武陵桃源의 선경仙境을 읊은 노래로 여기서는 본지풍광本地風光의 노래를 뜻한다.

263 여우가 범의 위엄 빌리니 : 호가호위狐假虎威의 고사를 말한다. 여우가 범의 위세를 빌려 다른 짐승을 놀라게 한다는 뜻으로 신돈辛旽이 임금을 등에 업고 권세를 부린 것을 비유하였다. 『戰國策』「楚策」.

264 누른 개와~특히 싫어하였는데 : 『東文選』 원주原註에 "신돈이 개와 매를 기르는 자를 꺼렸다."라고 하였다. 이는 신돈을 여우의 화신으로 여긴 것이다.

265 오골계와 백마는~죽어야 했던가 : 『東文選』 원주에 "신돈이 늙은 뒤에는 오골계와 백마 고기로 음행淫行할 때 정력을 돕는 약으로 삼았다."라고 하였다.

266 청수淸叟 : 고려 말기의 승려로 호는 나잔자懶殘子이며, 천태 판사天台判事가 되었고, 복리군福利君에 봉해졌다.

267 목 공牧公 : 목은 이색牧隱李穡을 가리킨다. 이색이 지은 「長城縣白巖寺雙溪樓記」가 『東文選』과 『牧隱集』에 실려 있다.

268 옷깃 떨치고 : 벼슬을 그만둠을 뜻한다. 두보杜甫의 〈曲江對酒〉에 "벼슬에 얽매인 몸이라 창주는 머니, 늙어서 옷 떨치고 못 떠남을 한갓 슬퍼할 뿐일세.(吏情更覺滄洲遠。老大徒傷未拂衣)"라고 하였다.

269 이 제목 '사세종대왕석서권謝世宗大王石書券'은 착오이고, '石'은 오자일 듯하다. 이 시는 안평대군安平大君이 그린 소상팔경瀟湘八景 그림에 제題한 시들을 모은 『匪懈堂瀟湘八景詩帖』에 들어 있다. 내용으로 보아도 소상팔경 그림에 대한 화제畵題들임이 분명하다.

270 천 리~바쁜가 봐 : 후한後漢 때 오군吳郡 사람인 장한張翰이 낙양洛陽에서 벼슬하다가 가을바람이 불자 고향의 순챗국과 농어회가 생각나서 벼슬을 그만두고 고향으로 돌아갔던 고사를 차용하였다. 『晉書』 권92 「張翰傳」.

271 초객楚客 : 전국시대 초楚나라의 충신으로 회왕懷王에게 직간直諫하다가 조정에서 축출되어 도성을 떠나 『離騷』를 읊고 상강湘江의 지류인 멱라수汨羅水에 몸을 던져 자결한 굴원屈原을 가리킨다.

272 이 글들은~멀리 뻗치리 : 『匪懈堂瀟湘八景詩帖』의 시들은 후세에 길이 빛날 것이라는 뜻이다. 한유韓愈의 〈調張籍〉에 "이백과 두보의 문장이 있으니, 그 광염이 만 길이나 멀리 뻗치도다.(李杜文章在。光焰萬丈長)"라고 하였다.

273 속초續貂 : 자신의 좋지 못한 시문詩文으로 남의 좋은 시문을 이어 짓는 것을 뜻한다. 고대에 임금을 가까이서 보필하는 고급 관리들은 관의 장식으로 담비 꼬리를 썼는데, 진晉나라 때 조왕趙王 사마륜司馬倫이 조정의 정사를 전단하면서 봉작封爵이 너무 많은 나머지 담비 꼬리가 부족하여 개 꼬리로 보충하였던 데서 유래하였다. 『晉書』 권59 「趙王倫傳」.

274 조계曹溪의 학문 : 선학禪學을 말한다. 조계는 육조六祖 혜능慧能이 주석한 중국 조계산을 가리킨다.

275 궐리闕里의 말씀 : 유교의 경서經書를 뜻한다. 주 201 참조.

276 과녁을 뚫었고 : 말과 글이 이치에 꼭 들어맞는 것을 말한다. 『世說新語』「品藻」. 당나라 두보杜甫의 〈敬贈鄭諫議十韻〉에 "간관은 현달하지 않은 게 아니요, 시를 잘 짓기로 일찍 이름이 났지. 과녁을 꿰뚫는 건 종전부터 그러하니, 누가 감히 앞설 수 있으랴.(諫官非不達。詩義早知名。破的由來事。先鋒孰敢爭。)"라고 하였다.

277 도은陶隱과 나란히 말을 달리고 : 시를 잘 짓기로 도은과 대등할 정도였다는 말이다. 도은은 이숭인李崇仁(1347~1392)의 호이다. 그는 본관은 성주星州, 자는 자안子安이며, 시호는 문충文忠이다. 삼은三隱의 한 사람으로, 공민왕 때 문과에 급제하여 예문응교, 성균사성, 예문관 제학 등을 역임하였다. 문사文辭가 전아典雅하여 중국의 사대부들도 그 저술을 보고 모두 탄복하였다고 한다. 특히 시를 잘 지었다. 저서로 『陶隱集』이 있다.

278 어찌 다시~깃발을 다투리오 : 마음속의 정념情念이 움직이지 않는다는 뜻이다. 바람에 깃발이 펄럭이는 것을 보고 한 승려는 바람이 움직인다 하고 한 승려는 깃발이 움직인다 하면서 서로 다투는 것을 보고 육조 혜능이 "바람이 움직이는 것도 아니고 깃발이 움직이는 것도 아니라 그대들의 마음이 움직이는 것이다."라고 하였다는 고사가 있다.

279 적멸이 스님의 즐거움이 되거늘 : 『涅槃經』사구게四句偈에 "생멸이 다 소멸하고 나면 적멸이 즐거움이 된다.(生滅滅已。寂滅爲樂。)"라고 하였다.

280 쥐가 침노하여~끊기려 하고 : 『譬喩經』에 나오는 '안수정등岸樹井藤'을 인용하였다. 한 사람이 광야를 가다가 사방에서 불길이 일어나고 사나운 코끼리가 덤벼들어 달아나다가 우물을 발견하고 칡넝쿨에 매달린 채 우물 안으로 내려가니, 우물 밑에는 독사가 우글거리고, 붉은 쥐와 흰 쥐 두 마리가 번갈아 칡넝쿨을 갉아먹고 있었다는 이야기이다. 불길은 욕망, 코끼리는 죽음, 칡넝쿨은 생명, 뱀은 탐진치貪瞋癡의 삼독三毒, 두 마리 쥐는 낮과 밤을 비유한 것이다.

281 양이 짓밟아~자라지 못하네 : 늘 육식肉食함을 비유한 것이다. 어떤 사람이 늘 채소만 먹다가 갑자기 양고기를 먹었더니, 꿈에 오장신五藏神이 나타나 말하기를 "양羊이 나의 채소밭을 짓밟아 망쳤다."라고 했다는 고사가 있다.

282 옥대를 넘겨주는~어찌 싫어하랴 : 소동파蘇東坡가 불인 선사佛印禪師를 찾아가서 한마디 법담法談을 던지자, 불인 선사가 "내가 한마디 물을 터이니, 그 말에 대답을 못하면 당신의 허리에 띤 옥대를 산문山門에 기념으로 두고 가시오."라고 하였다. 소동파가 묻는 말에 얼른 대답을 하지 못하니, 불인 선사가 시자侍者를 불러 이르기를, "저 옥대를 받아서 산문의 기념으로 삼으라."라고 하였다.

283 금비金篦 : 금으로 만든 작은 칼로 중생의 병을 치유하는 불법佛法의 진리를 비유한다. 옛날 인도印度의 양의良醫가 금비를 가지고 맹인盲人의 눈꺼풀을 떼어 내어 광명을 되찾게 해 주었다는 고사가 있다. 『涅槃經』권8.

284 『東文選』에는 이 시의 말미에 "원컨대 향등의 불빛 찾아서 하룻밤 자고 참된 근원을 깨닫고저.(願尋香穗去。一宿達眞源。)"라는 두 구가 더 있다.

285 일본의 국사國師 문계文溪가 조선에 와서 시를 지어 주길 청하니 사대부 수십 명이 시를 지어 주었는데, 이때 천봉 스님이 지어 준 시이다.

286 수국水國의 옛 정신 : 수국은 섬나라인 일본을 가리키고 옛 정신은 고인古人과 같은 정신이란 말이다.
287 무위의 사람 : 임제 의현臨濟義玄이 말하는 무위진인無位眞人을 말한다. 한계나 지위가 없는 본래 마음을 비유한 것이다.
288 화치火馳 : 지식을 숭상하여 밖으로 광분하는 것이다. 『莊子』 「天地」에 "지식을 숭상하여 불길처럼 치달린다.(尊知而火馳尊知)"라고 하고 「外物」에 "불길처럼 치달리며 돌아보지 않는다.(火馳而不顧)"라고 하였다.
289 시립柴立 : 『莊子』 「達生」에 "안에 들어가 숨지 말 것이며 밖으로 나가 너무 드러내지 말고 안과 밖의 중앙에 고목처럼 서야 할 것이다.(無入而藏。無出而陽。柴立其中央。)"라고 한 데서 온 말로 정념情念의 동요가 없이 무심無心함을 뜻한다.
290 풍악에선 구름이~아래에서 일었고 : 문계가 조선에 와서 금강산을 유람했음을 뜻한다. 풍악은 금강산의 이칭이다. 남조南朝 송宋나라 시인 사령운謝靈運은 등산을 매우 좋아하여 산에 다닐 때는 항상 나막신을 신었는데, 산에 오를 때는 나막신의 앞굽을 빼고 산에서 내려올 때는 반대로 뒷굽을 빼서 산을 오르내리기에 편리하게 했다는 고사가 있다. 『南史』 권19 「謝靈運傳」.
291 분성盆城 : 경상남도 김해의 이칭이다.
292 조한룡曺漢龍 : 고려 후기 시중侍中 조정통曺精通의 셋째 아들로 다섯 형제가 모두 문과에 급제했고 그 자신도 벼슬이 시중에 이르렀으나 고려가 망하자 불사이군不事二君의 절의를 지켜 벼슬하지 않고 출가하여 세염洗染이란 법명을 썼다. 그 후 어머니의 반대로 다시 벼슬하여 승지承旨를 거쳐 참의參議에 이르렀고, 어머니가 세상을 떠나자 다시 승려가 되어 불회사佛會寺를 중창하였고 원정 국사元禎國師라는 법호를 받았다. 조선 태종 14년(1414)에 입적하자 청간淸簡이란 시호가 내려졌다.
293 이 시의 저자에 대해 『東師列傳』에서는 여말선초의 조한룡으로 보았고, 조긍섭(1873~1933)의 『巖棲集』에서는 신라 말엽의 조흠曺欽으로 보았다.
294 백상루百祥樓 : 평안도 안주安州 서북쪽에 있는 누대로 청천강淸川江을 굽어보고 있으며, 관서팔경關西八景의 하나이다. 고구려 영양왕嬰陽王 26년(615)에 건립되었다.
295 선비화仙扉花 : 골담초骨擔草의 이칭이다. 선비화禪扉花 또는 선비화仙飛花로 되어 있는 기록도 있다.
296 승려들은 석장을~내렸다 하네 : 경상북도 영주 부석사浮石寺 조사당祖師堂 앞에 있는 선비화는 본래 신라 때 의상 대사義湘大師가 평소 짚고 다니던 지팡이를 꽂은 것이 뿌리를 내려 자랐다고 하는 전설이 있다.
297 혜공惠空 스님 : 신라 선덕왕 때의 승려로 기이한 행적이 많다. 작은 암자에 살면서 삼태기를 지고 술 취해 다니면서 노래하고 춤을 추었으므로 사람들이 부궤 화상負簀和尙이라 이름하고, 그의 암자를 부개사夫蓋寺라 불렀다. 때로는 우물 속에 들어가서

몇 달씩 나오지 않았고, 나올 때에는 으레 벽의 동자碧衣童子가 먼저 나왔으며, 우물에서 나와도 옷이 조금도 젖지 않았다 한다. 또 신인종神印宗의 명랑明朗이 금강사를 새로 짓고 낙성식을 하려 할 때에 혜공이 오지 않기에 명랑이 향을 꽂고 비니, 즉시 혜공이 들어왔는데, 당시 비가 많이 왔는데도 옷이 젖지 않고 발에도 흙이 묻지 않았다 한다. 죽을 때에는 미리 예언하고 공중에 뜬 채 열반했는데 사리가 무수히 나왔다고 한다. 시구 가운데 한 짝 신발을 남겼다는 것은 달마 대사가 죽은 뒤 웅이산熊耳山에 묻었다가 뒤에 무덤을 파 보니 신발 한 짝만 남아 있었다는 고사를 차용하였다.

298 비야毘耶에서는 그~말이 없었고 : 비야는 인도의 비야리성毗耶離城을 가리킨다. 장자長者 유마힐維摩詰이 비야리성에서 병을 핑계로 법회에 나가지 않고 텅 빈 방에 누워 있으니, 석가모니가 문수보살文殊菩薩을 보내어 문병을 하게 하였다. 문수보살이 문병을 가서 "무엇이 불이법문不二法門인가?"라고 하니, 유마힐이 아무런 대답도 하지 않고 침묵으로 대답을 대신하자, 문수보살이 크게 감탄하여 말하기를 "훌륭하고 훌륭하다. 문자와 언어를 떠난 것이 참된 불이법문이다."라고 하였다. 『維摩經』 「入不二法門品」.

299 마갈摩竭에는 그~소리가 끊어졌어라 : 마갈은 마갈타摩竭陀의 준말이다. 고대 중인도中印度 마갈타국의 수도 왕사성王舍城 동쪽에 있는 영취산靈鷲山에서 석가모니가 설법할 때 하늘에서 꽃비가 내리기에 말없이 꽃을 들어 보이니 대중이 모두 침묵하는데 가섭迦葉이 미소를 짓자 석가모니가 "나에게 있는 정법안장正法眼藏·열반묘심涅槃妙心·실상무상實相無相·미묘법문微妙法門·불립문자不立文字·교외별전敎外別傳을 마하가섭摩訶迦葉에게 부촉하노라."라고 했다고 한다. 『法寶壇經』 서문과 『五燈會元』 권1에 보인다.

300 이 시는 원래 『大寶積經』에 있다. 직방선직紡綾이란 길쌈하는 사람이 매일 한 올씩 실을 부처님에게 바친 공덕으로 전륜왕이 되고, 제석천왕이 되었다는 얘기가 있다. 또 『撰集百緣經』에는 부처님이 사위국舍衛國 기수급고독원祇樹給孤獨園에 주석할 때 베 짜는 일을 하던 수마須摩라는 가난한 사람이 하찮을 실올을 부처님께 보시한 공덕으로 미래에 성불할 수 있게 되었다는 얘기가 있다.

301 경성敬聖 : 조선 중기의 선승禪僧 일선一禪(1488~1568)의 호이다. 그의 속성은 장씨張氏이고, 호는 휴옹休翁, 선화자禪和子, 광성廣聖 등이 있다. 지엄智儼의 지도를 받아 참선하였다.

302 이 게송은 송나라 오조 법연五祖法演의 조주무자趙州無字에 대한 게송이다.

303 경성이 임종할 때 장차 청허 휴정淸虛休靜이 찾아올 것임을 예언한 것이라 한다.

304 홑옷을 전해야~빛이 있으니 : 가사를 전하는 것으로 전법傳法을 뜻한다.

305 나무 사람이 푸른빛을 다투네 : 원문의 '木人爭靑'은 '休靜'을 파자破字한 것이다.

306 다리가 없는 것이 아니요 : 현자賢者를 뜻한다. 한漢나라 공융孔融의 「論誠孝章書」에

"주옥은 발이 없어도 저절로 오니, 이는 사람들이 좋아하기 때문이다. 하물며 현자는 발이 있음에랴.(珠玉無脛而自至。以人好之也。況賢者之有足乎。)"라고 한 데서 온 말이다.

307 소상瀟湘의 한 가닥 대나무 : 중국 소상 지역에서 나는 소상반죽瀟湘斑竹을 말한다.
308 『浮休集』에는 제목이 '이 상국이 문 도인에게 준 시에 차운하다(次李相韻贈文道人)'로 되어 있다.
309 신라 선덕여왕 때 부설浮雪, 영조靈照, 영희靈熙 세 스님이 묘적암妙寂庵이란 암자를 짓고 함께 수행할 때 읊은 시이다.
310 적寂과 공空을~버리는 법 : 적은 자기의 망념이 쉬었다는 뜻이며, 공은 바깥 대상이 비었음을 뜻한다. 즉 망념과 경계, 나와 대상 둘을 다 버리는 것이다.
311 전삼삼前三三과 후삼삼後三三 : 앞도 삼삼이요 뒤도 삼삼이란 말로 당나라 무착 선사無着禪師와 문수보살과의 문답에서 나온 말이다. 무착 선사가 문수보살에게 이곳의 대중大衆은 얼마나 되느냐고 묻자 문수보살이 "앞도 삼삼이요, 뒤도 삼삼이다."라고 하였다 한다.
312 지혜만 있으면~빠지고 말지 : 부설, 영조, 영희 세 스님이 문수보살을 친견하러 오대산으로 가다가 두릉杜陵에 이르러 구무원仇無寃이란 노인의 집에 여러 날 유숙하였는데 구무원의 딸 묘화妙花가 부설을 사모하여 부설이 가던 길을 멈추고 묘화와 결혼하게 되자 영조가 남녀의 정을 끊지 못하면 도道를 이룰 수 없다는 뜻으로 이렇게 시를 읊은 것이다.
313 간장검干將劍이 내~머물러 있으랴 : 간장검은 춘추시대 간장干將, 막야莫邪 두 부부夫婦가 만들었다는 한 쌍의 명검名劍 중 하나로 매우 예리한 보검을 뜻한다. 여기서는 예리한 지혜에 비유하였다. 지혜의 보검이 손에 들려 있으면 머뭇거리지 않고 단번에 여색女色에 대한 미련을 잘라 버려야 한다는 뜻이다.
314 한 삼태기~기다리는 인연 : 『書經』「旅獒」에 "아홉 길 높이의 산을 만듦에 공이 한 삼태기의 흙이 모자라는 데서 무너진다.(爲山九仞。功虧一簣。)"라고 하였다. 구고九皐는 학이 깃드는 깊은 수택水澤으로『詩經』〈鶴鳴〉에 "학이 구고에서 울거든, 소리가 들에 들리도다.(鶴鳴于九皐。聲聞于野。)"라고 한 데서 온 말이다. 즉 조금만 더 수행하면 도를 성취할 수 있는데, 묘화라는 여인이 이곳에서 기다리는 인연을 만나 부설이 속퇴하고 마는 것을 아쉬워하는 뜻을 담고 있다.
315 몸이 느긋해지느니 : 『大學』에 "부는 집을 윤택하게 하고, 덕은 몸을 윤택하게 하는 것이니, 덕이 있으면 마음이 넓어지고 몸이 느긋하게 펴진다.(富潤屋。德潤身。心廣體胖。)"라고 한 대목을 인용하였다. 이는 도덕道德이 갖추어짐으로 해서 마음이 넓어지고 몸이 여유로워져 위엄이 나타남을 뜻한다.
316 둥근 구슬이~저마다 비치네 : 조주 종심趙州從諗이 상당上堂하여 "마치 밝은 구슬이 손에 있으매 오랑캐가 오면 오랑캐가 나타나고 한족이 오면 한족이 나타나는 것

과 같다.(如明珠在掌。胡來胡現。漢來漢現。)"라고 하였고, 설봉 의존雪峯義存이 상당하여 "나의 이 경지는 마치 하나의 옛 거울과 같아서 오랑캐가 오면 오랑캐가 나타나고 한족이 오면 한족이 나타난다.(我這裏。如一面古鏡相似。胡來胡現。漢來漢現。)"라고 하였다. 둥근 구슬은 마니주摩尼珠를 가리킨다. 마니주와 밝은 거울이 일체 차별 색상色相이 없어 그 바탕이 맑은 까닭에 일체 차별 색상을 나타내듯이, 우리 마음 역시 본래 텅 비어 맑기 때문에 모든 사물을 비출 수 있다는 뜻이다.

317 장련상長連床 : 승당僧堂에서 좌선할 때 앉는 평상이다.

318 구품연대九品蓮臺 : 극락정토極樂淨土에 왕생하는 이가 앉는 9등급의 연화대蓮華臺이다. 상상품은 금강대金剛臺, 상중품은 자금대紫金臺, 상하품은 금련대金蓮臺, 중상품은 연화대蓮華臺, 중중품은 칠보연화七寶蓮華, 중하품은 경經에 밝혀지지 않고, 하상품은 보련화寶蓮華, 하중품은 연화蓮華, 하하품은 금련화유여일륜金蓮華猶如日輪에 앉는다고 한다.

319 광명장光明藏 : 보광명장普光明藏의 준말이다. 부처님이 보광명장 안에서 『원각경圓覺經』을 설하였다 한다. 보광명은 부처의 덕이 두루 밝다는 뜻이다.

320 한마디도~드러내지 않으시네 : 부처님이 말로 법을 설하지 않아도 이미 우레처럼 큰 소리로 설법한 것이고 아무리 설법해도 기용機用, 즉 대기大機는 다 드러나지 않는다는 뜻이다.

321 석종石鐘 : 돌로 만든 종 모양의 부도이다.

322 찰해刹海와 터럭~걸림이 없나니 : 찰해는 국토와 바다인데 우주에 펼쳐진 세계를 뜻하는 말이다. 『大方廣佛華嚴經』「盧舍那佛品」에 "한 터럭 구멍 안에 한량없는 찰해가 있다.(一毛孔中。無量刹海)"라고 하였다.

323 무봉탑無縫塔 : 이음매가 없는 탑이다. 당나라 때 숙종肅宗이 "스님이 세상을 떠난 뒤에 필요한 것이 무엇이오?"라고 하니, 혜충 국사慧忠國師가 "노승에게 무봉탑을 하나 만들어 주십시오."라고 하였다. 숙종이 "탑의 모양은 어떠합니까?"라고 하니, 혜충 국사가 말없이 있다가 숙종에게 "알겠습니까?"라고 하니, 숙종이 "모르겠소."라고 하였다.

324 정주程朱 : 송나라 때 성리학자인 정호程顥, 정이程頤 형제와 주희朱熹를 가리킨다.

325 법유法乳 : 『涅槃經』「如來性品」에 나오는 말로 중생을 구제하는 불법佛法을 어머니가 자식에게 먹이는 젖에 비유한 것이다.

326 구비口碑 : 훌륭한 행실이 사람들의 입에 전해지는 것을 문자를 돌에 새기는 것에 비겨서 구비라고 한다. 이는 "이름을 하필 돌덩이에다 새길 것인가. 노상에 행인의 입이 비석과 같으니.(有名何必鐫頑石。路上行人口似碑)"란 시구에서 유래하였다.

327 암자가 바다~하늘 누른다 : 정수암이 높은 곳에 있어 발 아래 푸른 하늘이 펼쳐져 있으므로 이렇게 형용한 것이다.

328 눈에 빛나는~여덟 가지뿐이랴 : 강화팔경江華八景으로 적석사積石寺의 낙조, 연미정燕尾亭의 달맞이, 갑곶의 대교, 보문사普門寺의 석불, 전등사傳燈寺의 저녁 종소리, 초지진草芝鎭의 포대砲臺, 마니산摩尼山의 단풍, 손돌목의 물결이 손꼽히기 때문에 이렇게 말한 것이다.

329 옛날의 여산廬山이~원공을 이으시길 : 동진東晉의 혜원 법사慧遠法師가 혜영慧永·유유민劉遺民·뇌차종雷次宗 등 18명과 여산의 동림사東林寺에서 백련사白蓮社라는 단체를 결성했던 것을 말한다. 이 모임에 사령운謝靈運·도연명陶淵明·육수정陸修靜 등이 참여하였던 고사가 있다.

330 뜬구름 같은 부귀 : 공자가 "거친 밥을 먹고 물을 마시며 팔을 굽혀 베더라도 즐거움이 그 가운데 있으니, 의롭지 않으면서 누리는 부귀는 나에게 뜬구름과 같다.(飯疏食飮水. 曲肱而枕之. 樂亦在其中矣. 不義而富且貴. 於我如浮雲.)"라고 한 데서 온 말이다. 『論語』「述而」.

331 달팽이 뿔 위의 공명 : 『莊子』「則陽」에 나오는 얘기로 와우蝸牛, 즉 달팽이의 왼쪽 뿔에는 만씨蠻氏의 나라가 있고 오른쪽 뿔에는 촉씨觸氏의 나라가 있어, 서로 땅을 다투어 싸워서 시체 수만을 버리게 되었다고 한다. 사소한 일로 다투는 인생을 비유한 것이다. 당나라 백거이白居易의 〈對酒〉에 "달팽이 뿔 위에서 무슨 일을 다투랴. 부싯돌 불빛처럼 짧은 순간을 사는 인생인 것을.(蝸牛角上爭何事. 石火光中寄此身.)"이라고 하였다.

332 가낭선賈浪仙 : 당나라 때의 시인 가도賈島를 가리킨다. 낭선浪仙은 그의 자이다. 가도는 중이 되어 호를 무본無本이라고 했다가 뒤에 환속해서 진사시進士試에 급제하여 장강 주부長江主簿가 되었다.

333 당초에 부모를~했다 한다 : 이 두 구절은 주注가 되어야 한다. 『雲巖雜錄』을 비롯한 다른 기록들에는 모두 앞의 두 구만 있다.

334 수사洙泗 : 중국 산동성山東省에 있는 두 강인 수수洙水와 사수泗水이다. 유교의 성인인 공자孔子가 이곳에서 제자를 가르쳤다고 한다. 여기서는 낙동강을 비긴 것이다.

335 무이산武夷山 : 중국 복건성福建省 무이산武夷山시 서남쪽에 있는 산으로, 주자朱子가 은거하여 강학講學한 곳이다. 여기서는 퇴계退溪 이황李滉이 은거한 도산陶山을 비긴 것이다.

336 제월霽月 : 광풍제월光風霽月의 준말이다. 이는 비가 갠 뒤 맑은 풍월風月로, 맑은 인품을 형용한 것이다. 송나라 황정견黃庭堅이 주돈이周敦頤의 맑은 인품을 형용하여 광풍제월과 같다고 하였다.

337 담소로 미친~그치게 하네 : 당나라 한유韓愈의 〈進學解〉에 "온갖 냇물을 막아 동쪽으로 흐르게 하고, 이미 엎어진 상황에서 미친 듯 흘러가는 물결을 되돌렸다.(障百川而東之. 廻狂瀾於旣倒.)"라는 말이 나온다. 여기서는 이황이 큰 힘을 들이지 않고 쉽사

• 519

리 이단異端을 막고 유교를 바로 세웠음을 뜻한다.

338 진묵 스님이 길을 가다가 우연히 한 동자를 만나 동행하다가 낙천樂川이란 시내를 만났는데 동자가 발을 걷고 쉽게 건너기에 따라 건너다가 물에 빠져 봉변을 당하고 이 시를 읊었다 한다. 나한이 진묵 스님을 골탕 먹이려고 동자로 변신했다고 한다.

339 태고 보우의 게송이다. 『太古和尙語錄』에는 "일본의 윤선인이 자기 호를 가지고 게송을 지어 달라고 청하였다. 나는 현재 76세라 눈이 침침하여 붓을 놓은 지 오래인데 매우 지성스럽게 청하기에 마지못해 노필老筆로 쓴다.(日本允禪人. 以其號求頌. 余時年七十六. 目暗放筆久矣. 其請勤勤. 强下老筆云)"로 되어 있다.

340 『太古和尙語錄』에는 이 시의 말미에 "적멸의 경내에서 적멸을 짝하여 사니, 푸른 등라 우거진 솔숲 위에 풍월이 맑아라.(寂滅境中伴寂滅. 綠蘿松上淸風月.)"의 두 구가 더 있다.

341 곡봉鵠峰 : 곡령鵠嶺과 같은 말로 고려의 수도인 개성開城에 있는 송악산松嶽山의 별칭이다.

342 봉호蓬壺 : 바다에 있다는 삼신산三神山의 하나인 봉래산蓬萊山의 이칭이다.

343 눈 부비고~얼마나 많을까 : 대유大有가 본국인 일본으로 돌아가면 그동안 공부가 크게 정진했으므로 괄목상대刮目相對해 줄 벗이 많을 것이라는 뜻이다. 삼국시대 오吳나라 여몽呂蒙이 군무軍務에만 종사하다 손권孫權의 권유로 열심히 독서하여 노사숙유老士宿儒보다 나을 정도의 학식을 쌓았다. 노숙魯肅이 도독都督으로 와서 여몽과 담론해 보고는 "이미 예전 오나라의 아몽阿蒙이 아니구려."라고 하니, 여몽이 "선비는 이별한 지 3일이면 눈을 부비고 다시 봐야 합니다."라고 하였다. 이를 성어로 괄목상대라 한다. 『三國志』 권54 「吳書」 '呂蒙傳注'.

344 옛 골짜기~가리킬 테지 : 대유가 옛날에 살던 절로 돌아간다는 뜻이다. 당나라 덕종德宗 연간에 현장玄奘이 불경을 가져오려고 서역으로 가려 할 때 한 소나무를 보고 손으로 그 가지를 어루만지면서 "내가 서역으로 가서 부처님의 가르침을 구해 올 터이니, 너는 서쪽으로 자라다가 내가 돌아올 때가 되거든 동쪽을 향하거라."라고 하였다. 현장이 떠나자 그 소나무는 해마다 가지가 서쪽을 가리키며 자라다가 어느 해 갑자기 가지가 동쪽을 향하더니, 현장이 과연 돌아왔다. 그래서 세상에서는 이 소나무를 마정송摩頂松이라 한다. 일본은 우리나라에서 동쪽이 되고 우리나라는 일본에서 서쪽이 된다. 『佛祖統紀』 권29 「玄奘傳」.

345 지금 설법을~있는 것 : 당나라 때 이고李翶가 낭주자사郞州刺史로 있을 때 약산藥山의 유엄 선사惟儼禪師를 찾아가서 "무엇이 도道입니까?"라고 물으니, 유엄 선사가 "구름은 하늘에 있고 물은 병에 있다."라고 하였다. 이에 이고가 게송을 읊기를 "몸을 단련하여 학처럼 청수하고, 천 그루 솔숲 아래 두 상자 경전뿐. 내가 와서 도를 물으니 다른 말은 없고, 구름은 하늘에 있고 물은 병에 있다고 하네.(鍊得身形似鶴形. 千株

松下兩函經。我來問道無餘話。雲在靑天水在缾。"라고 하였다.

346 숭산嵩山 : 어느 산을 가리키는지 알 수 없다. 『新增東國輿地勝覽』에 의하면, 황해도 해주海州에는 북숭산北嵩山이 있고, 경상북도 금오산金烏山의 이칭이 남숭산南崇山이다.

347 멀리서 생각하노니~퍼질 테지 : 송운 스님이 일본을 떠나면서 예전에 조선에서 주석하던 절을 생각하는 것이다. 남북조南北朝 공치규孔稚珪의 「北山移文」에 "혜초 장막은 비었는데 밤마다 학은 울고, 산인이 떠나자 새벽 원숭이 놀란다.(蕙帳空兮夜鶴怨。山人去兮曉猿驚。)"라고 하였으며, 당나라 송지문宋之問의 〈靈隱寺〉에 "계수가 달 가운데 떨어지니 하늘 향기가 구름 밖에 나부끼네.(桂子月中落。天香雲外飄。)"라고 한 시구가 유명하다.

348 노란 국화와~속절없이 애끊노라 : 당나라 두보杜甫의 〈送路六侍御入朝〉에 "검남의 봄빛은 도리어 무뢰하여 시름겨운 사람 마음 건드려 술을 가까이하게 하네(劍南春色還無賴。觸忤愁人到酒邊。)"라고 하였고, 원元나라 주비周棐의 〈寄子高都事〉에는 "산빛과 호수 빛 모두 무뢰하니 고독을 견디지 못해 더욱 시름이 이누나.(山色湖光總無賴。不堪幽獨轉愁生。)"라고 하였다.

349 『朝鮮佛教通史』 하편에는 '선소仙巢의 시에 차운하다(次仙巢韻)'라는 제목의 두 수 중 첫째 수로 되어 있다.

350 황벽 노인은~풍운을 휘말았어라 : 임제 의현臨濟義玄이 황벽 선사黃蘗禪師 문하에서 공부할 때 불법의 분명한 대의大義를 세 번 물어서 세 번 다 20방씩 몽둥이를 맞고 대우 선사大愚禪師를 찾아가 크게 깨닫고 "황벽의 불법이 별 게 아니구나."라고 했다 한다. 백염적白拈賊은 대낮에 남의 물건을 훔쳐 내는 뛰어난 도적인데, 불가佛家에서는 학인學人을 제접提接하는 선기禪機가 뛰어난 종사宗師를 비유하는 말로 쓰인다.

351 『朝鮮佛教通史』 하편에는 '선소仙巢의 시에 차운하다(次仙巢韻)'라는 제목의 두 수 중 둘째 수로 되어 있다.

352 저자에 대은大隱이 있다 : 참으로 이름을 깊이 숨기는 큰 은자隱者는 오히려 사람이 많은 저잣거리에서 이름을 숨기고 사는 것이다. 진晉나라 왕강거王康琚의 〈反招隱〉에 "소은은 산속에 숨고, 대은은 시조市朝에 숨나니, 백이는 수양산에 숨었고, 노자는 주하사 벼슬에 숨었네.(小隱隱陵藪。大隱隱市朝。伯夷竄首陽。老聃伏柱史。)"라고 한 데서 온 말이다. 『文選』 권11.

353 종문宗門의 시구 : 선지禪旨를 담은 시구이다.

354 『四溟堂大師集』에는 제목이 '선소가 달마 기일이라 하여 한마디 해 주길 청하기에(仙巢以達摩忌日求語)'로 되어 있다. 달마 대사 기일은 음력 3월 22일이다.

355 총령蔥嶺 : 오늘날 파미르고원으로 그 남쪽 자락이 북인도에 닿아 있어 옛날에는 중국과 인도를 연결하는 길목이 되었다.

356 외짝 신발~지나 돌아갔네 : 달마 대사가 독살되어 웅이산에 묻혔는데, 3년 뒤 위魏 나라 송운宋雲이 서역西域에 사신으로 갔다 돌아오던 중 총령에서 달마를 만났다. 달마가 신 한 짝만 지팡이에 꿰어 메고 가는 것을 보고 송운이 "대사는 어디로 가십니까?"라고 묻자, 대사가 "나는 서역으로 가오."라고 하였다. 송운이 이 말을 임금에게 전하고 임금의 명으로 달마의 무덤을 파고 관棺을 열어 보니 신이 한 짝만 있었다고 한다. 유사流沙는 중국 서쪽에 있는 사막 지대로, 서역으로 가는 길목에 있다. 『五燈會元東土祖師初祖菩提達磨祖師』『碧巖錄』제1칙 〈達摩不識〉 본칙의 "무제가 뜻을 알지 못하자 달마가 드디어 강을 건너 위魏나라로 갔다."라는 대목에 대한 평창評唱에 "이 여우 같은 놈이 한바탕 부끄러움을 면치 못했다.(這野狐精。不免一場懺懼。)"라고 하였다. 달마가 양 무제梁武帝에게 법을 설해도 무제가 알아듣지 못했는데, 모든 중생이 다 본래 깨달아 있는 부처라는 본분사本分事로 보면 이는 무제를 속이려다 속이지 못하여 도리어 부끄럽게 되었다는 것이다.

357 신광神光 : 달마의 의발衣鉢을 전해 받은 혜가慧可의 속명이다. 양梁나라 때 인도의 달마가 중국에 와서 숭산崇山 소림사少林寺에 있을 때 신광이 찾아와 도道를 듣고 달마의 선법禪法을 이어받아 2조祖가 되었다.

358 남산南山의 별비사鼈鼻蛇 : 당나라 때 설봉 의존雪峯依存이 대중들에게 설법하기를 "남산에 한 마리의 별비사가 있으니, 그대들은 각별히 조심하라."라고 하니, 장경長慶이 나서서 "오늘 방 안의 많은 사람이 생명을 잃었습니다."라고 하였다. 별비사는 자라코뱀이라 번역하기도 하는데, 머리에 붉은 점이 있고 맹독을 지닌 독사이다. 『祖堂集』권7「雪峰義存」.

359 무서운 쇠망치 : 선사禪師가 인정을 두지 않고 본분사本分事로 학자를 가르치는 수단을 비유한 것이다. 송나라 대혜 종고大慧宗杲가 대중을 불러 놓고 "여기에 부처를 삶고 조사를 삶은 큰 풀무와 삶을 단련하고 죽음을 단련하는 무서운 쇠망치가 있다.(這裏是烹佛烹祖大鑪鞴鍛生鍛死惡鉗鎚)"라고 하였다. 『大慧普覺禪師語錄』권5.

360 암두巖頭의 할 : 복주福州 도한道閑이 처음에 석상石霜을 뵙고 "기멸起滅이 멈추지 않을 때가 어떠합니까?"라고 물으니, 석상이 "식은 재나 마른 나무같이 하고, 한 생각 만년 가도록 하고, 함函과 그 뚜껑이 서로 딱 맞듯이 하고, 맑은 하늘에 티가 없는 듯이 하라."라고 하였다. 도한이 알지 못하고 다시 암두 선사에게 가서 똑같은 질문을 하니, 암두가 할을 하면서 "누가 기멸하는가?"라고 하자 도한이 깨달았다. 『禪門拈頌』1200칙 「起滅」.

361 나귀 똥으로~바꿔 주었구나 : 어떤 승려가 "개에게도 불성이 있습니까?"라고 묻자 조주 선사趙州禪師가 한 번은 있다고 대답하고 한 번은 없다고 대답하였다. 이에 대해 천동 정각天童正覺이 게송을 읊기를 "120세를 산 늙은 선사가 나귀 똥으로 남의 눈알 바꿔 주었구나.(七百甲子老禪伯。驢糞逢人換眼珠)"라고 하였다. 조주 선사의 대

답이 묻는 사람의 눈을 도리어 멀게 했다는 뜻이다.『禪門拈頌』417칙「佛性」.

362 이 시는 조동오위曹洞五位의 이치를 밝힌 것이다. 조산曹山 본적本寂이 "정위正位는 공계空界에 속하니 본래 한 물건도 없고, 편위偏位는 색계色界이니 온갖 형상이 있다. 편중지偏中至는 사사를 버리고 이리에 들어가는 것이고, 정중래正中來는 이리를 등지고 사사에 나아가는 것이다. 겸대兼帶는 그윽이 뭇 인연에 대응하여 모든 유有를 따르지 않으니 염染·정淨도 아니고 정正·편偏도 아니기 때문에 텅 비고 현묘한 대도大道이며 집착이 없는 진종眞宗이라고 한다. 예로부터 선덕들이 이 하나의 위位를 미루어 말한 것이 가장 현묘하니 마땅히 상세하게 밝혀야 한다. 군君이 정위이고 신臣이 편위이며 신이 군을 향하는 것이 편중정偏中正이고 군이 신을 보는 것이 정중편正中偏이고 군과 신의 도가 합치하는 것이 겸대이다.(正位即屬空界。本來無物。偏位即色界。有萬形象。偏中至者。舍事入理。正中來者。背理就事。兼帶者。冥應眾緣。不隨諸有。非染非淨。非正非偏。故曰。虛玄大道。無着眞宗。從上先德。推此一位。最妙最玄。要當詳審辨明。君爲正位。臣爲偏位。臣向君是偏中正。君視臣是正中偏。君臣道合是兼帶語)"라고 하였다.『五燈會元』권13「曹山本寂」.

363 알지 못한단 말 : 달마가 중국에 와서 양 무제를 만났는데, 무제가 달마에게 "어떤 것이 성제聖諦의 제일의第一義입니까?"라고 하니, 달마가 대답하기를, "확연하여 성聖조차 없습니다.(廓然無聖)"라고 하였다. 이에 무제가 "짐을 마주한 자는 누구인가?"라 물으니, 달마가 "알지 못합니다.(不識)"라 대답한 것을 가리킨다.

364 부끄러운 낯빛으로 강을 건너가 : 주 356 참조.

365 청백한 가풍을~스스로 팔았으니 :『無門關』'瑞巖喚主'에 보인다. 당나라 때 서암瑞巖이란 선사禪師가 매일 스스로 자문자답自問自答하기를, "주인옹아! 깨어 있느냐?"라고 한 뒤 "깨어 있노라."라고 하였다는 고사에 대해 송나라 무문 혜개無門慧開가 "서암 늙은이가 스스로 팔고 스스로 사서 허다한 귀신 모습 같은 것을 희롱해 내었다.(瑞巖老子自買自賣。弄出許多神頭鬼面。)"라고 하였다. 여기서는 달마가 다른 법 없이 오직 마음만 가르친 것을 두고 아무런 재산이 없는 청백한 가풍이라 남에게 물건을 사고파는 일 없이 자기 것만 가지고 희롱했다고 한 것이다.

366 무위진인은 형체가~면문을 출입하누나 : 임제 의현臨濟義玄이 "맨 몸뚱이에 하나의 무위진인이 있어서 늘 여러분의 면문을 통해 출입한다.(赤肉團上有一無位眞人。常從汝等諸人面門出入)"라고 하였다.『佛祖歷代通載』권11「臨濟禪師」.

367 어찌 이~그림을 그리랴 : 마음을 가르쳐 주고 참구하게 할 수도 없다는 뜻이다.『禪要』에 화두에 따라 참구하는 것을 비유하여 "당장에 화법畵法에 따라 고양이를 그리기 시작하여 그리고 그려서 뿔과 얼룩무늬가 있는 곳, 심식心識의 길이 끊어진 곳, 사람과 법法을 모두 잊은 곳에 이르면 붓끝 아래 산 고양이가 뛰쳐나올 것이다.(直下依樣畫猫去。畫來畫去。畫到結角羅紋處。心識路絶處。人法俱忘處。筆端下。驀然突出箇活

猫兒來。)"라고 하였다.
368 삼가촌 : 세 집이 사는 작은 마을로 이웃 사이에 시시비비가 없고 태평하다.
369 고래가 노하여~가지가 드러났어라 : 『宏智廣錄』 권1에 "고래가 바닷물을 다 마시니, 산호 가지가 드러났도다.(鯨呑海水盡。露出珊瑚枝。)"라고 하였다. 이는 망념이 다 사라지고 마음의 본래 작용이 온전히 드러난 깨달음의 경지를 형용한 것이다.
370 남종南宗의 천이객穿耳客 : 남종은 육조 혜능이 강남江南에서 교화를 편 데서 온 말로 선종禪宗의 이칭이다. 천이객은 귀에 구멍을 뚫어 귀걸이를 단 사람이다. 인도 사람들이 대개 귀걸이를 다는데 달마達摩를 가리키는 말로 쓰였다. 여기서는 선지禪旨에 밝은 사람을 뜻한다.
371 세상이 다~깬 사람일세 : 굴원屈原의 〈漁父辭〉에, "온 세상이 다 혼탁한데 나 홀로 깨끗하고, 모든 사람이 다 취했는데 나 홀로 깨었는지라, 이 때문에 쫓겨났노라.(擧世皆濁。我獨淸。衆人皆醉。我獨醒。是以見放。)"라고 한 데서 온 말이다.
372 『四溟堂大師集』에는 제목이 '승태의 시에 차운하다(次承兌韻)'로 되어 있다.
373 벽운碧雲의 시구 지은 탕혜湯惠 : 탕혜는 남조南朝 송나라 시승詩僧인 탕혜휴湯惠休를 가리킨다. 그의 "해가 질 무렵 푸른 구름은 모이건만, 가인은 몹시도 오지 않누나.(日暮碧雲合。佳人殊未來。)"라는 시구가 유명하다.
374 『四溟堂大師集』에는 제목이 '승태의 시에 차운하다(次承兌韻)'로 되어 있다.
375 세간 그~길이 멀어라 : 『莊子』「大宗師」에 "골짜기 속에 배를 숨겨 두고 산을 못 속에 숨겨 두면 안전하다고 여긴다. 하지만 한밤중에 힘센 자가 등에 지고 달아나도 어리석은 사람은 알아채지를 못한다.(夫藏舟於壑。藏山於澤。謂之固矣。然而夜半。有力者。負之而走。昧者不知也。)"라고 하였다. 이는 결국은 덧없이 죽고 마는 인생을 비유한 말이다. 즉 세상에서 죽음을 피해 숨을 곳은 없는데, 신선이 산다는 삼신산三神山은 멀리 바다 저편에 있어 찾아갈 수 없다는 뜻이다.
376 혜휴 스님 : 주 373 참조.
377 마조가 어찌~의심을 흩었어라 : 미상. 마조 선사馬祖禪師가 어느 산에 주석할 때 산의 귀신이 그를 위해 담장을 쌓아 준 일이 있자 마조 선사가 "내가 수행이 부족하여 귀신에게 발각되었다."라고 하고 그곳을 떠났다는 일화가 있는데, 아마 이와 비슷한 일화가 있는 듯하다. 『御選唐宋詩醇』 권40 〈塵外亭注〉.
378 먼 이역에서~만난 한 : 일본에 와 있으면서 봄을 맞아 고향을 그리워하는 마음이다. 한漢나라 회남淮南 소산小山의 〈招隱士〉에 "왕손이 떠나가 돌아오지 않음이여, 봄풀은 자라서 무성하네.(王孫遊兮不歸。春草生兮萋萋。)"라고 하였다. 『杜詩澤風堂批解』 권17.
379 『황정경黃庭經』 : 도가道家의 경전으로 신선이 되는 방법이 기재되어 있다 한다.
380 『四溟堂大師集』에는 제목이 '일본 원이 교사에게 주다(贈日本圓耳敎師)'로 되어 있다.

381 위음왕불威音王佛 이전 : 위음왕불은 과거 세상에 출현한 최초의 부처님이다. 그래서 위음왕불 이전은 부모미생전父母未生前 또는 천지가 개벽하기 이전과 같은 뜻으로 쓰인다.

382 정수리에 바른 눈을 갖추니 : 마혜수라천摩醯首羅天은 세 개의 눈이 있는데 정수리인 정문에 있는 하나의 눈을 정문안頂門眼이라 한다. 이는 진리를 바로 볼 수 있는 법안法眼을 뜻한다. 『碧巖錄』 35칙 「垂示」에 "만약 정문 위에 눈을 갖추고 팔꿈치 뒤에 부적을 달고 있지 못하면 왕왕 당장에 어긋나고 만다.(若不是頂門上有眼。肘臂下有符。往往當頭蹉過。)"라고 하였다.

383 팔꿈치 뒤에 부적을 매다니 : 진晉나라 때 선인仙人 갈홍葛洪이 지은 의서醫書인 『肘後備急方』을 인용하였다. 약칭으로 주후방肘後方이라고도 하며, 매우 좋은 비방秘方을 뜻한다. 여기서는 중생을 제도하는 훌륭한 법문을 비유하였다.

384 『四溟堂大師集』에는 〈일본 원이 교사에게 주다(贈日本圓耳教師)〉의 둘째 수로 되어 있다.

385 저본에는 제목이 '여정에서 일본 승려에게 주다(旅亭贈日僧)'로 되어 있는데 『四溟堂大師集』에 의거하여 이렇게 고쳤다.

386 옥병玉屛 : 바위 봉우리가 병풍처럼 둘러진 것을 비유한 말이다.

387 『四溟堂大師集』에는 제목이 '또 주다(又贈)'로 되어 있다. 『四溟堂大師集』의 제목이 옳을 듯하다.

388 『四溟堂大師集』에는 제목이 '일본 승려에게 주다(贈日本僧)'로 되어 있다. 『四溟堂大師集』의 제목이 옳을 듯하다.

389 『四佳集』과 『續東文選』에는 제목이 '추산도 그림에 제題한 시로 일본 은 상인을 위해 짓다(秋山圖爲日本誾上人作)'로 되어 있다. 즉 가을 산을 그린 그림의 제화시題畫詩인 것이다.

390 석잔石棧 : 높은 산속에 난 가파른 길을 뜻한다. 이백李白의 〈蜀道難〉에 "땅이 무너지고 산이 꺾이고 장사 죽으니 그런 뒤에야 하늘에 닿을 사다리와 석잔이 서로 이어졌어라.(地崩山摧壯士死。然後天梯石棧相鉤連。)"라고 하였다.

391 강동의 순채와 농어회 : 주 270 참조.

392 반범풍半帆風 : 돛에 반쯤 차서 항해하기에 적당한 바람이다. 소식蘇軾의 〈慈湖夾阻風〉에 "누워서 보니 떨어진 달빛이 천 길 물에 걸렸고, 일어나 맑은 바람을 불러 반 범을 얻었어라.(臥看落月橫千丈。起喚淸風得半帆。)"라고 하였고, 송나라 양만리楊萬里의 〈舟行得風晩至靈州〉에 "해신이 나를 잘 전별하여, 반 범의 바람을 빌려 주도다.(海神能餞我。借與半帆風。)"라고 하였다.

393 만경대萬景臺 : 평양의 중심에서 서쪽으로 30리쯤 떨어진 대동강大同江 가에 있는 누각樓閣으로, 평양팔경平壤八景 중 하나이다.

394 유서애柳西厓 : 임진왜란 때 재상으로 국난國難을 평정하는 데 큰 공적을 세운 유성룡柳成龍을 가리킨다. 그의 호가 서애이다.

395 『四溟堂大師集』에는 제목이 '삼가 서울의 정승에게 올려 바다를 건너 일본에 가게 해주길 청한 시(謹奉洛中諸大宰乞渡海詩)'로 되어 있다.

396 하의荷衣 : 연잎으로 만든 옷으로 은자隱者의 옷인데 여기서는 승복을 비유한 말로 썼다. 남북조 공치규孔稚圭의 「북산이문北山移文」에서, 은자로서의 생활을 그만두고 세상에 나가는 것을 두고 "연잎으로 만든 옷을 태웠다."라고 하였다. 『古文眞寶』 후집.

397 술잔을 띄워~부질없이 말하오니 : 부배浮盃는 진晉나라 때의 어떤 승려가 늘 술잔을 물에 띄워 놓고 그것을 타고 강이나 바다를 건너다니자 사람들이 그를 배도 화상盃渡和尙이라 부른 데서 유래하였다. 승려가 속세에 나와서 활동함을 뜻한다. 여기서는 사명당이 배를 타고 일본에 가겠다고 말한 것을 뜻한다. 『釋氏要覽』 下.

398 석장을 날리던~게 부끄럽구려 : 원문 '飛錫'은 은봉비석隱峰飛錫의 준말로, 당나라 때의 고승 은봉隱峯이 오대산五台山으로 갈 때 석장錫杖을 공중에 던져 그 석장에 올라타고 갔다는 이야기에서 온 말로, 역시 승려가 속세에 나와 유람함을 뜻한다. 여기서는 임진왜란이 발발했을 때 사명당이 속세에 나와 승군을 이끌고 전투에 참여한 일을 말한다. 『高僧傳』 권11.

399 나라의 경중이 되는 : 이 정승들이 이 나라에 있음으로써 나라의 무게를 더하였다는 말로, 상대의 인격이나 덕망을 극히 찬양한 것이다. 두보의 시 〈贈左僕射鄭國公嚴公武〉의 "공이 오자 설산이 무거워지더니, 공이 가니 설산이 가벼워졌지.(公來雪山重。公去雪山輕。)"란 대목에서 유래하였다.

400 주타珠唾 : 해타성주咳唾成珠의 고사를 인용한 말로, 타인의 뛰어난 시문詩文을 가리킨다. 여기서는 상대방 정승들의 시를 비유하였다. 『莊子』 「秋水」에 "그대는 저 튀어나오는 침들을 보지 못하는가. 한번 재채기하면 큰 것은 구슬과 같고 작은 것은 안개처럼 부서져 내린다.(子不見夫唾者乎。噴則大者如珠。小者如霧。)"라고 한 데서 유래하였다. 이백李白의 시에 "그대의 침방울이 구천에서 떨어지니, 바람 따라 주옥이 생겨나네.(咳唾落九天。隨風生珠玉。)"라고 하였다. 『李太白集』 권3 〈妾薄命〉.

401 와취蛙吹 : 남제南齊 때 공치규가 자기 집 뜰에 잡초를 제거하지 않아 그 안에서 개구리들이 매우 시끄럽게 울어 대었다. 어떤 사람이 그에게 까닭을 묻자 웃으면서 답하기를 "나는 이 개구리의 울음소리를 양부兩部의 음악 연주로 삼는다.(我以此當兩部鼓吹)"라고 하였다는 고사에서 유래하였다. 여기서는 사람들이 스스로 입으로만 떠들 뿐 실속이 없음을 비유하였다. 양부는 입부立部와 좌부坐部 두 부대로 나누어 악기를 연주하는 것이다. 『南齊書』 권48 「孔稚珪傳」.

402 바람을 타고~갈 줄 : 북해北海에 사는 곤鯤이라는 물고기가 변하여 붕鵬이란 새가 되면 그 등의 크기가 수천 리나 되고, 날개로 치면 물결이 삼천리에 걸쳐 일어나고,

구만 리 높이로 날아올라 여섯 달을 날아가서야 멈춘다고 하였다. 여기서는 사명당이 일본으로 가는 것을 찬양하였다. 『莊子』「逍遙遊」.

403 연사蓮社에서 만나기로~평소의 약속 : 연사는 백련사白蓮社의 준말로 여산 동림사에서 결성한 정토 신앙 단체를 말하는데, 여기서는 절을 가리킨다. 주 329 참조.
404 동명 선생 : 조선 시대 정두경鄭斗卿(1597~1673)을 가리킨다. 그의 자는 군평君平이고 호는 동명東溟이다. 별시 문과에 장원하여 홍문관 제학과 예조 참판 등을 역임하였으며 시문에 뛰어났다.
405 무생화無生話 : 무생은 생멸生滅이 없는 열반涅槃, 해탈의 세계이다. 여기서는 불법에 관한 얘기를 뜻하는 말로 쓰였다.
406 이 상공 백주白洲 : 조선 시대 이명한李明漢(1595~1645)을 가리킨다. 그의 자는 천장天章이고 호는 백주며, 본관은 연안延安이고 월사月沙 이정구李廷龜의 아들로, 대제학大提學·예조 판서禮曹判書 등을 역임하였다.
407 사천槎川 이병연(1671~1751) : 조선 시대 인물로 자는 일원一源, 호는 사천이고 본관은 한산韓山이며 김창흡金昌翕의 문인이다. 벼슬은 음보蔭補로 부사府使에 이르렀고 당대 최고의 시인으로 일컬어졌다.
408 후옹이며 사로 : 사로는 이병연을 가리키는데, 후옹은 누구를 가리키는지 알 수 없다.
409 『逍遙堂集』에는 제목이 '열사리에게 주다(贈悅闍梨)'로 되어 있다. 해운은 조선 시대 경열敬悅(1580~1646)의 법호이다.
410 오호五湖 : 오호는 고대 오월吳越 지역의 다섯 호수인 구구具區, 요포洮浦, 팽려彭蠡, 청초靑艸, 동정洞庭을 가리키는 말이다. 여기서는 강호江湖 내지 온 세상을 뜻한다.
411 『逍遙堂集』에는 '열사리에게 주다(贈悅闍梨)'라는 제목의 두 수 중 둘째 수로 되어 있다.
412 금추金鎚 : 쇠망치로 선사禪師가 학인을 가르치는 수단을 뜻한다.
413 산호와 밝은~서로 비추니 : 망념이 다 사라지고 마음의 본래 작용이 온전히 드러난 깨달음의 경지를 형용한 것이다. 주 369 참조.
414 『逍遙堂集』에 있는 〈열사리가 법의 상인에게 부친 시에 차운하다(次悅闍梨寄法義上人韻)〉 2수와 〈열선인의 시에 차운하다(次悅禪人韻)〉, 〈열선인의 행각 시에 차운하다(次悅禪人行脚韻)〉, 도합 4수에서 8구를 추려서 편집한 것으로 모두 소요 태능逍遙太能이 해운 경열에게 준 시로 되어 있다. 그 4수는 아래와 같다.
〈열사리가 법의 상인에게 부친 시에 차운하다〉 2수 "方丈頭流木落秋。飄然甁錫向南投。胷中法海幽難測。篇內玄樞遠莫酬。一脉花枝靈岳折。九年雷震少林搜。如今賴有仙陁客。忘却當來后裔愁。", "天外含蘆塞鴈秋。吳山楚水遠方投。禪綱敎骨誰能敵。華月夷風孰敢酬。筆健張顚奇脚奪。詩淸李白玉音搜。豁開頂眼分緇素。有甚西來祖意愁。"
〈열선인의 시에 차운하다〉 "斬盡西乾佛與僧。故園鄕國有何層。水泡大地遺塵起。春夢空身妄識興。靈鷲山門殘皓月。少林禪室暗明燈。可憐五濁澆漓刼。誰識山人法海騰。"

〈열선인의 행각 시에 차운하다〉 "威音那畔更那畔。滿目烟光入手皆。生死涅槃迷夢隔。劣形殊相病眸乖。松聲淅瀝驚巢鶴。桂影婆娑浸玉階。澧朗州中山水好。優游闊步有誰偕。"

415 담판한擔板漢 : 소견이 꽉 막혀 멍청한 사람을 뜻하는 말이다. 빽빽한 솔밭에 판자를 세로로 지고 가는 사람은 몸을 돌려서 주위를 볼 수 없다는 데서 온 말이다.

416 길 떠날~넘겨 주노니 : 세상을 떠나 육신을 다비茶毘에 부치는 것이다. 천간天干에서 병丙과 정丁은 오행五行으로 화火에 속한다. 따라서 병정 동자는 불을 뜻한다.

417 용담龍潭 : 조선조 승려 조관慥冠의 법호이다.

418 『龍潭集』에는 제목이 '강을 마치고 제자들에게 보이다(罷講示徒)'로 되어 있다.

419 『龍潭集』에는 제목이 '재차 강을 마치고(再罷講)'로 되어 있고, "기묘년 겨울에"라는 주注가 달려 있다.

420 병을 칭탁함은~분란을 싫어해서지 : 세상 인심이 험함을 알기 때문에 병이 들었다는 핑계로 은거하여 세상에 나가지 않고, 세상에서 분란이 일어나는 게 싫어서 예봉銳鋒을 감추고 산다는 뜻이다.

421 화월당華月堂 : 조선 시대 승려 성눌聖訥(1689~1762)의 법호이다. 환성 지안喚惺志安에게서 심인心印을 받았다.

422 환성 지안喚惺志安(1664~1729) : 월담 설제月潭雪霽의 법사法嗣로 선지禪旨가 고준하였다.

423 절에 들어가~마구니임을 알지니 : 부처에게 걸리지 말고 경전의 불설佛說에도 걸리지 말라는 뜻이다. 중국의 앙산 혜적仰山慧寂이 "『涅槃經』 49권이 모두 마구니의 말입니다."라고 하였으니, 이는 아무리 부처님의 설법일지라도 뜻에 걸리면 마설魔說이 된다는 것이다. 중국 당나라 때 선사禪師 단하 천연丹霞天然이 낙동洛東 혜림사慧林寺에 갔는데 날씨가 몹시 추울 때라 법당에 안치되어 있는 목불木佛을 가져다 때면서 불을 쬐었다는 고사가 있다. 『五燈會元』 「丹霞章」.

424 벽하당碧霞堂 : 조선 시대 승려 대우大愚(1676~1763)의 법호이다. 환성 지안의 제자이다.

425 서강西江 만~능히 삼키도다 : 마조馬祖에게 방龐 거사가 묻기를 "만 가지 법과 짝이 되지 않는 이는 누구입니까?"라고 하니, 마조가 대답하기를 "그대가 한입에 서강의 물을 다 마신 뒤에야 말해 주리라."라고 하였다. 이 말을 듣자 방 거사가 곧바로 깨달았다. 『禪門拈頌』 161칙 「一口」.

426 설봉雪峰 : 조선 시대 승려 회정懷淨(1678~1738)의 법호이다. 화악 문신華岳文信의 법사이다.

427 이 시는 송나라 승려 보령 인용保寧仁勇의 게송으로 『禪門拈頌』에 실려 있다.

428 이식李植(1584~1647) : 자는 여고汝固, 호는 택당澤堂·남궁외사南宮外史·택구거사 澤癯居士이며, 시호는 문정文靖이고, 본관은 덕수德水이다. 1610년(광해군 2) 별시 문

과에 급제하고, 예조 참의·대사간·대사성·승지·대제학·대사헌·예조 판서 등을 역임하였다. 문장이 뛰어나 신흠申欽·이정구李廷龜·장유張維와 함께 한문사대가漢文四大家로 꼽혔다. 1686년 영의정에 추증되고, 여주의 기천서원沂川書院에 배향되었다. 문집으로 『澤堂集』이 전하고, 저술에 『初學字訓增輯』, 『杜詩批解』 등이 있다.

429 삼선三禪 : 당나라 선사禪師 운문 문언雲門文偃이 고顧, 감鑑, 이咦 석 자로 학인을 제접한 데서 온 말로 삼자선三字禪이라 한다. 매우 간결하고 고준한 선지禪旨를 뜻한다.

430 육출六出의 기계奇計 : 한漢나라 진평陳平이 고조高祖 유방劉邦을 섬기면서 여섯 가지 뛰어난 계책을 내어 왕업王業을 이루도록 도왔던 데서 온 말로 전쟁에서 승리할 수 있는 뛰어난 계책을 뜻한다. 『史記』 권56 「陳丞相世家」.

431 『芝峯集』에는 제목이 '일본으로 가는 사명 산인에게 주다(贈四溟山人往日本)'로 되어 있다. 이 시는 1603년(선조 36)에 지은 것이다. 1603년 일본의 원가강源家康이 관백關白이 되어 통신사通信使를 보내 줄 것을 청하자 조정에서는 틈이 생길까 두려워 사명 대사를 보내 적정을 염탐하게 하였다. 사명 대사가 조정의 사대부들에게 전별하는 시를 지어 달라고 청하였는데, 이수광이 이 시를 써 주자 오산五山 차천로車天輅가 이 시를 보고는 탄복하여 붓을 놓았으며, 사람들이 이 시를 전송傳誦하였다고 한다. 『芝峯類說』 권13 「문장부」 6 〈東詩〉.

432 노련魯連의 바다 : 동해를 가리키는 말로 우리나라와 일본 사이의 바다를 가리킨다. 노련은 전국시대 제齊나라의 고사高士인 노중련魯仲連이다. 그가 조趙나라에 가 있을 때 진秦나라 군대가 조나라의 서울인 한단邯鄲을 포위했는데, 이때 위魏나라가 장군 신원연新垣衍을 보내 진나라 임금을 천자로 섬기면 포위를 풀 것이라고 하였다. 이에 노중련이 "진나라가 방자하게 천자를 참칭僭稱한다면 나는 동해를 밟고 빠져 죽겠다."라고 하니, 진나라 장군이 이 말을 듣고 군사를 후퇴시켰다 한다. 『史記』 권83 「魯仲連列傳」.

433 육생陸生 : 한 고조漢高祖 때의 명신名臣 육가陸賈를 가리킨다. 그는 뛰어난 변재辯才가 있어 한 고조의 명을 받들어 사신使臣으로 가서 남월南越 왕 위타尉佗를 칭신稱臣하도록 하였으며, 임무를 완성하고 돌아올 때는 위타에게 천금千金을 받아 가지고 왔다고 한다. 『史記』 권97 「陸賈列傳」.

434 기미羈縻 : '기羈'는 말의 굴레이고, '미縻'는 소의 코뚜레로, 우마牛馬를 얽어매듯이 이적夷狄을 회유하여 복속시킨다는 뜻이다. 『漢書』 권25 「郊祀志」 下에 "천자는 오히려 기미 정책을 쓰고 이적을 끊어 버리지 않는다.(天子猶羈縻不絶)"라고 한 데서 온 말이다.

435 점필재佔畢齋 김종직金宗直(1431~1492) : 점필재는 호이고, 자는 계온季昷, 본관은 선산, 시호는 문충文忠이다. 문장과 경술經術에 뛰어나 이른바 영남학파嶺南學派의 종조宗祖가 되었고, 많은 문하생을 두었다. 그가 지은 「弔義帝文」을 사초史草에 적어

• 529

넣은 것이 원인이 되어 무오사화가 일어나자 부관참시剖棺斬屍 당했다. 문집에 『佔畢齋集』이 있고, 저서에 『靑丘風雅』・『東文粹』・『彝尊錄』 등이 있다.

436 상방上房에 종소리~여룡驪龍이 춤추고 : 상방은 승려가 사는 절의 이칭이다. 여룡은 검은 용인데, 여기서는 절에서 치는 대종大鐘의 윗부분에 용으로 장식한 것을 가리킨다.

437 만규萬竅에 바람이~철봉鐵鳳이 나누나 : 만규는 『莊子』「齊物論」의 "대지가 숨을 내쉬는 것을 바람이라 하는데, 일어나지 않을지언정 일어났다 하면 만 개의 구멍이 노하여 부르짖는다.(夫大塊噫氣. 其名爲風. 是唯無作. 作則萬竅怒號.)"라고 한 데서 온 말로 바람이 불어 일어나는 온갖 소리를 뜻한다. 철봉은 옛날의 지붕 용마루 위에 있던 일종의 철제鐵製 장식물로 그 형상이 봉황과 같아 철봉이라 한다. 두보의 〈大雲寺贊公房〉에 "옥승은 아스라이 사라지고 철봉은 삼연森然히 나는구나.(玉繩迥斷絶. 鐵鳳森翱翔.)"라고 하였다.

438 『簡易集』에는 제목이 '문수사 승려의 시권詩卷에 있는 시에 차운하다(次文殊僧卷)'로 되어 있다.

439 최립崔岦(1539~1612) : 호는 간이簡易・동고東皐이고, 자는 입지立之이며, 본관은 개성開城이다. 이이李珥의 문인門人이고 벼슬은 병조 참판에 이르렀다. 명문장가名文章家로 외교 문서를 많이 작성하였다. 그의 문文, 차천로車天輅의 시詩, 한호韓濩의 글씨를 송도삼절松都三絶로 꼽았다.

440 『蓀谷詩集』에는 제목이 '연 상인의 시축에 쓰다(題衍上人軸)'로 되어 있다.

441 이달李達(1539~1612) : 자는 익지益之, 호는 손곡蓀谷・동리東里・서담西潭이다. 박순朴淳의 문인으로 문장에 능하였다. 동문인 최경창崔慶昌・백광훈白光勳과 함께 삼당시인三唐詩人이라 불렸으며 글씨에도 조예가 깊었다. 저서로 『蓀谷集』이 있다.

442 봄 시름은~물결에 막혔어라 : 봄이 와도 고향에 가지 못하고 꿈결에 그리워한다는 뜻이다. 주 378 참조.

443 『蓀谷詩集』에는 제목이 '구월산으로 가는 성민 상인을 보내며(送性敏上人遊九月山)'로 되어 있다.

444 유몽인柳夢寅 : 자는 응문應文이고, 호는 어우당於于堂・간재艮齋・묵호자默好子이며, 본관은 흥양興陽이다. 성혼成渾의 제자로 문학에 뛰어났으나 스승과 절교하였고 이괄李适의 난에 연루, 사사賜死되었다.

445 아달산阿達山 : 황해도 수안군遂安郡에 있는 산 이름이다. 국역 『新增東國輿地勝覽』 권제42.

446 옥룡玉龍 : 흰 물줄기로 떨어지는 폭포를 형용한 말이다.

447 늙은 박달나무는~시절을 보았으련만 : 『三國遺事』에 의하면, 중국에서 요堯임금이 즉위하기 50년 전에 단군이 하늘에서 태백산 신단수神檀樹 아래로 내려왔다고 한다.

448 서호瑞毫 : 서호상광瑞毫相光의 준말로 부처의 머리에서 빛나는 수많은 빛 가운데 하

나이다.

449 취발翠髮 : 젊은 사람의 검푸른 머리카락으로 불로장생하는 신선의 검은 머리카락을 말한다.

450 부디 스님이~끝처럼 예리하니 : 태백산맥의 구월산으로 가는 성민 스님이 새로 지은 시를 보여 주는데 그 솜씨가 빼어나 검처럼 날카로우니, 태백산의 선경을 그대로 잘라 오듯이 시로 표현해 오라는 말이다.

451 『蓮潭大師林下錄』에는 제목이 '윤 한림의 〈장춘동에 들어가며〉 시에 차운하다(次尹翰林入長春洞韻)'로 되어 있고 "이름은 숙藝인데 당시 해남海南에 귀양 와 있었다."라는 주注가 달려 있다.

452 우유를 가리는 거위왕 : 거위 중의 왕은 신비한 능력이 있어 물과 우유를 섞어 놓으면 우유만 가려서 먹는다고 한다. 『仰山錄』

453 강산의 도움 : 산수의 풍경이 좋아서 사람의 흥취를 돋우어 좋은 시를 짓게 함을 뜻하는 말이다. 당나라 장열張說이 악주岳州로 귀양 간 뒤로 시가 더욱 처완悽惋하여 좋아지자 사람들이 "강산의 도움을 받았다.(得江山助)"라고 한 데서 유래하였다. 『新唐書』 권125 「張說列傳」.

454 향적香積 : 승가僧家의 공양물을 뜻한다. 향적국香積國의 향반香飯에서 온 말이다.

455 목별木鼈 : 『蓮潭大師林下錄』에는 "목별은 준치蹲鴟이다."라는 주注가 달려 있다. 준치는 토란의 이칭으로, 토란의 크기가 쭈그리고 앉은 올빼미만 하다 하여 이렇게 부르는 것이다.

456 이포伊蒲의 오찬 : 이포찬伊蒲饌에서 온 말로, 낮에 재齋를 지내고 제공하는 음식이다.

457 상아桑鵝 : 『蓮潭大師林下錄』에는 "상아는 상균桑菌이다."라는 주가 달려 있다. 상균은 상이桑耳와 같은 말로 뽕나무 버섯이다.

458 노승은 선정에~자주 바라본다 : '선정에 들어 서쪽으로 돌아간다'는 말은 선정이 깊어 법열法悅을 누리고 있음을 표현한 것이고, '축객逐客'은 조정에서 쫓겨난 사람을 뜻하는 말로 당시 해남으로 귀양 와 있던 윤 내한을 가리킨다.

459 부끄러워라 나는~제압하지 못하는구려 : 이 대목에는 『蓮潭大師林下錄』에 "소동파蘇東坡가 불인 요원佛印了元 선사를 방문했는데, 선사가 바야흐로 설법하고 있고 학인들이 좌중에 가득하였다. 선사가 '내한內翰(소동파를 가리킴)은 어디에서 오셨소. 여기에는 앉을 자리가 없습니다.'라 하니, 소동파가 '화상의 사대四大(육신)를 빌려 자리를 삼고 싶습니다.'라 하였다. 이에 선사가 '산승에게 일전어一轉語가 있으니, 만약 곧바로 답하면 청하시는 바에 따르겠지만 그렇지 못하면 옥대玉帶를 풀어 나에게 주시오.'라 하니, 소동파가 허락하였다. 선사가 '사대는 본래 공空하거늘 무엇을 가지고 자리로 삼겠습니까?'라 하니, 소동파가 생각하여 무어라 답하려 하다가 옥대를 풀어 주었다."라는 주석이 달려 있다. 일전어는 선기禪機를 드러내는 한마디 말이다.

460 『蓮潭大師林下錄』에는 제목이 '박 어사가 탐라에서 육지로 나오다(朴御史自耽羅出陸)'로 되어 있고, "제주에는 고高, 양梁, 부부 세 성姓이 구멍에서 나왔다. 그리고 남극노인성南極老人星이 비추므로 이 지방에 장수하는 사람이 많다."라는 주가 달려 있다.

461 삼산三山 : 바다에 있다는 삼신산三神山의 준말이다. 삼신산은 봉래蓬萊 · 영주瀛洲 · 방장方丈을 가리키는데, 우리나라에서는 제주도를 가리켜 영주라 한다.

462 우스워라 천~연유한 것을 : 진시황이 서복徐福에게 동남동녀童男童女 3천 명을 데리고 동해의 삼신산으로 가서 불로초不老草를 캐 오게 하였는데, 서복이 돌아오지 않았다는 전설이 있다. 여기서는 제주도에 전해지는 고, 양, 부 세 성이 세 구멍에서 나왔다는 삼성혈三姓穴의 전설이 사실은 서복 일행이 제주도에 와서 정착했기 때문에 생긴 것이라는 뜻으로 말하였다.

463 솔개 날고~조의朝意가 분명하네 : 『中庸章句』 12장에 "『詩經』에 이르기를 '솔개는 날아서 하늘에 이르고, 물고기는 연못에서 뛰논다.'라고 하였으니, 상하에 이치가 밝게 드러남을 말한 것이다.(詩云. 鳶飛戾天, 魚躍于淵. 言其上下察也)"라고 하였으니, 이는 천기天機, 즉 하늘의 이치가 하늘과 땅에 드러나 있음을 말한 것이다. 조의는 조사祖師의 뜻으로, 바로 마음을 가리킨다.

464 지극한 도는~고쳐야 하리 : 3조祖 승찬僧璨의 『信心銘』에 "지극한 도는 어려울 게 없으니, 오직 간택하는 것을 꺼릴 뿐이다.(至道無難, 唯嫌揀擇)"라고 하였다. 그런데 여기서는 이 말을 이어서 '지극한 도는 어려울 게 없으니 누구나 배울 수 있다'고 한 이 말에도 결함이 있으니, 고쳐야 한다는 것이다. 즉 지극한 도는 배울 게 없으니, 솔개가 날고 물고기가 뛰고 물은 파랗고 산은 푸른빛인 현상 그대로가 진리라 한 것이다.

465 병 속의~꺼낼 약 : 당나라 때 남전南泉 선사에게 육긍陸亘 대부가 묻기를 "옛사람이 병 속에다 거위 한 마리를 길렀는데, 거위가 점점 자라서 병에서 나올 수 없게 되었습니다. 지금 병을 깨뜨릴 수도 없고, 거위를 죽일 수도 없으니, 어찌해야 거위를 꺼내겠습니까?"라고 한 화두를 말한다. 『禪門拈頌』 238칙 「養鵝」.

466 추파당秋波堂 : 조선 시대 승려 홍유泓宥(1718~1774)의 당호이다. 조관慥冠에게 수학하고 각성覺醒의 법통을 이었다.

467 이 시는 추파의 작품이 아니라 『三國遺事』 4권 '心地繼祖' 조에 있는 시이다. 심지는 신라 41대 헌덕왕憲德王(재위 809~826)의 아들이다. 불간佛簡은 불골간자佛骨簡子의 준말로 불골佛骨에 계문戒文을 새긴 것이다. 심지가 진표 율사眞表律師의 불골간자를 영심 왕사永深王師로부터 받아서 산꼭대기에서 던지고 팔공산 동화사 우물에서 찾아 다시 모셨다 한다.

468 설암雪巖 : 조선 시대 승려 명안明眼(1646~1710)의 법호이다. 무영無影과 백암栢庵의 법을 이었다.

469 조주趙州의 차 : 중국의 조주 종심趙州從諗 선사는 누가 찾아와도 "차나 한 잔 마셔

라.(喫茶去)"라고 했다는 고사에서 온 말이다.

470 범지의 꽃 : 흑씨범지黑氏梵志가 양손에 합환오동合歡梧桐의 꽃 두 송이를 들고 와서 공양하니, 세존이 "선인仙人이여."라 부르고 범지가 응답하자 "놓아라."라고 하였다. 범지가 왼손에 든 꽃을 내려놓자 세존이 또 "놓아라."라고 하였다. 범지가 오른손의 꽃을 내려놓자, 또 세존이 "놓아라."라고 하였다. 범지가 "저는 지금 빈손으로 서 있거늘 다시 무엇을 버리라 하십니까?"라고 하자 세존이 "나는 너에게 그 꽃을 놓으라 한 것이 아니다. 네가 밖의 육진六塵과 안의 육근六根과 중간의 육식六識을 일시에 놓아 버려 더 놓을 것이 없는 곳이 바로 네가 생사를 벗어나는 곳이다."라고 하였다. 이 말을 듣고 범지가 무생법인無生法忍을 깨달았다 한다.『禪門拈頌』19칙「合歡」.

471 『阮堂集』에는 제목이 '우사연등芋社燃燈'으로 되어 있으니, 우사란 절에 걸어 놓은 연등을 보며 지은 시로 볼 수 있다. 그러나 이 시 내용을 보면 초의 스님이 연등을 읊은 시를 보고 지은 시임을 알 수 있다.

472 먹 참선 : 묵선墨禪과 같은 말로 선승禪僧이 붓으로 글씨를 쓰거나 그림을 그리는 것을 말한다.

473 등 그림자는~그림자 둥그네 : 불교에서는 원래 마음을 등불에 비유한다. 즉 초의 스님이 연등을 시로 읊으니 그 연등이 원만한 마음을 표현한 것이라는 뜻이다.

474 등 불꽃을~떠받쳐 내었어라 : 원래 등불을 오래 밝히면 심지를 잘라야 하는데 이 연등은 시로 읊어 마음을 표현한 것이라 심지를 자를 필요가 없는 것이다. 일전어一轉語는 선기禪機를 드러내는 한마디 말인데 여기서는 초의 스님이 연등을 시로 읊은 것을 가리킨다.『維摩經』「佛道品」에 "불 속에서 연꽃이 피어나는 것은 참으로 드문 일이라 하겠으니, 번뇌 속에서 참선을 하는 것은 희유하기가 이와 같다.(火中生蓮花. 是可謂稀有. 在欲而行禪. 稀有亦如是.)"라고 하였다.

475 〈시질도示疾圖〉: 시질示疾은 병든 모습을 보이는 것이다. 인도 비야리성毗耶離城에 사는 유마거사가 중생이 병들었으므로 자신도 병들었다면서 드러눕자, 석가모니가 문수보살 등을 보내 문병하게 하였는데, 문수가 불이법문不二法門에 대해서 물었을 때 유마가 아무런 대답도 하지 않자, 문수가 탄식하며 "이것이 참으로 불이법문에 들어간 것이다."라 했다는 이야기가 있다. 〈示疾圖〉는 이『維摩經』의 이야기를 그림으로 그린 것이다.『維摩經』「入不二法門品」.

476 법화경 약초는~오지 않았느냐 :『法華經』「藥草喩品」에서 부처님의 법문을 듣고 갖가지 중생들이 깨닫는 것을 약초들에 비유한 것을 이른다. 이 〈示疾圖〉에 비하면, 부처님의 설법도 오히려 효험이 더딘 것이라는 뜻이다.

477 이 시는 초의 선사의『東茶頌』끝에 적힌 신헌구의 제시題詩로,『東茶頌』에는 제목 없이 시만 있다.

478 신백파申白坡 : 신헌구申獻求(1823~1902)의 호가 백파白坡이다. 자는 수문秀文이고,

1862년 정시庭試 병과丙科에 급제하여, 1864년 사헌부 지평을 거쳐, 1869년에 승정원 동부승지를 지냈다. 1898년 중추원 일등의관一等議官을 거쳐 1902년 4월 궁내부 특진관에 임명되었다.

479 이 시는 원래 야담에 실려 있던 것을 민재남閔在南(1802~1873)의 『晦亭集』에 인용한 것이다.

480 동토에는 진짜~가지 못하는구나 : 우리나라에는 진짜 난초가 없고 난초 비슷한 것만 있는데 사람들이 그것을 좋아하여 모두 캐어 가므로 숲속에 오래 남아 있지 못한다는 말이다. 즉 산림山林에 오래 머무는 진짜 은자隱者가 드문 현실을 비유한 것이다.

481 『兒菴遺集』에는 〈長春洞雜詩〉 12수 중 한 수로 되어 있다.

482 백수자柏樹子 : 조주 스님의 정전백수자庭前柏樹子 화두를 말한다.

483 천 리~서신 갖고 : 기러기가 편지를 전달한다는 고사를 사용하였다. 한漢나라의 충신 소무蘇武가 흉노에 19년 동안이나 억류되어 있다가 기러기 다리에 편지를 매달아 보내 한나라 조정에 자신의 상황을 알릴 수 있었다는 고사에서 유래하였다. 『漢書』 권54 「蘇武傳」.

484 남북으로 그리워하는~늘 막혔으니 : 다산 정약용은 고향이 경기도 남양주시 능내리인데 전라남도 강진에서 18년 동안 귀양살이를 하였다. 그래서 북쪽에 있는 고향의 가족들을 늘 그리워하지만 만날 수 없었다고 한 것이다.

485 소수苕水 : 경기도 광주군廣州郡 초부면草阜面 마현리馬峴里에 있는 소천苕川을 가리킨다.

486 『草衣詩藁』에는 제목이 '아침에 사천을 지나며(早過斜川)'로 되어 있고, "고사의 유지이다.(古寺遺址)"라는 주注가 붙어 있다. 이 시는 제목이 '斜川寺懷古'로 되어 있어 사천사라는 절이 있는 것처럼 보인다. 그런데 사실은 사천이라는 시냇가에 고찰의 유허遺墟가 있었던 것이다. 사천은 경기도 양평 용문산에 있는 시내이고 사천 상류에 용추龍湫라는 폭포가 있다.

487 적성赤城 : 적성은 도교의 전설 속에 나오는 삼십육 동천三十六洞天의 하나이다. 진晉나라 손작孫綽의 〈遊天台山賦〉에 "적성에 붉은 놀이 일어 표지를 세우고, 폭포는 날아 흘러 길을 나누었다.(赤城霞起而建標, 瀑布飛流以界道)"라고 하였다. 경치가 좋은 선경仙境을 뜻하는 말로 쓰인다.

488 원매袁枚(1716~1797) : 자는 자재子才, 호는 간재簡齋·수원隨園이다. 성령설性靈說을 주장하였으며, 청나라 때 대표적 문인의 한 사람이다.

489 장경葬經 : 후한後漢 말기에 일어난 음양오행설陰陽五行說을 바탕으로 삼아 무덤의 방위와 지형의 선악이 사람의 화복에 관계가 있다는 등의 설을 기록한 책으로, 구본舊本에는 진나라 곽박郭璞의 저술이라 하지만 후인後人의 저술로 보는 것이 일반적인 견해이다. 『四庫提要』〈子部術數類〉, 『星湖僿說類選』〈人事篇技藝門〉.

490 분양汾陽의 부친~조은朝恩이 도굴했으나 : 분양은 당나라 화주華州 사람 곽자의郭子儀를 가리킨다. 그는 숙종肅宗 때 안녹산安祿山과 사사명史思明의 난을 평정하여 왕실 중흥에 큰 공을 세워 분양왕汾陽王에 봉해졌고, 덕종德宗 때는 상보尚父라는 호를 받고 태위중서령太尉中書令에 올라 천하의 중망重望을 받은 것이 20년이었다. 또한 장수를 누리고 자손이 많아 다복多福한 사람으로 일컬어진다. 조은은 당나라 대종代宗 때의 환관인 어조은魚朝恩이다. 그는 현종玄宗 때 처음으로 환관이 되었고, 대종 때 천하관군용선위처치사天下觀軍容宣慰處置使가 되어 군권軍權을 잡고는 정사를 마음대로 처리하면서 정국공鄭國公에 봉해졌다. 그러나 그 뒤에 황제의 미움을 사 처형되었다. 곽자의가 군사를 거느리고 가서 토번吐蕃을 무찌르고 있을 때 어조은이 곽자의 부친의 무덤을 파헤쳐 도굴盜掘하였으나, 곽자의가 조정에 돌아와서 황제를 배알하고 울면서 "이는 하늘의 견벌譴罰이지 사람이 저지른 환란은 아닙니다."라고 하고 용서했다 한다. 『新唐書』 권137 「郭子儀傳」, 『舊唐書』 권184 「宦官列傳」 '魚朝恩'.

491 이준李俊 : 『三國遺事』 제5권을 보면 "경덕왕대에 직장 이준이 있었다.【「고승전」에는 이순이라고 하였다.】(景德王代有直長李俊【高僧傳作李純】)"라고 되어 있다. 그의 법명은 공굉 장로孔宏長老이다. 단속사는 경상남도 산청군 단성면 운리 지리산 자락에 있는 절로 신라 경덕왕 7년(748)에 이순이 창건하였다는 설과 763년에 신충信忠이 창건하였다는 설이 있다. 『三國遺事』 권5 「避隱」.

492 이는 『三國遺事』 권5 「月明師兜率歌」에 나오는 시이다.

493 이는 『三國遺事』 권5 「月明師兜率歌」의 마지막 '讚曰'에 나오는 시이다.

494 의침 대사義砧大師 : 두보의 시를 번역하는 두시언해 사업에 참여한 시승詩僧이다.

495 유태재柳泰齋 : 태재泰齋는 유방선柳方善(1388~1443)의 호이다. 그의 자는 자계子繼이고 권근權近, 변계량卞季良의 문인門人이다. 금고를 당하여 벼슬은 하지 않았으나 문명文名이 있었고, 원주原州에서 살았다. 국역 『燃藜室記述』 권3 '세종조 명신名臣'.

496 두릉杜陵 : 두소릉杜少陵의 약칭으로 자호自號를 소릉야로少陵野老라 한 당나라 시인 두보를 가리킨다.

497 변계량卞季良(1369~1430) : 자는 거경巨卿이고 호는 춘정春亭이며, 시호는 문숙文肅이고 본관은 밀양密陽이다. 이색李穡, 정몽주鄭夢周의 문인으로 시문詩文에도 능하였다.

498 무생無生 : 생멸生滅이 없는 열반涅槃, 해탈의 세계이다.

499 『三灘集』에는 제목이 '청주의 성안에 있는 철찰鐵刹을 읊다(淸州城中鐵刹)'로 되어 있다. 철찰과 동장銅檣은 같은 말로 현재 국보 41호로 지정되어 있는 청주 용두사지龍頭寺址에 있는 철당간鐵幢竿을 가리킨다. 이 철당간은 본래 『新增東國輿地勝覽』 권15에 '구리 돛대(銅檣)'로 기록되어 있으며, "고을 성안의 용두사에 있다. 폐사廢寺가 되었지만 돛대는 남아 있으며, 높이가 10여 길이다. 세상에 전하기를, '처음 주州

를 설치할 때 술자術者의 말을 써서 이것을 세워 배가 가는 형국을 나타내었다.'고 한다."라고 하였다.

500 이승소李承召(1422~1484) : 자는 윤보胤保이고 호는 삼탄三灘이며, 시호는 문간文簡이고 본관은 양성陽城이다. 그는 1438년(세종 20)에 17세의 나이로 진사시에 합격하고 1447년(세종 29)에 식년 문과에 장원급제하였다. 대사성, 충청도 관찰사, 이조 판서, 좌참찬 등을 지냈다.

501 그 누가~옮겨 왔나 : 만계蠻溪는 호남성湖南省과 귀주성貴州省 사이에 위치한 만지蠻地에 있는 오계五溪를 말한다. 구리 기둥은 동한東漢 광무光武 때 복파장군伏波將軍 마원馬援이 교지交趾 지역을 평정한 다음 한나라와 외국의 경계를 표시한 두 개의 동주銅柱를 말한다. 『後漢書』 권24 「馬援列傳」 주注.

502 한漢나라 궁궐에 있던 금경金莖 : 한나라 무제武帝가 선약仙藥을 만들기 위해 하늘에서 내려오는 이슬을 받고자 건장궁建章宮에 신명대神明臺를 세우고 구리로 선인장仙人掌 모양을 만들어 세워서 동반銅盤을 떠받치게 하였다. 이것을 승로반承露盤이라 한다. 금경은 구리 기둥이란 말로 승로반의 이칭이다. 『漢書』 권25 「郊祀志」 上.

503 『古歡堂收艸』에는 제목이 '마하연에서 운 공이 나에게 『維摩經』 한 질을 주기에(摩訶行。雲公贐余維摩經一部)'로 되어 있다. '운雲' 자가 법명에 들어 있는 스님이 작자에게 『維摩經』을 준 것이다.

504 강추금姜秋琴 : 강위姜瑋(1820~1884)의 호가 추금秋琴이다. 그의 자는 중무仲武·위옥韋玉·요장堯章이고, 호는 추금 외에도 자기慈屺·청추각聽秋閣·고환당古懽堂 등이 있다. 고환당으로 더 잘 알려져 있다. 본관은 진주晉州이고 경기도 광주 출생이다. 김택영金澤榮(1850~1927), 황현黃玹(1855~1910)과 함께 구한말 3대 시인으로 불리며, 율시律詩를 특히 잘 지었다.

505 정명淨名 : 『維摩經』의 주인공인 유마힐維摩詰의 한역漢譯 이름이다.

506 법희法喜를 아내로 삼는 : 법희는 불법佛法을 깨달아 느끼는 즐거움으로, 법열法悅과 같은 말이다. 『維摩經』 「佛道品」에 "법희로써 아내를 삼고 자비로써 딸을 삼는다.(法喜以爲妻。慈悲以爲女。)"라고 하였다.

507 쌍계루雙溪樓는 전남 장성군 백양사白羊寺 입구에 있는 누각 이름이다. 포은圃隱 정몽주鄭夢周가 쌍계루에 제題한 시를 남겼는데, 근세 호남의 거유巨儒인 노사蘆沙 기정진奇正鎭(1798~1879)이 차운한 것이다.

508 눈처럼 흰~닿아 우뚝하고 : 쌍계루 뒷산인 백암산白巖山의 흰 바위 암벽을 형용한 것이다.

509 요동遼東의 학 : 진나라 도잠陶潛의 『搜神後記』에 "정영위丁令威는 본래 요동 사람으로 영허산靈虛山에서 도를 배워 신선이 되었는데, 그 뒤 학으로 변화하여 요동으로 돌아가 성문城門의 화표주華表柱에 앉았다. 그때 소년들이 활을 들고 쏘려고 하자 학

이 공중으로 날아가 배회하면서 말하기를 '새여, 새여, 정영위로다. 집 떠난 지 천 년 만에 비로소 돌아왔네. 성곽은 옛날 그대로나 백성들은 옛날 백성이 아니로구나. 어찌하여 신선술을 배우지 않아 무덤만 즐비한가.'라 하고 창공으로 날아가 버렸다."라고 하였다.

510 정지상鄭知常(?~1135) : 정지상은 고려 시대 시인으로 초명은 지원之元이다. 시문詩文에 뛰어나서 김부식金富軾과 쌍벽을 이루었는데, 묘청妙淸과 함께 서경천도西京遷都를 주장하여, 김부식과 대립하다가 김부식에게 참살斬殺 당했다.

511 『東文選』에는 제목이 '장원정長源亭'으로 되어 있다. 『東文選』의 제목이 옳을 듯하다.

512 해붕당海鵬堂 : 해붕 강백海鵬講伯(?~1826)이다. 법명은 전령展翎, 자는 천유天游이며, 법호는 해붕海鵬으로 전라남도 순천 출신이다. 선암사로 출가하였고, 묵암 최눌默庵最訥의 법제자인 풍암楓岩 스님의 손제자이다. 그는 선禪과 교敎에 두루 통하였고, 명사들 사이에 이름이 드날렸으니, 당시 호남 일대에 명성을 떨치던 호남칠고붕湖南七高朋 가운데 한 사람이다. 저서로『壯遊大方錄』이 전한다.

513 화담華潭 : 화담 경화華潭敬和(1786~1848)이다. 양주 화양사의 성찬性讚 스님에게 출가하고, 율봉 청고栗峯靑杲에게 구족계를 받았다. 그는 40년간 솔잎과 죽을 먹고 밤낮으로 장좌불와하며 수행에 힘썼고『華嚴經』,『涅槃經』,『八陽經』등 여러 경전에 주석을 달았다. 특히 55회에 걸쳐 화엄 강론을 펼쳐 화엄 강백으로 유명했다. 현등사에서 입적하자 절 북쪽에 승탑이 세워졌고, 김룡사·대승사·통도사·표충사 등에 진영이 모셔졌다.

514 송광사는 1842년 큰 화재로 사찰의 주요 전각들이 모두 불타고 말았다. 이때 송광사의 기봉奇峰 스님은 일흔의 노구를 이끌고 상좌인 용운龍雲 스님과 함께 중창불사를 진두지휘했다. 그리하여 14년 만에 이전의 가람 규모를 회복할 수 있었다. 제목은 '기봉의 교화행 시에 차운하다'로 되어 있는데, 내용에 맞지 않고 차운한 시가 아니기에 고쳤다.

515 팔인八人이 하룻밤~짊어지고 갔네 : 팔인은 화火를 파자破字한 것이다. 즉 하룻밤에 불이 나서 다 타버렸다는 뜻이다.

516 알묘揠苗 : 공부가 아직 부족한 사람에게 선禪을 말해 주어 오히려 그 사람을 망친다는 뜻이다.『孟子』「公孫丑」上에 "송宋나라 사람이 자기의 벼 싹이 빨리 자라지 않는 것을 안타깝게 여겨 억지로 뽑아 올려놓고 피곤한 모습으로 돌아와 집안사람에게 '오늘 내가 피곤하다. 내가 싹이 자라는 것을 도왔노라.'라 하기에 그의 아들이 가서 보니 싹이 모두 말라 있었다."라고 한 데서 온 말로, 무리하게 조장助長하는 경우를 말한다.

517 이 시는『賢愚經』에 보인다.

518 긴 하늘과~저녁 노을이로세 : 당나라 초기 왕발王勃의 〈滕王閣序〉에 "저녁 노을은

외로운 따오기와 가지런히 날고, 가을 물은 긴 하늘과 한빛이다.(落霞與孤鶩齊飛, 秋水共長天一色.)"라고 한 유명한 구절을 인용하였다.『古文眞實後集』.

519 『益齋集』에는 '소악부小樂府'라는 제목의 연작시連作詩 중에 들어 있다.
520 양주학楊州鶴 : 옛날에 네 사람이 각자 자기의 소원을 말하기로 했는데, 한 사람은 양주 자사楊州刺史가 되고 싶다고 하고, 한 사람은 많은 재물을 얻기를 원하고, 한 사람은 학을 타고서 하늘로 오르고 싶다고 하였다. 이 말을 들은 한 사람이 "나는 허리에 십만 관貫의 돈을 두르고, 학을 타고서 양주로 날아가고 싶다.(腰纏十萬貫. 騎鶴上楊州.)"라고 하였다.『淵鑑類函』〈鳥 3 · 鶴 3〉.
521 유점사 53불 : 주 234 참조.
522 우공愚公 : 고려 말의 고승인 태고 보우太古普愚(1301~1382) 스님을 가리킨다. 태고사의 탑은 태고 보우 스님의 탑이다.
523 목은牧隱 : 고려 말의 문호 이색李穡의 호이다. 그는 영불佞佛, 즉 부처에 아부하여 기복祈福했다는 비판을 받았다.
524 율곡栗谷 : 조선 중기의 학자 이이李珥의 호이다. 그는 모친 신사임당을 여의고 금강산에 들어가 불교를 공부한 적이 있다.
525 혜화문惠化門 : 조선 시대 태조 5년(1397)에 도성 성곽을 쌓을 때 도성의 북동쪽에 세운 문이다. 팔대문八大門의 하나로 처음에는 홍화문弘化門이라 하다가 중종 6년(1511)에 이 이름으로 고쳤다. 민간에서는 동소문東小門이라고 부르는데, 순조 16년(1816)에 중수하였다가 1930년 일제가 철거하였다.
526 탕평비蕩平碑 : 조선 영조英祖 18년(1742)에, 당색黨色에 구애되지 않고 인재를 두루 기용한다는 취지의 탕평책을 널리 알리기 위하여 세운 비석이다. 영조가 직접 쓴 글을 새겨서 성균관의 반수교泮水橋에 세웠다.
527 서중관徐中觀 : 독립운동가로 건국훈장 애족장을 추서追敍 받은 서병두徐丙斗(1879~1930)의 호가 중관中觀이다.
528 오문吳門 : 중국 남쪽 오주吳州의 성문으로 여기서는 아래 한나라 변새와 대비하여 먼 남쪽을 뜻한다.
529 한漢나라 변새 : 한나라 때 북쪽으로 흉노匈奴와 대치하던 변새이다.
530 낭선浪仙 : 당唐나라 때의 시인 가도賈島의 자이다. 여기서는 상대방 서중관을 가도에 비겼다.
531 쌍교雙橋 : 전라남도 남원南原 장흥면長興面 지역에 있는 지명이다. 쌍교동雙橋洞의 본래 이름은 요천蓼川이란 시내를 건너는 '윗삽다리'와 '아랫삽다리' 두 개 다리가 있어 '삽다리' 또는 '삽리'라 하다가, 지명을 한자로 바꾸면서 쌍교로 부르게 되었다.
532 침굉枕肱 : 현변懸辯(1616~1684)의 호이며, 그의 자는 이눌而訥이다. 13세 때 소요 태능逍遙太能을 찾아가 그의 법을 계승하고 오도悟道의 선승禪僧이라는 말을 들었

다. 19세에 윤선도尹善道가 양자로 삼아 환속시키려 하였으나 끝까지 응하지 않았다. 그 뒤 윤선도가 을사사화로 광양에 유배되었을 때 그를 찾아가〈滄浪歌〉를 불러 위로하였다고 한다. 그는 선교禪敎에 밝았을 뿐 아니라 유교와 도교에도 조예가 깊었고 서예와 문학에도 능통하였으며, 말년에는 염불 수행에 매진하였다. 저서로는 『枕肱集』2권이 있다.

533 의문태자懿文太子 : 명나라 태조 주원장朱元璋의 장자 주표朱標(1355~1392)를 말한다. 태조가 오왕吳王이 되었을 때 왕세자로 삼았고 홍무洪武 원년에 황태자로 삼았으나 태조보다 일찍 죽어 그의 차자次子가 태조를 이어 즉위했으니, 건문제建帝이다. 건문 원년에 그를 추존하여 효강황제孝康皇帝라 하고 묘호를 흥종興宗이라 했다.『明史』권115「列傳」3.

534 구주九州 : 중국이 본래 아홉 주州로 되어 있다. 천하를 뜻한다.

535 태손 윤문太孫允炆 : 의문태자의 둘째 아들로 태조의 뒤를 이어 즉위하여 건문제가 되었다.

536 삼대三臺 춤 : 삼대라는 곡조에 맞추어 추는 꾸밈없는 춤이다. 삼대는 당나라 때 서민들의 노래 곡조이다.

537 달마는 원래~다르지 않다네 : 예전의 달마와 지금 사리로 남은 달마가 둘이 아니라는 뜻이다.

538 『鏡虛集』에는 제목이 '해인사 구광루에서(海印寺九光樓)'로 되어 있다. 이 시는 차운한 시가 아니므로『鏡虛集』의 제목이 옳을 듯하다.

539 『鏡虛集』에는 제목이 '석왕사 영월루에 제題하다(題釋王寺映月樓)'로 되어 있다. 이 시는 경허가 갑진년(1904) 봄, 북쪽으로 가는 길에 안변군安邊郡 석왕사釋王寺에 이르렀을 때 읊은 것으로, 문리상『鏡虛集』의 제목이 옳을 듯하다.

540 꽃은 싸락눈처럼 지고 : 당나라 왕유王維의 시〈남산으로 가는 최구 아우를 보내며(送崔九弟往南山)〉에 "산중에는 계화가 있으니 꽃이 싸락눈처럼 지기 전에 돌아오라.(山中有桂花。莫待花如霰。)"라고 한 것을 인용하였다.

541 만덕萬德과 통광通光 : 만덕전萬德殿, 통광루通光樓와 같은 건물이 석왕사에 있었던 것으로 보인다.

542 『鏡虛集』에는 "정혜사에 있을 때 두견새를 읊은 것이다.(在定慧寺吟杜鵑)"라는 주注가 달려 있다.

543 이 시는『鏡虛集』에 실려 있지 않은데, 시의 풍격風格과 의사意思로 보아 경허의 작품이 분명한 것으로 판단된다.

544 『鏡虛集』에는 제목이 '범어사 보제루에 제하다(題梵魚寺普濟樓)'로 되어 있다.『鏡虛集』에는 "神光谿如客。金井做清遊。破袖藏天極。短笻劈地頭。孤雲生遠岫。白鳥下長洲。大塊誰非夢。憑欄謾自悠。"로 되어 있다.

545 이 게송은 당대唐代의 승려 반산 보적盤山寶積(?~?)의 게송이다.
546 돌이 고개 끄덕여도 : 동진東晉 때 도생 화상道生和尙(355~434)이 소주蘇州의 호구산虎丘山에서 돌을 모아 놓고 『열반경涅槃經』을 강론하다가 "선심이 없는 자도 모두 불성이 있다.(一提皆具佛性)"라는 대목에서 묻기를 "내가 말하는 법이 불심佛心에 들어맞는가?"라고 하니 돌이 모두 고개를 끄덕였다고 한다. '완석점두頑石點頭'라 한다.
547 『매천집梅泉集』에는 제목이 '홍류동에서 바위에 새긴 제명이 매우 많은 것을 보고 짓다(紅流洞見石刻題名甚多)'로 되어 있다.
548 하사下士 : 재덕才德이 조금 있거나 초야에 묻혀 사는 선비를 말한다. 『안씨가훈顔氏家訓』「名實」에 "상사는 이름을 잊어버리고, 중사는 이름을 중시하며, 하사는 이름을 훔친다.(上士忘名。中士主名。下士竊名。)"라고 하였다.
549 지금까지도 바위~온통 고운孤雲이로세 : 신라 때 가야산 홍류동에 은거했던 최치원崔致遠의 호가 고운이다. 즉 외로운 구름이 홍류동 골짜기를 덮고 있듯이 고운이라는 이름은 지금까지도 홍류동에 전해지고 있다는 뜻이다.
550 압록鴨綠 : 전라도에서 섬진강과 보성강이 만나는 지점에 있는 지명이다.
551 김남파金南坡 : 김효찬金孝燦을 가리키는 듯하다. 그의 자는 대겸大兼이고 호는 남파南坡이며, 본관은 김녕金寧이고 순천 출신이다. 저서로 『남파시집南坡詩集』이 있다.
552 『소호당시집정본韶濩堂詩集定本』에는 제목이 '의병장 안중근이 나라의 원수를 갚은 일을 듣고(聞義兵將安重根報國讎事)'라고 되어 있다. 1909년 10월, 안중근 의사가 이토 히로부미(伊藤博文)를 저격한 사건을 듣고 지은 시이다.
553 김창강金滄江 : 김택영金澤榮(1850~1927). 한말의 학자로 자는 우림于霖, 호는 창강滄江이다. 저서로 『한국소사韓國小史』 등이 있다.
554 『다송시고茶松詩稿』에는 제목이 '남원의 벗 황기룡이 동사에서 읊은 시에 답하다(答南原故人黃騎龍在桐寺吟)'로 되어 있다.
555 시가 이루어지면~찾아올지 모르니 : 시를 지어 설법하고 나면 하늘에서 천신天神이 감동해 꽃비를 내릴 터인데, 그 꽃이 시냇물에 떠서 흘러 속세로 가면 사람들이 이곳에 찾아올지 모르니 꽃잎을 거두어 물에 흘러가지 않도록 해야겠다는 말이다. 진晉 나라 도잠陶潛의 〈도화원기桃花源記〉에 의하면, 한 어부가 한없이 시내를 따라 올라가다가 갑자기 도화림桃花林을 만나서 그 안으로 들어가 보니, 광활한 하나의 별천지인 무릉도원이 있었다는 고사를 인용하였다. 『도연명집陶淵明集』 권6.
556 『다송시고茶松詩稿』에는 제목이 '영평시永平詩'로 되어 있다.
557 서구 영평書九永平 : 이서구李書九(1754~1825)이다. 조선 후기 문신으로 1774년 문과에 급제한 이후 호조판서, 홍문관 대제학을 거쳐 1824년에 우의정을 지냈다. 시에 능해 이덕무, 유득공, 박제가와 함께 4가 시인四家詩人의 한 사람으로 꼽힌다. 그의 시는 관조하는 자세로 주위의 사물을 관찰하며 고요함을 얻으려 한 것들이 많으며,

문집으로는 『葛山集』·『葛山初集』·『惕齋集』이 있다. 시호는 문간文簡이며, 영평에서 졸卒하였다.

558 산도 아니고~있을 뿐일세 : 『朝鮮王朝實錄』 영조 24년 5월 23일 조條에 "'도선道詵의 비기秘記가 있는데 용두龍頭와 사미蛇尾에 대해 운운한 것이 있으니, 용두는 곧 무진년 정월正月이고, 사미는 곧 기사년 12월이다.'라 하고, 또 '왜인倭人 같지만 왜인이 아닌 것이 남쪽에서 올라오는데 산도 아니고 물도 아닌 궁궁弓弓이 이롭다고 했다.'"라고 하였다. 궁궁은 전쟁이 났을 때 피난하기 좋은 곳을 말하는데 어떤 지형인지는 알 수 없다.

559 토정土亭 : 이지함李之菡(1517~1578)으로, 본관은 한산韓山, 자는 형백馨伯·형중馨仲, 호는 수산水山·토정, 시호는 문강文康이다. 『土亭秘訣』의 저자이며, 임진왜란이 일어날 것을 예언했다고 한다.

560 용사년龍巳年 : 임진년壬辰年을 말한다.

561 양이 가을 울타리 들이받으니 : 『周易』 '大壯卦上六'에 "숫양의 뿔이 울타리에 걸려, 물러가지도 못하고 나아가지도 못한다.(羝羊觸藩。不能退。不能遂。)"라고 하였는데, 이는 곤경에 처해서 앞으로 가지도 못하고 뒤로 물러나지도 못하는 상황을 뜻한다.

562 금명회錦溟洄 : 작자의 법호인 금명이 비단 바다란 뜻이므로 운자에 맞추기 위해 선회하는 물이란 뜻의 '洄' 자를 덧붙인 것이다.

찾아보기

가관 대사可觀大士 / 70
각엄覺嚴 / 211, 212, 222
간당 행기簡堂行機 / 82
간신도諫臣圖 / 173
감로사甘露社 / 207
강추금姜秋琴 / 425
강화도 / 279
강회박姜淮泊 / 445
개성사開聖寺 / 428
겸용兼用 / 351
경성敬聖 / 292, 296~299
경열敬悅 / 370
경허鏡虛 / 441, 457~460, 462, 463
계봉鷄峯 / 184
계응戒膺 / 241
고분가孤憤歌 / 164
고운顧雲 / 110
공공空空 / 143
곽여郭輿 / 221
관기觀機 / 239
관음 낭자觀音娘子 / 233, 234, 237
관음보살 / 155
괄허括虛 / 403
권근權近 / 327
귀종사歸宗寺 / 231
규산圭山 / 79
균제 동자 / 85
그림자 / 154, 172

금강錦江 / 210
금강계단 / 169
금강산金剛山 / 217, 240, 294
금봉錦峯 / 451
금천사金川寺 / 141
기노사奇蘆沙 / 426
기룡騎龍 / 473
기봉奇峰 / 436, 437
김극기金克己 / 229
김남파金南坡 / 470
김삼광金三光 / 118
김성근金聲根 / 440
김유신金庾信 / 114
김종직金宗直 / 387
김창강金滄江 / 472
김화재金華齊 / 119
김훤金暄 / 204

나옹懶翁 / 137, 224, 246~252, 256
나한羅漢 / 325
낙산사 / 123
낙천樂川 / 325
남암南庵 / 234, 236
낭지朗智 / 126
내소사 / 427
노능盧能 / 59
노힐부득 / 234, 236

542 • 대동영선

능엄楞嚴 / 40
능허교凌虛橋 / 186
능호能浩 / 136

다산茶山 정약용丁若鏞 / 411, 415
다송자茶松子 / 479
단속사斷俗寺 / 418
단종端宗 / 272, 273
달달박박 / 233, 235
달마達摩 / 33, 36, 37, 332, 334, 337, 456
달마사達摩思 / 260
담령湛靈 / 156
대광사大光寺 / 229
대마도 / 336
대수大隨 / 43
대유大有 / 327
대인명大人銘 / 168
대장경大藏經 / 185
대종代宗 / 120
대혜 보각大慧普覺 / 67
대혜 종고大慧宗杲 / 42, 44, 76
덕천가강德川家康 / 328
도선道詵 / 217
도성道成 / 239
도솔가 / 419
도솔 종열 / 63
도안道岸 / 90
동명 선생東溟先生 / 364
동방장東方丈 / 179
동장銅檣 / 424
동파東坡 / 56

두견새 / 459
들소 / 189
등운登雲 / 312

마왕魔王 / 73
만경대萬景坮 / 358
만불산萬佛山 / 120
만송萬松 / 71, 100
만실萬室 / 336
만연사 / 197, 206
만우卍雨 / 266, 271
명교明敎 / 38
명득 월정明得月亭 / 100
명조明照 / 279~282, 284~287
모진당慕眞堂 / 134
목암 법충 / 66
목우자牧牛子 / 148, 286
목은牧隱 / 449
묘적암妙寂庵 / 306
무봉탑無縫塔 / 91
무학無學 / 247, 254~256
묵 공默公 / 197
묵란墨蘭 / 413
묵암默庵 / 395~397
문개文凱 / 209
문계文溪 / 271
문극겸文克兼 / 173, 176
문수사文殊寺 / 388
문수상文殊像 / 131
문휘정文徽亭 / 480
문희文喜 / 85

미륵상彌勒像 / 143

박 상사朴上舍 / 320
박 어사朴御史 / 393
박인범朴仁凡 / 223
반야다라般若多羅 / 33
방학산方鶴山 / 442, 443
배휴裵休 / 84
백련사 / 449
백장百丈 / 41
백파白坡 / 437
범일梵日 / 223
법안法眼 / 51
법어法語 / 462
법연法演 / 60
법운 만회法雲萬回 / 58
법인法因 / 455
법준法俊 / 291
법해法海 / 117
벽송碧松 / 291, 292
벽암 각성碧巖覺性 / 366, 367
벽하당碧霞堂 / 381, 382
변계량卞季良 / 423
보각普覺 / 86, 219
보감寶鑑 / 288
보암 인숙普庵印肅 / 68
보요普曜 / 242
보조普照 / 149, 151
복천사福泉寺 / 400
부설浮雪 / 308, 311, 312, 464
부용芙蓉 / 293~295

부휴浮休 / 304, 305
북암北庵 / 233, 235
분경대焚經坮 / 48
분황사 / 111
불간佛簡 / 401
불감佛鑑 / 80
불갑사佛岬寺 / 211
불국사 / 121
불등 수순 / 80
불사약不死藥 / 245
불사증명청佛事證明請 / 458
불조佛照 / 94
비로봉毘爐峰 / 300
〈비야시질도毘耶示疾圖〉 / 410

사리舍利 / 456
사복蛇福 / 145~147
사부가四浮歌 / 464
사성찬四聖贊 / 182
사천斜川 / 416
산운山雲 / 413
『삼국유사三國遺事』/ 102~106, 108, 109,
    111~117, 121, 146, 235~239
삼매경 / 111
삼몽자三夢字 / 302
삼생석三生石 / 53
상봉霜峯 / 406
상월霜月 / 404, 405
서거정徐居正 / 357
서견徐甄 / 276, 277
서중관徐中觀 / 450

석가상 / 102
석두 자회 / 43
석불石佛 / 144
석 옹石翁 / 250, 262
석존의 가사 / 170
석종石鐘 / 315
선 국사先國師 / 201
선비화仙扉花 / 283, 284
선소仙巢 / 329, 333, 356
선암사仙嵒寺 / 452
선조宣廟 / 301
선종宣宗 / 216
설봉雪峰 / 383, 384
설암雪嵒 / 244, 402
성민性敏 / 390
세종世宗 / 266
세종제世宗帝 / 76
소경紹瓊 / 244, 245
소새小塞 / 480
소요 태능逍遙太能 / 368~370
소요산逍遙山 / 218, 446
속리산俗離山 / 399
송계당松溪堂 / 375
송광사松廣寺 / 178, 224, 226, 435, 471
송운松雲(사명당四溟堂) / 328~356, 358~
  363, 385, 386
송원松源 / 96, 340, 348
수라修羅 / 97
수명 동자壽命童子 / 75
수산首山 / 88
수윤壽允 / 326
숙노宿蘆 / 354
숭진崇眞 / 83
숭혜崇慧 / 52

승태承兌 / 341, 344
식암息庵 / 132
식영암명息影庵銘 / 167
신돈辛旽 / 264
신륵사神勒寺 / 387
신백파申白坡 / 412
신혈사神穴寺 / 215
심지心地 / 401
쌍계루雙溪樓 / 265, 426
쌍계사雙溪寺 / 128

안민安民 / 39
안주安州 / 280
안중근安重根 / 472
안향安珦 / 122, 274
암두嵒頭 / 63
압록鴨綠 / 470
야부埜夫 / 317
약산藥山 / 77
양개良介 / 45, 46
양걸楊傑 / 55
양기楊岐 / 42
양녕대군讓寧大君 / 321
양무위楊無爲 / 61
양지良志 / 106
양현지楊衒之 / 36
여동빈呂洞賓 / 231, 232
연담蓮潭 / 391~397
연등불燃燈佛 / 98
연좌석宴坐石 / 103
연파蓮坡 / 414

찾아보기 • 545

염불게念佛偈 / 468
염 상국廉相國 / 195
영명사永明寺 / 220, 221
영산당影山堂 / 432
영산찬影山贊 / 433
영재永才 / 421
영조靈照 / 306, 309
영평永平 / 474
영희靈熙 / 307, 310
예종睿宗 / 220, 221, 241
온능蘊能 / 83
왜승倭僧 / 335, 337, 338
요석궁 / 111
요원了元 / 56, 57
용계龍溪 / 92
용담龍潭 / 376~378
용수龍樹 / 74
우구 거정 / 81
욱면郁面 / 238
운암雲庵 / 45
운암사雲岩寺 / 62
울다라 선인欝多羅仙人 / 438
웅선자雄禪子 / 263
『원각경圓覺經』 / 313, 439
『원각경소圓覺經疏』 / 180
원감圓鑑 / 177~182, 184~210
원경圓鏡 / 125
원길元佶 / 345~347
원등사遠燈寺 / 440
원매袁枚 / 417
원묘圓妙 / 148
원소암圓炤庵 / 200
원오圓悟 / 39
원우元右 / 87

원응圓應 / 289
원이圓耳 / 349, 350
원조元照 / 61
원효元曉 / 111, 126, 130, 147
월담月潭 / 372
월명月明 / 419, 420
위 상국魏相國 / 70
유구역維鳩驛 / 173
『유마경維摩經』 / 425
유망기遺忘記 / 394
유몽인柳夢寅 / 390
유방선柳方善 / 269
유성룡柳成龍(서애西厓) / 360, 363
유자량庾資諒 / 123
유장원庾壯元 / 144
유점사 53불 / 240, 447
유태재柳泰齋 / 422
육정陸靜 / 49
육할 / 159
윤 내한尹內翰 / 391, 392
윤문允炆 / 454
율곡栗谷 / 322, 323, 449
율봉栗峯 / 407
은 상인誾上人 / 357
응능應能 / 99
응암應庵 / 42
응진應眞 / 91
의문태자懿文太子 / 453
의상義湘 / 112
의암義庵 / 322
의정義淨 / 50
의종毅宗 / 176
의지義知 / 356
의천義天 / 124, 130~132, 139

의침義砧 / 422
이고李翶 / 77
이괄李昏 / 78
이규보李奎報 / 142, 218
이능화李能和 / 446~450, 456
이달李達 / 389
이달충李達衷 / 264
이덕형李德馨 / 362
이백시李伯時 / 57
이병연李秉淵 / 366
이 상공李相公 / 365
이 상국李相國 / 304, 319
이색李穡 / 226~228, 240
이수광李晬光 / 386
이순신李舜臣 / 359
이승소李承召 / 424
이식李植 / 385
이제현李齊賢 / 222, 444
이존비李尊庇 / 225
이준李俊 / 418
이태조李太祖 / 253, 254, 257, 258
이해석李海石 / 451
인조仁祖 / 279
인파仁坡 / 435, 436
임성任性 / 373
임제臨濟 / 35, 249

자규루子規樓 / 272
자윤子胤 / 188
자장慈藏 / 113
장님(盲者) / 109

장무진張無盡 / 89
〈장원정長源亭〉 / 429
장종章宗 / 71
장천각張天覺 / 62, 63
전물암轉物庵 / 153
전법傳法 / 479
정명靜明 / 259
정몽주鄭夢周(포은圃隱) / 265, 426
정수암淨水庵 / 318
정악正樂 / 444
정주 보조鄭州普照 / 95
정지상鄭知常 / 427~429
제월당霽月堂 / 374
조계曹溪 / 196
조계산曹溪山 / 184, 186, 269, 286
조매창曹梅窓 / 136
『조백론棗栢論』 / 198
조신調信 / 356
조 태수趙太守 / 192
조한룡曺漢龍 / 275~278
종파게宗派偈 / 402
좌우명座右銘 / 161
중니仲尼 / 449
중종中宗 / 90
증명법사證明法師 / 445
지공指空 / 256
지광智光 / 140
지성知性 / 261
지안志安 / 380, 381
진각眞覺 / 150, 152~156, 159, 161, 163, 164, 166~173
진락대眞樂臺 / 178
진묵震默 / 324, 325
진일眞一 / 163

참언 / 299
창해가唱海歌 / 108
처능處能 / 364, 365
처림處林 / 137
천마산天摩山 / 135
천봉千峯 / 269
천옥대天玉帶 / 105
청계사淸溪寺 / 423
청구靑邱 / 115
청료淸了 / 65
청주淸州 / 424
청학동靑鶴洞 / 133
청학 선생靑鶴先生 / 133
청허淸虛 / 300~303
『청허당집淸虛堂集』 / 320
초의草衣 / 408, 415, 416
최고운崔孤雲 / 110
최립崔岦 / 388
최이崔怡 / 208
최치원崔致遠 / 127, 128, 140, 141
추사秋史 김정희金正喜 / 408~410
추파秋波 / 398~401
측천무후則天武后 / 47
침계루枕溪樓 / 227
침굉枕肱 / 452
침명당枕溟堂 / 434

탕혜湯惠 / 342
태고太古 / 138, 260~263

태고사太古寺 / 448
태종太宗 / 48, 275
통도사通度寺 / 169
퇴계退溪 / 283, 323
퇴지退之 / 72
투자投子 / 55

파암破庵 / 40
팽조적彭祖逖 / 242, 243
평산平山 / 256
풍담楓潭 / 371
풍수설風水說 / 417

학궁學宮 / 274
한식韓湜 / 134
한음漢陰 / 358
함허涵虛 / 313~317
『함허집涵虛集』 / 318, 319
해붕당海鵬堂 / 430
해운海運 / 368, 369
해인사海印寺 / 457
행사行師 / 439
허백당虛白堂 / 290
허한당虛閒堂 / 374
허황후許皇后 / 116
현릉玄陵 / 224
현종顯宗 / 214, 215
혜감慧鑑 / 213

548 • 대동영선

혜공惠空 / 287
혜릉惠綾 / 421
혜문惠文 / 142
혜심慧諶 / 151
혜안惠安 / 47
혜일惠日 / 455
혜충惠忠 / 91
호구 소융 / 37, 38, 41
호사湖寺 / 389
호암虎嵒 / 379
호원顥原 / 127
홍류동紅流洞 / 469
홍준弘俊 / 318
홍한인洪漢仁 / 135

화담華潭 / 431
『화엄경華嚴經』 / 68
화엄사華嚴寺 / 124
화월당華月堂 / 380
환암幻庵 / 251
황룡黃龍 / 59, 232
황룡사탑皇龍寺塔 / 104
황벽黃蘗 / 84
황정견黃庭堅 / 230
『황정경黃庭經』 / 347
황현黃玹 / 469
회당晦堂 / 225
회당심晦堂心 / 230
회암 이광晦庵邇光 / 44

한글본 한국불교전서

조·선·출·간·본

조선1 작법귀감
백파 긍선 | 김두재 옮김 | 신국판 | 336쪽 | 18,000원

조선2 정토보서
백암 성총 | 김종진 옮김 | 4X6판 | 224쪽 | 12,000원

조선3 백암정토찬
백암 성총 | 김종진 옮김 | 4X6판 | 156쪽 | 9,000원

조선4 일본표해록
풍계 현정 | 김상현 옮김 | 4X6판 | 180쪽 | 10,000원

조선5 기암집
기암 법견 | 이상현 옮김 | 신국판 | 320쪽 | 18,000원

조선6 운봉선사심성론
운봉 대지 | 이종수 옮김 | 4X6판 | 200쪽 | 12,000원

조선7 추파집·추파수간
추파 홍유 | 하혜정 옮김 | 신국판 | 340쪽 | 20,000원

조선8 침굉집
침굉 현변 | 이상현 옮김 | 신국판 | 300쪽 | 17,000원

조선9 염불보권문
명연 | 정우영·김종진 옮김 | 신국판 | 224쪽 | 13,000원

조선10 천지명양수륙재의범음산보집
해동사문 지환 | 김두재 옮김 | 신국판 | 636쪽 | 28,000원

조선11 삼봉집
화악 지탁 | 김재희 옮김 | 신국판 | 260쪽 | 15,000원

조선12 선문수경
백파 긍선 | 신규탁 옮김 | 신국판 | 180쪽 | 12,000원

조선13 선문사변만어
초의 의순 | 김영욱 옮김 | 4X6판 | 192쪽 | 11,000원

조선14 부휴당대사집
부휴 선수 | 이상현 옮김 | 신국판 | 376쪽 | 22,000원

조선15 무경집
무경 자수 | 김재희 옮김 | 신국판 | 516쪽 | 26,000원

조선16 무경실중어록
무경 자수 | 성재헌 옮김 | 신국판 | 340쪽 | 20,000원

조선17 불조진심선격초
무경 자수 | 성재헌 옮김 | 신국판 | 168쪽 | 11,000원

조선18 선학입문
김대현 | 성재헌 옮김 | 신국판 | 240쪽 | 14,000원

조선19 사명당대사집
사명 유정 | 이상현 옮김 | 신국판 | 508쪽 | 26,000원

조선20 송운대사분충서난록
신유한 | 이상현 옮김 | 신국판 | 324쪽 | 20,000원

조선21 의룡집
의룡 체훈 | 김석군 옮김 | 신국판 | 296쪽 | 17,000원

조선22 응운공여대사유망록
응운 공여 | 이대형 옮김 | 신국판 | 350쪽 | 20,000원

조선23 사경지험기
백암 성총 | 성재헌 옮김 | 신국판 | 248쪽 | 15,000원

조선24 무용당유고
무용 수연 | 이상현 옮김 | 신국판 | 292쪽 | 17,000원

조선25 설담집
설담 자우 | 윤찬호 옮김 | 신국판 | 200쪽 | 13,000원

조선26 동사열전
범해 각안 | 김두재 옮김 | 신국판 | 652쪽 | 30,000원

조선27 청허당집
청허 휴정 | 이상현 옮김 | 신국판 | 964쪽 | 47,000원

조선28 대각등계집
백곡 처능 | 임재완 옮김 | 신국판 | 408쪽 | 23,000원

조선29 반야바라밀다심경략소연주기회편
석실 명안 | 강찬국 옮김 | 신국판 | 296쪽 | 17,000원

| 조선30 | 허정집
허정 법종 | 성재헌 옮김 | 신국판 | 488쪽 | 25,000원

| 조선31 | 호은집
호은 유기 | 김종진 옮김 | 신국판 | 264쪽 | 16,000원

| 조선32 | 월성집
월성 비은 | 이대형 옮김 | 4X6판 | 172쪽 | 11,000원

| 조선33 | 아암유집
아암 혜장 | 김두재 옮김 | 신국판 | 208쪽 | 13,000원

| 조선34 | 경허집
경허 성우 | 이상하 옮김 | 신국판 | 572쪽 | 28,000원

| 조선35 | 송계대선사문집 · 상월대사시집
송계 나식 · 상월 새봉 | 김종진 · 박재금 옮김 | 신국판 | 440쪽 | 24,000원

| 조선36 | 선문오종강요 · 환성시집
환성 지안 | 성재헌 옮김 | 신국판 | 296쪽 | 17,000원

| 조선37 | 역산집
영허 선영 | 공근식 옮김 | 신국판 | 368쪽 | 22,000원

| 조선38 | 함허당득통화상어록
득통 기화 | 박해당 옮김 | 신국판 | 300쪽 | 18,000원

| 조선39 | 가산고
월하 계오 | 성재헌 옮김 | 신국판 | 446쪽 | 24,000원

| 조선40 | 선원제전집도서과평
설암 추봉 | 이정희 옮김 | 신국판 | 338쪽 | 20,000원

| 조선41 | 함홍당집
함홍 치능 | 성재헌 옮김 | 신국판 | 348쪽 | 21,000원

| 조선42 | 백암집
백암 성총 | 유호선 옮김 | 신국판 | 544쪽 | 27,000원

| 조선43 | 동계집
동계 경일 | 김승호 옮김 | 신국판 | 380쪽 | 22,000원

| 조선44 | 용암당유고 · 괄허집
용암 체조 · 괄허 취여 | 김종진 옮김 | 신국판 | 404쪽 | 23,000원

| 조선45 | 운곡집 · 허백집
운곡 충휘 · 허백 명조 | 김재희 · 김두재 옮김 | 신국판 | 514쪽 | 26,000원

| 조선46 | 용담집 · 극암집
용담 조관 · 극암 사성 | 성재헌 · 이대형 옮김 | 신국판 | 520쪽 | 26,000원

| 조선47 | 경암집
경암 응윤 | 김재희 옮김 | 신국판 | 300쪽 | 18,000원

| 조선48 | 석문상의초 외
벽암 각성 외 | 김두재 옮김 | 신국판 | 338쪽 | 20,000원

| 조선49 | 월파집 · 해붕집
월파 태율 · 해붕 전령 | 이상현 · 김두재 옮김 | 신국판 | 562쪽 | 28,000원

| 조선50 | 몽암대사문집
몽암 기영 | 이상현 옮김 | 신국판 | 348쪽 | 21,000원

| 조선51 | 징월대사시집
징월 정훈 | 김재희 옮김 | 신국판 | 272쪽 | 16,000원

| 조선52 | 통록촬요
엮은이 미상 | 성재헌 옮김 | 신국판 | 508쪽 | 26,000원

| 조선53 | 충허대사유집
충허 지책 | 성재헌 옮김 | 신국판 | 296쪽 | 18,000원

| 조선54 | 백열록
금명 보정 | 김종진 옮김 | 신국판 | 364쪽 | 22,000원

| 조선55 | 조계고승전
금명 보정 | 김용태 · 김호귀 옮김 | 신국판 | 384쪽 | 22,000원

| 조선56 | 범해선사시집
범해 각안 | 김재희 옮김 | 신국판 | 402쪽 | 23,000원

| 조선57 | 범해선사문집
범해 각안 | 김재희 옮김 | 신국판 | 208쪽 | 13,000원

| 조선58 | 연담대사임하록
연담 유일 | 하혜정 옮김 | 신국판 | 772쪽 | 34,000원

| 조선59 | 풍계집
풍계 명찰 | 김두재 옮김 | 신국판 | 438쪽 | 24,000원

| 조선60 | 혼원집 · 초엄유고
혼원 세환 · 초엄 복초 | 윤찬호 옮김 | 신국판 | 332쪽 | 20,000원

| 조선61 | 청주집
환공 치조 | 성재헌 옮김 | 신국판 | 416쪽 | 23,000원

신·라·출·간·본

신라1 인왕경소
원측 | 백진순 옮김 | 신국판 | 800쪽 | 35,000원

신라2 범망경술기
승장 | 한명숙 옮김 | 신국판 | 620쪽 | 28,000원

신라3 대승기신론내의약탐기
태현 | 박인석 옮김 | 신국판 | 248쪽 | 15,000원

신라4 해심밀경소 제1 서품
원측 | 백진순 옮김 | 신국판 | 448쪽 | 24,000원

신라5 해심밀경소 제2 승의제상품
원측 | 백진순 옮김 | 신국판 | 508쪽 | 26,000원

신라6 해심밀경소 제3 심의식상품 제4 일체법상품
원측 | 백진순 옮김 | 신국판 | 332쪽 | 20,000원

신라12 무량수경연의술문찬
경흥 | 한명숙 옮김 | 신국판 | 800쪽 | 35,000원

신라13 범망경보살계본사기 상권
원효 | 한명숙 옮김 | 신국판 | 272쪽 | 17,000원

신라14 화엄일승성불묘의
견등 | 김천학 옮김 | 신국판 | 264쪽 | 15,000원

신라15 범망경고적기
태현 | 한명숙 옮김 | 신국판 | 612쪽 | 28,000원

신라16 금강삼매경론
원효 | 김호귀 옮김 | 신국판 | 666쪽 | 32,000원

신라17 대승기신론소기회본
원효 | 은정희 옮김 | 신국판 | 536쪽 | 27,000원

신라18 미륵상생경종요 외
원효 | 성재헌 외 옮김 | 신국판 | 420쪽 | 22,000원

신라19 대혜도경종요 외
원효 | 성재헌 외 옮김 | 신국판 | 256쪽 | 15,000원

신라20 열반종요
원효 | 이평래 옮김 | 신국판 | 272쪽 | 16,000원

신라21 이장의
원효 | 안성두 옮김 | 신국판 | 256쪽 | 15,000원

신라22 본업경소 하권 외
원효 | 최원섭·이정희 옮김 | 신국판 | 368쪽 | 22,000원

신라23 중변분별론소 제3권 외
원효 | 박인성 외 옮김 | 신국판 | 288쪽 | 17,000원

신라24 지범요기조람집
원효·진원 | 한명숙 옮김 | 신국판 | 310쪽 | 19,000원

신라25 집일 금광명경소
원효 | 한명숙 옮김 | 신국판 | 636쪽 | 31,000원

신라26 복원본 무량수경술의기
의적 | 한명숙 옮김 | 신국판 | 500쪽 | 25,000원

고·려·출·간·본

고려1 일승법계도원통기
균여 | 최연식 옮김 | 신국판 | 216쪽 | 12,000원

고려2 원감국사집
충지 | 이상현 옮김 | 신국판 | 480쪽 | 25,000원

고려3 자비도량참법집해
조구 | 성재헌 옮김 | 신국판 | 696쪽 | 30,000원

고려4 천태사교의
제관 | 최기표 옮김 | 4X6판 | 168쪽 | 10,000원

고려5 대각국사집
의천 | 이상현 옮김 | 신국판 | 752쪽 | 32,000원

고려6 법계도기총수록
저자 미상 | 해주 옮김 | 신국판 | 628쪽 | 30,000원

고려7 보제존자삼종가
고봉 법장 | 하혜정 옮김 | 4X6판 | 216쪽 | 12,000원

고려8 석가여래행적송·천태말학운묵화상경책
운묵 무기 | 김성옥·박인석 옮김 | 신국판 | 424쪽 | 24,000원

고려9 법화영험전
요원 | 오지연 옮김 | 신국판 | 264쪽 | 17,000원

고려10 남명천화상송증도가사실
□련 | 성재헌 옮김 | 신국판 | 418쪽 | 23,000원

고려11 백운화상어록
백운 경한 | 조영미 옮김 | 신국판 | 348쪽 | 21,000원

※ 한글본 한국불교전서는 계속 출간됩니다.

금명 보정錦溟寶鼎
(1861~1930)

김해 김씨이고 전라도 곡성에서 태어났다. 송광사에서 출가하였고 당대의 종장들에게 선과 교를 배웠다. 금련 경원金蓮敬圓의 법을 이었고 송광사, 화엄사 등에서 강석을 열었다. 송광사 주지였던 1899년 고종의 명으로 해인사 고려대장경을 인출해 삼보사찰에 배부할 때 장경전에 이를 봉안하였다. 1902년 서울 원흥사에서 열린 화엄회에서 강설하였고, 다음 해에 고종의 후원으로 원당 성수전을 송광사에 세웠다. 1910년 이후 교육과 저술 활동에 전념하였으며, 1930년 송광사 보제당에서 입적하였다. 부휴계浮休系의 법맥을 이었다. 대표 제자는 용은 완섭龍隱完燮이었으며, 만암 종헌曼庵宗憲, 기산 석진綺山錫珍 등이 그에게 배웠다. 시문집과 많은 편·저서를 남겼고, 불교사 집성과 고문헌 정리에 특히 힘을 쏟았다.

옮긴이 이상하

1961년 경북 성주에서 태어났다. 민족문화추진회 상임연구원과 전문위원 및 조선대학교 한문학과 교수를 거쳐 현재 한국고전번역원 부설 고전번역교육원 교수로 재직하며 한문 고전을 번역할 후진을 양성하고 있다. 저서로 『냉담가계』, 『주리철학의 절정 한주 이진상』, 『퇴계 생각』 등이 있고, 번역서로 『십지경론』, 『십송률』, 『경허집』, 『한암·탄허 선사 서간문』, 『월사집』, 『용재집』, 『읍취헌유고』, 『석주집』, 『순암집』 등이 있다.

증의
이선화(선암, 동국대학교 불교학술원 전임연구원)